이건 목사의
성서 인물 강화

엘림북스는 목회자와 연구자 그리고 평신도들의 의미 있는 기록들을 전문적으로 출판하는 세움북스의 임프린트입니다.

이건 목사의 성서 인물 강화

초판 1쇄 인쇄 2023년 6월 27일
초판 1쇄 발행 2023년 6월 30일

지은이 | 이   건
펴낸이 | 강인구

펴낸곳 | 엘림북스
등   록 | 제2014-000144호
주   소 | 서울시 종로구 대학로 19 한국기독교회관 1010호
전   화 | 02-3144-3500
이메일 | holy-77@daum.net

디자인 | 참디자인

ISBN 979-11-91715-82-8 (03230)

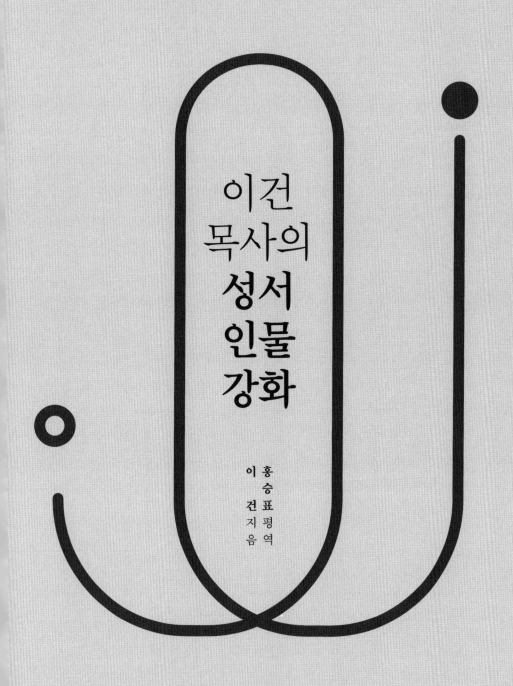

이건
목사의
성서
인물
강화

이 홍
건 승
지 표
음 평
  역

엘림
북스

이건 목사의 생애와 활동

경성신학교[서울신대 전신] 교장 역임

이 건은 1896년 10월 20일 함경남도 북청(北靑)에서 엄격한 유교 가문의 외아들로 출생했다. 그는 어려서부터 향리에서 한학(漢學)을 공부하였다. 머리가 명석한 그는 학업에서 남다른 재능을 보여 20살 때에는 국민학교에서 교편을 잡게 되었다. 이 건은 유교의 전통에 젖어든 부모의 슬하에 자라면서 기독교에 귀의하게 되었다. 그가 17,8세가 될 때에 기독교를 접하자마자 곧 복음을 깨닫게 되었고, 대쪽같이 곧고 바른 그의 성격을 바탕으로 그는 열심히 경건한 신앙행활과 교회생활을 하게 되었다. 유교를 국시로 삼았던 이씨 조선이 한말 일제의 침략과정에서 어이없이 무너져내리자, 이 건은 기독교를 통한 민족의 구원을 내다보게 되었다. 유교의 인습에 강하게 젖은 그의 부친은 제사 문제 등의 이유로 그의 교회출석을 몹시 반대하였으나, 갖은 핍박 속에서도 이 건은 신앙생활에 더 열심을 내었다. 그는 새벽기도회에 열심히 참석하였고, 기도에도 열심이었으며, 주일학생을 가르치고, 교회봉사에 충성을 다하였다. 그럴수록 가정의 핍박이 더 심해져서 그가 아끼던 종교서적들을 불태우곤 하였다. 1920년에 이 건은 청운의 꿈을 안고 일본으로 건너가 메이지[明治] 대학 신학부에 입학하였다. 그러나 부모가 가장 싫어하는 신학을 공부하였기 때문에 일체의 학비와 생활비 보조를 받을 수 없었던 그는 피눈물나게 고학으로 공부하였다. 추운 방에서 굶주린 배를 부둥켜 안고 눈물을 흘린 적이 한두 번이 아니었다. 이렇게 2년 동안 공부를 계속하였지만 그의 생활은 날로 곤궁해져갔다.

결국 그는 고향친구요 믿음의 동지인 이원균의 권면을 받아 귀국하게 되었다. 귀국한 후에 그는 나라를 빼앗긴 조국을 위해 일하고자 하였으나 그럴 기회가 생기지 않았다. 하지만 겨레를 구원하는 것이 조국을 위해서 일하는 것보다 더 급한 임무임을 깨달은 그는 1922년 경성성서학원(京城聖書學院: 현 서울신학대학교의 전신)에 입학하였다. 이 건은 천성이 경건하고 인물이 준수하며 신학문과 구학문을 겸비한 수재였으며, 신학생 시절부터 뛰어난 독서열과 학구열을 보였다. 1925년에 우수한 성적으로 성서학원을 졸업한 그는 그해 6월에 평양으로 파송을 받아, 부교역자 김제근(金濟根)과 함께 평양교회(일명 상수리 교회)를 개척하였다. 유학시절의 가난 때문에 병약하였고 뼈가 앙상하였던 그의 사역을 가족은 극구 반대하였으나, 그는 부인과 자녀들을 이끌고 상수리 교회에 부임하여 3년간 목회에 전념하였다. 평양교회의 신자가 100여명으로 늘어나 교회의 공간이 협소해지자, 이 건은 1928년에 교회당을 신축하였다. 같은 해에 목사 안수를 받은 그는 평안남도 지방 감리목사 대리로서 산하 교회의 감독과 치리(治理) 등에도 힘썼다. 육신의 병약함에도 불구하고 그는 끝까지 사명을 잘 감당하였다. 1931년에 이 건은 경성성서학원의 교수로 초빙을 받아 후진을 양성하는 일에 전념하게 되었다. 이명직 목사의 두터운 신임을 받은 그는 교무과장 혹은 학생과장의 직책을 맡았으며, 일제가 강요한 신사참배(神社參拜)의 거부로 1934년에 교단이 해산되고 경성성서학원이 폐쇄될 때까지 후진양성에 힘썼다. 천성이 강직한 이 건은 신사참배에 조금도 굴하지 않았을 뿐만 아니라, 설교 중에도 천황숭배가 우상숭배의 죄임을 강조하였다. "활천"에 기고한 그의 글 '기독교 재림문제'가 곧 이를 잘 보여준다.

"밤이 캄캄할수록 별은 더욱 빛나는 것같이 시대(時代)가 암흑(暗黑)에 빠져들어갈수록 하나님의 택(擇)하신 자녀(子女)의 빛은 더욱 드러난다. 우리가 초야(初夜)에 천공(天空)을 쳐다보면 별들이 완전히 드러나지 않는다. 그러나 밤이 깊어오면 천공(天空)이 캄캄하여진다. 이때에 별들은 그 값없는 빛을 명랑(明朗)하게 드러내인다. 금일(今日) 우리의 처지(處地)도 그러하다. 참빛의 아들된 신작(信者)나 교역자(敎役者)이면 겨금(至今)이 곧 빛을 드러낼 때이다. … 말세교호(末世敎會)에도 일변(一邊) 수(主)의 재림(在臨)을 비방(悲望)하며 순복음(順福音)을 전(傳)하고 있는 자(者)가 많은 것이다. '사데에 오히려 몇 명이 있어 흰옷을 더럽히지 아니한지라, 저들이 합당(合當)한 자니 백의(白衣)를 입고 나와 함께 행하리라'(묵 3:4) 한 말씀과 같이 우리들은 생존자(遺殘者)의 班列에서 주(主)를 증거(證據)하며 살 것이다."

불의(不義)한 자 그대로 불의(不義)하고 깨끗하지 못한 자 그대로 깨끗지 못하되 오직 우리들은 신앙정조(信仰貞燥)를 굳게 지켜 나갈 것이다."8,15 광복 후에 이 건은 새로 개교한 경성신학교의 교장에 취임하여 혼란기의 교단 목회자의 양성에 노력하는 한편, 교단 기관지 "활천"의 주필도 겸직하여 교단 목사들의 자질 향상, 영적 지도에 힘을 쏟았다. 1950년 6,25전쟁 때에 그는 박현명, 김유연 목사 등과 함께 피난을 가지 않고 신학교를 지키겠다고 남아 있다가, 같은 해 8월 23일 아침에 북한 정치보위부원 3명에 붙들려 납북되었다. 납북된 이후의 그에 대한 소식은 알 수 없다. 1962년에 내외문제연구소가 '동아일보'에 연재하였던 글 "죽음의 세월"에 의하면, 이 건은 발진푸스에 시달리며 평양까지 끌려가, 북한에서 지하 신앙운동을 일으키던 김인준(金仁俊), 박상철(朴相澈) 목사와 연락하며 수용소 안에서 신앙운동을 일으키려다가 발각되어, 끝내는 1951년 말엽에 김유연 목사와 함께 순교한 것으로 추측된다. 그가 남긴 저서로는 성서영해전집(聖書靈解全集), 성서인물강화(聖書人物講話) 및 설교집 "진리의 강단" 등이 있다. 성결교회 역사와 문학연구회 편, 성결교회인물전 제1집(도서출판 일정사, 1990) 참조 끝까지 읽어주셔서 대단히 감사합니다!

서문

허다한 사람들이 교회초기시대로부터 내려오는 그 근본적 믿음에서 떠나가는 불안정한 시기에 『이건 목사의 성서 인물 강화』가 출간된 것은 참으로 유쾌하도다.

이와같이 의심이 많고 철저하지 못한 시대를 맞이하여 아이가 아버지를 신뢰함과 같이 자연적으로 하나님을 신뢰하는 믿음으로써 하나님을 가까이 하며 살았던 성경에 기록된 당시의 남녀들의 생애를 연구할 필요가 있다.

과학을 자랑하는 오늘에 과학의 지식으로 말미암아 하나님의 백성 곧 성경 역사를 만든 자들의 소유이든 그 풍부한 영적 사물에 대한 투시력을 대단히 잃어버렸다. 최근에 각 방면으로 힘쓰는 모든 사업이 있음에도 불구하고 하나님을 진정으로 알기에 어떠한 발달이 있었는지가 의문이다.

오늘의 많은 저자들의 철저하지 못한 책의 내용들 보다 성령의 감동을 받았던 옛사람들의 생애를 연구함으로써 하나님의 일을 하는 것이 더욱 간절하다.

『이건 목사의 성서 인물 강화』와 같은 저서는 옛사람들에게 깊은 감화를 주던 하나님의 역사에 관하여 독자의 신앙을 한층 더 견고하게할 것이다.

1933년 4월 일

엠. ㅅ비. 스록스

본서는 과거 5년동안 활천지상에 연재한 졸고를 모아서 단행본으로 발간하게된 것이다. 그중 대부분은 교회의 강단에서 설교한 것인데 우리가 성서의 인물에 취하여 자세히 읽어야 마땅하며 신앙과 인격수양에 많은 유익을 얻게됨은 성서를 읽는 사람마다 실험하여보는 사실인줄 안다. 그러나 졸저가 충분한 연구적은 아니고 저자가 한 인물을 정하고 성서의 구절을 찾아 읽는 중 몇가지씩 뽑아내어 일종의 설교문으로 쓴 것이다. 한 인물에 대하여 쓸때마다 깊은 기도와 묵상 중에서 영감에 이끌리면서 쓴 것만은 사실이다. 5년동안 쓴 글인 것 만큼 혹 문장과 문체가 자연스럽지 못한 것도 있을 것이며 조선 문법으로는 모두 옛날식으로 된 것이다.

경애하는 조선의 모든 신앙인들은 요컨대 문장의 수사 철법은 보지말고 각 인물에 대한 신앙과 인격과 그 생애에 나아가 깊이 배울 것이니 본 서가 만일의 도움이 된다면 저자는 이로써 만족을 삼겠노라. 주의 축복이 졸저에 함께 하시가 조선의 영계에 만일의 공헌이 되기만 비나이다. 아-멘. 저자 씀

주강생 1933년 3월 하순

평역자의 글

이 건 목사님은 제 아버님 홍순균 목사님의 스승이십니다. 제 아버님이 서울신학교에 다니실 때 교장 선생님이셨습니다. 그리고 아버님이 신학생 시절에 혜화동교회를 목회하시면서 예배당을 건축하실 때 이 건 목사님이 멘토 역할을 해주셨습니다. 그래서 우리 자식들은 이 건 목사님을 일찍부터 알고 있었습니다.

아버님이 이미 『이건 목사의 성서 인물 강화』를 평역하셔서 활천에 게재하셨습니다. 그만큼 스승님을 존경하셨던 것입니다. 그런데 이 건 목사님의 원래의 글은 옛날식이어서 현대인은 읽기가 어렵습니다. 한자와 구식으로 된 문장이기 때문입니다. 제가 3세대로서 이 건 목사님의 원래의 글을 제 입장에서 다시 평역했습니다.

본문을 평역하면서 많은 감동을 받았습니다. 성결의 은혜가 무엇인지를 배울 수 있었습니다. 뿐만아니라 시대의 예언자적인 기품을 느낄 수가 있었습니다. 이런 귀한 책이 대대로 이어졌으면 하는 마음으로 평역에 임했습니다.

성결의 은혜를 사모하는 모든 성도들이 이 귀한 글을 읽고 성결의 전통을 이어갔으면 합니다. 그래서 모든 분들이 본문을 읽으면서 성서 읽기도 될 수 있기를 바라면서 본문에 언급된 모든 성서 구절을 각주로 포함시켰습니다. 이 책을 읽으면서 따로 성서를 펼쳐보지 않아도 되도록 했습니다.

이 책을 읽는 모든 성도들이 거듭나고 성결의 은혜를 체험하여 성결한 삶을 살아가기를 간절히 소망합니다.

2023. 6. 1
평역자 **홍승표 목사**

목차

상권 (구약시대)

상권

구약시대

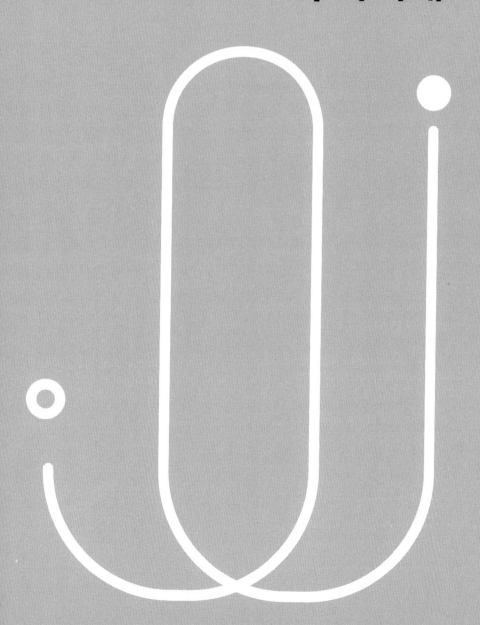

1.
인류의 시조 아담

아담(adam)은 인류 최초의 사람이다. 아담이라는 말은 '붉으스름한', '얼굴을 붉히다'라는 뜻이다. 이 말의 어원은 '아다마'(admah)인데, '흙'이다. 결국 이 말은 '사람' '인류'를 뜻하게 되었다. 진화론자들은 인류의 시조를 원숭이라고 하지만 성서는 하나님이 창조하신 아담에 대해 기록하고 있다. 이제 창세기 1장에서 3장까지에 나타난 아담에 대해 몇 가지를 배우고자 한다. 그중 하나인 아담의 타락 기사는 성서에서 가장 오래된 이야기이지만 시대를 넘어서 우리에게 새교훈을 주고 있다.

1. 사람의 창조

"하나님이 자기 형상 곧 하나님의 형상대로 사람을 창조하시되"(1:27)

인류의 원래 형상은 실로 거룩하다. 사람이 하나님의 형상대로 창조되었다는 것은 사람의 신체에 대한 의미가 아니라 곧 속사람에 대한 뜻이다. 사람에게 있는 선과 의와 지혜와 같은 모든 덕은 곧 하나님의 형상인 것이다. 그래서 모든 피조물들 중에 가장 하나님께 가장 가까운 존재는 곧 사람이다. 이러므로 최초의 사람에게 만물을 주관하는 힘을 부여하신 것이다. 과학자들의 진화론은 실로 가벼운 망상에 불과하다. 순수한 성서신앙의 입장에서 우리가 하나님의 형상대로 지음받은 사람인 아담의 후손인 것을 자랑해야 한다. 그러나 타락한 인류는 이 거룩한 하나님의 형상을 잃어버렸다. 그러므로 "하나님을 따라 의와 진리의 거룩함으로 지으심을 받은 새 사람을 입으라"(엡4:24)는 말씀은 그리스도를 통한 새 창조 곧 원상회복을 뜻하는 것이다. 우리는 그리스도로 새 삶을 얻어 우리의 영혼 속에 있는 황폐한 옛자취를 헤치고 다시 하나님의 형상을 발견한 것이다. 그런즉 인생의 가치를 말할 때, 이 하나님의 형상대로 지음받은 영혼이 있어서 비로소 가치가 있는 것이다. 만일 우리에게서 이 영혼이 떠난다면 우리는 하나의 흙덩이에 지나지 않는다. 창2:7에 "여호와 하나님이 사람을 흙으로 지으"셨다고 했으니 흙으로 빚은 후에 만일 생기를 불어 넣지 아니하였으면 어느 때까지나 흙덩이 뿐일 것이다. 이 생기(루하흐)는 곧 영의 생명이다. 모든 죄와 허물로 죽은(엡2:1) 인생들은 그리스도에게로 돌아와 이 새 생명을 받음으로 흙덩어리인 것을 면해야 한다. 인생의 죽음은 곧 영혼과 육신이 분리되는 것이다. 영은 하나님께로 돌아가고 육신은 흙에서 났으니 흙으로 돌아가는 것이다.

2. 사람의 거주지

"여호와 하나님이 동방의 에덴에 동산을 창설하시고 그 지으신 사람을 거

기 두시니라"(2:8)

아담의 거주지는 에덴동산이다. 이 동산은 그 지점을 확정하기 어렵지만 확실한 것은 메소포타미아 평원 근방이라는 것이다. 이 동산으로부터 비손, 기혼, 힛데겔, 유브라데라는 네 개의 강이 평야로 흐른다. 이 곳은 금과 진주 등 보석이 나오는 아름답고 멋드러진 곳이었다. 동산의 명칭만 보아도 알 수 있는데, 에덴이라 함은 원어에 "유쾌" "기름진 들"이라는 뜻이다. 웃음 소리와 새가 노래하는 자연의 풍경은 실로 무엇과 비교할 수 없을 만큼 훌륭한 경치였다. 이런 자연 속에서 아담은 하나님과 교제하며 그 영광 중에 거닐었던 것이다. 이처럼 우리의 거처도 언제든지 에덴이 되어야 하겠다. 타락한 인류의 심령은 지옥으로 변했으나 그리스도를 통해 구원받은 우리의 영혼에는 에덴이 회복된 것이다. 거기에는 화평과 기쁨과 의로운 것으로 충만하게 되었다. 여러 가지 선한 열매로 충만하게 되었다. 누구든지 성결의 은혜 가운데서 사는 사람은 다 이 에덴의 삶이니 환난 중에도 에덴이 있고 핍박 중에도 에덴이 있고 광야에 가도 에덴이 있고 감옥에 가도 그곳이 곧 에덴인 것이다. 그리스도가 없는 곳이 곧 음부요 지옥이며 그리스도를 믿는 마음이 곧 에덴이요 하나님 나라이다.

3. 사람의 노동

"여호와 하나님이 그 사람을 이끌어 에덴 동산에 두어 그것을 경작하며 지키게 하시고"(2:15)

노동은 사람의 본분이다. 에덴과 같이 온갖 물건이 풍성한 장소라도 하나님이 사람으로 하여금 할 일 없이 헛되게 놀고 먹는 것을 허락하지 않으셨다. 특별히 그리스도인들은 노동을 신성하게 여기며 노동에 대해서 깊은 정신을 가져야 하겠다. 각 사람은 정신적으로나 육체적으로 자기의 재능에 따라 활동하여 오직 하나님의 법칙을 어기지 말고 살아야 할 것이다. 옛날부터 노동을 천히 여기던 조선은 이미 망해버렸음을 귀감으로 삼아야 한다. 바울은 "일하기 싫거든 먹지도 말라"(살후3:10)고 교훈했으니 참으로 격언이다. 노동을 싫어하는 사람은 결국 부랑자나 거지 밖에 될 것이 없다. 그러나 아담의 노동에 대하여 한 가지 생각할 것은 그가 동산에서 농사를 지을 때 의무감이 아니라 취미로 했을 것이라는 것이다. 아담의 정제된 원예작업이 오곡백과를 무르익게 하고 신선한 분위기를 만들었을 것이다. 아담이 농사짓는 모습은 마치 부모가 뭐라 하지 않아도 장난감 놀이에 몰입하여 시간 가는 줄도 모르는 것과 같다. 그에게 이 농업은 고역이 아니라 일종의 취미였던 것이다. 그러나 오늘 타락한 인간은 노동하지 않으면 먹고 입을 수 없으니 고역이 되더라도 하지 않을 수 없는 일종의 징역살이와 같게 되었다. 옛 시에 "누가 알겠는가 그릇에 담긴 밥알이 모두 괴로움인 것을"했으니 이것은 농부의 노동에 동감하여 읊은 시이다. 그러나 이 시를 아담의 노동에 비추어 읊는다면 "모두 취미인 것을"이라고 읊고 싶은 것이다. 사실로 타락한 인간에게는 노동의 취미가 변하여 징역의 고통이 되고 만 것이다 (창3:18-19[1]). 죄악 중에서 구원함을 받은 우리에게는 강산이 다 새로운

---

[1] 창3:18-19 "18 땅이 네게 가시덤불과 엉겅퀴를 낼 것이라 네가 먹을 것은 밭의 채소인즉 19 네가 흙으로 돌아갈 때까지 얼굴에 땀을 흘려야 먹을 것을 먹으리니 네가 그것에서 취함을 입었음이라 너는 흙이니 흙으로 돌아갈 것이니라 하시니라"

모습이요 만물이 다 새로워졌으니 우리는 정신노동을 하나 육체노동을 하나 감사와 취미로 할 뿐이다. 할렐루야.

4. 사람의 가정

"여호와 하나님이 아담을 깊이 잠들게 하시니 잠들매 … 아담과 그의 아내
두 사람이 벌거벗었으나 부끄러워하지 아니하니라"(2:21-25)

여호와께서 아담의 갈빗대 하나를 취하여 그의 아내를 만들어 주셨는데 곧 하와이다. 여기서부터 인류 사회는 시작되었다. 인간은 실로 사교적 동물이므로 서로 사랑하고 서로 화합하지 아니하면 모든 일이 이루어지지 않는다. 한 남자와 한 여자가 만나 부부가 되는 것은 하나님이 세우신 제도이다. 혼인제도야말로 인간이 타락하기 전에 에덴동산에서부터 시작된 것이니 실로 중대한 일이다. 그러므로 오늘의 교회에서도 이 혼인에 대해 실수가 없도록 신중해야 할 것이다. 성찬이나 세례 같은 성례식은 다 인류가 타락한 후에 생긴 예식이지만 오직 혼인제도는 타락 이전에 생긴 것이다. 그러므로 교회는 이혼, 중혼, 기처(棄妻), 첩 등에 대하여 엄중하게 다루어야 한다. 사탄은 이 혼인제도에 여러 가지 전략으로 폭력을 가하여 파괴하려고 한다. 교회는 이런 사탄의 공격을 힘써 격퇴해야 한다.

하와를 아담에게 돕는 배필이라 했는데(창2:20[2]) 우리가 여기에서 또

---

[2] 창2:20 "아담이 모든 가축과 공중의 새와 들의 모든 짐승에게 이름을 주니라 아담이 돕는 배필이 없으므로"

배울 것은 남녀의 지위이다.[3] 여자는 남자를 도와주는 것이 천직이오 결코 남녀평등이라는 허망한 사상에 흔들리지 말일이다. 성서는 남녀 평등설을 말하지 아니하였으니 가정의 주권이나 사회의 주권이 다 남 자에게 있고 여자에게는 허락지 아니하였다. 또는 자연의 법칙에 따라 정신상으로나 육체상으로 보더라도 부창부수가 원리인 것이다.

마지막으로 아담과 하와에 관한 영적인 뜻을 배우기를 바란다. 아담 은 그리스도의 모형이요 하와는 교회의 모형이다. 하와가 아담의 갈빗 대로 된 것 같이 교회도 그리스도의 옆구리에서 흘린 보혈로 지음을 받 은 것이다. 이는 교회에 대한 신비이므로 우리는 주로부터 온 사랑의 신비를 체험해야할 것이다(엡5:22–33[4] 참조).

5. 사람의 타락

"선악을 알게 하는 나무의 열매는 먹지 말라 네가 먹는 날에는 반드시 죽으 리라 하시니라"(창2:17)

---

3 '돕는 배필'은 문자적으로 '조력자', '돕는 자'를 뜻하며, 아담을 위해 창조한 하와에게 처음 적용된 표현이다. 이는 남편에 대한 아내의 마땅한 역할을 암시한다. 물론 아내가 돕는 자라는 점이 남 성우위론의 근거가 되는 것은 아니다. 남녀의 차이는 신체적 기능의 차이지 인격적인 차이가 아 니기 때문이다. 따라서 돕는 배필은 남녀를 불문하고 상대방을 도와주고 이롭게 하여 보호해주는 조력자여야 한다. (평역자 주)
4 엡5:22–33 "22 아내들이여 자기 남편에게 복종하기를 주께 하듯 하라 23 이는 남편이 아내의 머 리 됨이 그리스도께서 교회의 머리 됨과 같음이니 그가 바로 몸의 구주시니라 24 그러나 교회가 그리스도에게 하듯 아내들도 범사에 자기 남편에게 복종할지니라 25 남편들아 아내 사랑하기를 그리스도께서 교회를 사랑하시고 그 교회를 위하여 자신을 주심 같이 하라 26 이는 곧 물로 씻어 말씀으로 깨끗하게 하사 거룩하게 하시고 27 자기 앞에 영광스러운 교회로 세우사 티나 주름 잡 힌 것이나 이런 것들이 없이 거룩하고 흠이 없게 하려 하심이라 28 이와 같이 남편들도 자기 아내 사랑하기를 자기 자신과 같이 할지니 자기 아내를 사랑하는 자는 자기를 사랑하는 것이라 29 누 구든지 언제나 자기 육체를 미워하지 않고 오직 양육하여 보호하기를 그리스도께서 교회에게 함 과 같이 하나니 30 우리는 그 몸의 지체임이라 31 그러므로 사람이 부모를 떠나 그 아내와 합하여 그 둘이 한 육체가 될지니 32 이 비밀이 크도다 나는 그리스도와 교회에 대하여 말하노라 33 그러 나 너희도 각각 자기의 아내 사랑하기를 자신 같이 하고 아내도 자기 남편을 존경하라"

하나님께서 사람에게 선악을 알게 하는 열매는 먹지 말라고 정해주셨다. 그런데 그들이 하나님의 말씀을 어기고 그 열매를 따먹었다. 인류의 실낙원(失樂園)이 여기에서 생긴 것이다. 죄의 기원도 여기에서 생긴 것이며 인간의 질병, 고통, 사망이 다 여기에서부터 시작한 것이다. 웨슬레의 말에 " 죄는 분명히 아는 것처럼 율법을 알면서도 깨뜨리는 것"이라 했다. 아담과 하와는 하나님의 율법을 깨뜨렸으므로 이것보다 더 큰 죄가 어디 있겠는가! 즉 죄는 곧 불법(요일3:4[5])이다. 그들이 이처럼 율법을 어긴 원인은 요한일서 2:16[6]의 말씀과 같이 육신의 정욕, 안목의 정욕, 이생의 자랑에 유혹을 받았기 때문이었다. 더욱이 그 지식이 하나님과 같이 되려는 지식욕이 그들로 하여금 낙원을 잃어버리게 한 것이었다. 하와에게 찾아와서 유혹했던 사탄은 오늘에도 그 역사를 계속하고 있다. 특히 지적 욕구와 발달이 커지는 현대를 살아가는 성도들은 이론과 사상에만 치우치지 말고 오직 믿음으로만 나아갈 것이다.

---

5 요일3:4 "죄를 짓는 자마다 불법을 행하나니 죄는 불법이라"
6 요일2:16 "이는 세상에 있는 모든 것이 육신의 정욕과 안목의 정욕과 이생의 자랑이니 다 아버지께로부터 온 것이 아니요 세상으로부터 온 것이라"

2.
세계의 최초 순교자 아벨

성서 66권을 두 선으로 나눌 수 있는데, 하나는 검은 선이고 다른 하나는 붉은 선이다. 검은 선은 곧 죄와 사망의 선이며, 붉은 선은 곧 그리스도의 보혈에 관한 구속의 선이다. 아담의 범죄로 인하여 낙원을 잃어버린 인간의 형편은 사망과 고통과 질병의 참혹한 흔적을 남기고 만 것이다. 제일 먼저 아담의 가정에서부터 시작됐으니 그의 아들 가인과 아벨 사이에 일어난 골육의 싸움이었다.

세계에서 최초의 살인자는 가인이고 최초의 순교자는 아벨이다. 그 두 사람의 직업을 보면 가인은 농업이며 아벨은 목축업인데, 두 사람이 다 여호와께 제사를 드렸는데 아벨의 제사만 받으셨다(창4:1-11[7]). 성서

---

7 창4:1-11 "1 아담이 그의 아내 하와와 동침하매 하와가 임신하여 가인을 낳고 이르되 내가 여호와로 말미암아 득남하였다 하니라 2 그가 또 가인의 아우 아벨을 낳았는데 아벨은 양치는 자였고 가인은 농사하는 자였더라 3 세월이 지난 후에 가인은 땅의 소산으로 제물을 삼아 여호와께 드렸고 4 아벨은 자기도 양의 첫 새끼와 그 기름으로 드렸더니 여호와께서 아벨과 그의 제물은 받으셨으나 5 가인과 그의 제물은 받지 아니하신지라 가인이 몹시 분하여 안색이 변하니 6 여호와께서 가인에게 이르시되 네가 분하여 함은 어찌 됨이며 안색이 변함은 어찌 됨이냐 7 네가 선을 행하면 어찌 낯을 들지 못하겠느냐 선을 행하지 아니하면 죄가 문에 엎드려 있느니라 죄가 너를 원하나 너는 죄를 다스릴지니라 8 가인이 그의 아우 아벨에게 말하고 그들이 들에 있을 때에 가인

의 검은 선은 창3:6[8]에서 시작하였으며 붉은 선은 창3:21[9]에서 시작한 것이다. 이후로 이 두 선은 성서에서 서로 나타나다가 갈보리산 위에서 검은 선은 완전히 도말되고 오직 붉은 선만이 날리게 되었다. 이것은 곧 죄와 사망의 역사를 도말하기 위하여 흘리신 예수 그리스도의 보혈 인 것이다.

아담의 가정에 이 두 선이 나타났는데 가인의 검은 선과 아벨의 붉은 선이다. 하나님께서 왜 아벨의 제물만 받으셨는가? 이제 이 두 사람의 신앙을 비교하여 말하고자 한다. 과연 가인의 제물은 무엇이며 아벨은 제물은 무엇인가를 생각해보면 곧 그 원인을 알 수 있으니 가인은 토지 의 소산물을 드렸으며(창4:3[10]) 아벨은 양을 제물로 드린 것이다(창4:4[11]). 그런즉 가인의 제물에는 피가 없었으며 아벨의 제물에는 피흘림이 있 었던 까닭이다. 이런 의미에서 그 제물이 받아들일 수 밖에 없는 구별 이 있었던 것이다.

"아벨은 자기도 양의 첫 새끼와 그 기름으로 드렸더니 여호와께서 아 벨과 그의 제물은 받으셨으나"(히11:4)한 이 말씀 중에서 그 신앙의 형편 이 다 나타났으므로 이제 본절을 3대지로 구분하여 그의 신앙을 말하려 고 한다.

이 그의 아우 아벨을 쳐 죽이니라 9 여호와께서 가인에게 이르시되 네 아우 아벨이 어디 있느냐 그가 이르되 내가 알지 못하나이다 내가 내 아우를 지키는 자니이까 10 이르시되 네가 무엇을 하 였느냐 네 아우의 핏소리가 땅에서부터 내게 호소하느니라 11 땅이 그 입을 벌려 네 손에서부터 네 아우의 피를 받았은즉 네가 땅에서 저주를 받으리니

8 창3:6 "여자가 그 나무를 본즉 먹음직도 하고 보암직도 하고 지혜롭게 할만큼 탐스럽기도 한 나 무인지라 여자가 그 열매를 따먹고 자기와 함께 있는 남편에게도 주매 그도 먹은지라"
9 창3:21 "여호와 하나님이 아담과 그의 아내를 위하여 가죽옷을 지어 입히시니라"
10 창4:3 "세월이 지난 후에 가인은 땅의 소산으로 제물을 삼아 여호와께 드렸고"
11 창4:4 "아벨은 자기도 양의 첫 새끼와 그 기름으로 드렸더니 여호와께서 아벨과 그의 제물은 받 으셨으나"

1. 아름다운 제사

히브리서 저자가 어찌하여 아벨의 제사를 아름다운 제사라 하였는가? 이는 하나님의 법대로 드린 제사인 까닭이다. 창3:21에 보면 여호와께서 범죄한 아담 부부에게 가죽 옷을 지어 입히셨는데 이 가죽 옷은 곧 창세 이후부터 죽음을 당한 하나님의 아들(계13:8[12])인 예수 그리스도의 의표가 된 것이다. 하나님께서 벌써 아담에게 속죄의 종교요 피흘려 속량하는 도리를 가르치신 것이다. 그 가정에서 그 아들들이 이것을 보고 자랐을텐데 어찌하여 아벨만 제사할 때에 양을 잡아 피를 흘리고 가인은 농산물을 드렸는가? 실로 아벨은 자기의 죄인됨을 깨닫고 대속의 필요를 느꼈기 때문에 양을 잡은 것이며, 가인은 제사를 드려도 자기의 죄인됨을 깨닫지 못하니 속죄의 필요를 느끼지 않은 제사이다. 그러므로 아벨의 제사는 하나님의 보이신 법대로 그가 요구하시는대로 드린 것이다 이것이 아름다운 것이라 하였다. 교회사를 보면 가인 계통의 신자와 아벨 계통의 신자 두 종류의 신자가 계속하여 온 것이다. 곧 교회에 나오기는 하여도 도무지 자기의 죄를 깨닫지 못할뿐더러 구속의 필요를 느끼지도 못하는 무리가 심히 많은 것이다. 그들은 다만 자기의 행위와 사업으로 하나님을 영화롭게 하고자 하나 이것들은 다 가인의 제사와 같으며 아담과 하와의 무화과 의상과 꼭 같은 것이다. 아무런 선행과 아무런 사업을 이루었다해도 그리스도의 보혈로 속죄함을 받지 않으면 결코 천국에 들어갈 수 없는 것이다. 사업이 자기를 구원하지

---

12 계13:8 "죽임을 당한 어린 양의 생명책에 창세 이후로 이름이 기록되지 못하고 이 땅에 사는 자들은 다 그 짐승에게 경배하리라"

못하며 선행이 자기를 의롭게 못하고 "상하고 통회한 심령이라야 하나님이 기뻐하시고 구원하시는 것이다"(시34:18[13], 51:17[14]). 성전에서 기도하던 바리새인은 가인과 같은 신자요 세리는 아벨과 같은 신자이니(눅 18:9-14) 우리들은 주 앞에 나아갈 때마다 겸손하게 자기를 살펴서 회개하여 자복하는 제사를 드릴 것이다.

2. 의로운 증거

이는 아벨에게는 칭의의 경험이니 곧 의롭다함을 받은 사실이다. 그는 회개하여 대속을 요구하는 표시로 양을 잡아 드릴 때에 곧 의로운 증거를 받은 것이다. "만일 우리가 우리 죄를 자백하면 그는 미쁘시고 의로우사 우리 죄를 사하시며 우리를 모든 불의에서 깨끗하게 하실 것이요"(요일1:9)이라 했으니 진실로 그러하다. 아벨에게 이러한 회개와 신앙이 있을 때에 그는 하나님 앞에 의롭다함을 얻은 것이다. 후세에 예수께서 친히 그를 의인이라 증거하신 것(마23:35[15])도 그에게 이런 신앙이 있었던 까닭이다. 우리가 하나님께 회개하고 그리스도의 보혈을 믿어야 의롭다함을 얻는 것이다. 할렐루야! 모든 공로나 선행이 없던 우리들이 다만 그리스도를 믿음으로 의롭다함을 얻는 사실은 사탄도 놀랄 일이다. 우리가 신앙으로 확실히 의롭다 하는 인침을 받아야 되겠다

---

13 시34:18 "여호와는 마음이 상한 자를 가까이 하시고 충심으로 통회하는 자를 구원하시는도다"
14 시51:17 "하나님께서 구하시는 제사는 상한 심령이라 하나님이여 상하고 통회하는 마음을 주께서 멸시하지 아니하시리이다"
15 마23:35 그러므로 의인 아벨의 피로부터 성전과 제단 사이에서 너희가 죽인 바라갸의 아들 사가랴의 피까지 땅 위에서 흘린 의로운 피가 다 너희에게 돌아가리라"

(롬4:11[16], 5:1[17]). 칭의의 경험이 명백하지 않은 자는 구원의 토대가 아직 되지 못한 것이니 하나님의 자녀의 반열에 서지 못하는 것이다. 하나님 께서 예수로 말미암아 우리에게 주시는 의는 실로 놀라운 것이다. 신앙 을 가진 우리를 의롭다 하시되, 한번도 범죄치 않은 자와 같이 여기시 는 의이다. 이 얼마나 귀한 것인가? 하나님께서 우리를 전과자로 취급 하심이 아니요 온전히 의인으로 여기심이며 죄의 자리에서 의로운 자 리에 옮기신 것이니(벧전2:9[18]), 우리의 영혼에는 이런 의가 굳게 서도록 할 것이다. 요컨대 우리의 심령에 회개가 깊을수록 신앙이 깊어지며 신 앙이 깊을수록 칭의가 확실해지는 것이다.

3. 예물에 대한 증거

이 증거는 어떠한 것인지 성서의 기록이 없으니 알 수는 없으나 성서 의 실례를 들어 생각한다면 옛날 아브라함의 제단에 불이 임한 것(창15 장)과 엘리야의 제단에 불이 임하여 증거한 것과 같은 사실인줄 안다(왕 상18:38[19]). 만일 그렇다면 이 사실을 한층 더 깊은 의미로 해석할 수 있 으니 곧 성령의 불세례의 표시로 알 것이다. 그리스도인의 경험 중에는 두 개의 큰 역(驛)이 뚜렷하니 하나는 칭의의 역이요 둘째는 성령세례의 역이다. 우리가 모든 범죄로 인하여 고민하다가 그리스도의 십자가의

---

16 롬4:11 "그가 할례의 표를 받은 것은 무할례시에 믿음으로 된 의를 인친 것이니 이는 무할례자 로서 믿는 모든 자의 조상이 되어 그들도 의로 여기심을 얻게 하려 하심이라"
17 롬5:1 "그러므로 우리가 믿음으로 의롭다 하심을 받았으니 우리 주 예수 그리스도로 말미암아 하나님과 화평을 누리자"
18 벧전2:9 "그러나 너희는 택하신 족속이요 왕 같은 제사장들이요 거룩한 나라요 그의 소유가 된 백성이니 이는 너희를 어두운 데서 불러내어 그의 기이한 빛에 들어가게 하신 이의 아름다운 덕 을 선포하게 하려 하심이라"
19 왕상18:38 "이에 여호와의 불이 내려서 번제물과 나무와 돌과 흙을 내우고 또 도랑의 물을 핥은지라"

대속을 확신할 때에 우리의 영혼에 이루어지는 것은 곧 의롭다함(칭의)을 얻는 경험이요 다시 나아가 영혼의 불만족을 느끼며 죄성의 내재를 깨닫고 이에 태우며 태워 맑히는 역사를 받게 되는 이것이 곧 성령세례의 역인 것이다. 아벨의 제물에 증거가 임한 것과 같이 주께서 모든 것을 다 바치고 기도하는 우리의 영혼에 성령으로 인치사(엡1:13[20]) 영원한 기업의 표시를 삼으시는 것이다. 그러므로 기독신자의 심령에는 두 개의 큰 도장자국이 있으니 칭의의 인(롬4:11) 성결의 인(엡1:13)이 이것이다. 인(印)은 곧 증거하는 표이니 우리의 심령에는 각각 이런 하늘로부터 내려온 도장 모양이 있어야 천국의 통용물이 될 것이다. 우리의 구원도 하나님이 증거하시고 우리의 헌신도 하나님이 증거하셔야 되겠다. 자기 스스로의 증거나 타인의 증거만 가지고 있는 것은 위태한 일 중에 하나이다. 하나님이 증명하시지 않은 신앙은 능히 자기를 구원치 못할 것이며 하나님이 증명하시지 않은 사업은 주의 심판 날에 다 타서 없어질 것이다(고전3:12-15[21]). 신성을 자랑하는 종교가여, 사업을 자랑하는 자선가여, 그대의 신성과 사업을 하나님이 증명하셨는가? 반성하여 우리의 영혼과 사업 전체에 주의 증거가 임하게 하여야 되겠다. 주께서 예리한 눈을 가지시고 사죄의 결산을 분명히 해결한 심령에 성령으로 인치며 신앙으로부터 통회한 사업이어야 기꺼이 받으심을 증명하실 것이다.

---

20 엡1:13 "그 안에서 너희도 진리의 말씀 곧 너희의 구원의 복음을 듣고 그 안에서 또한 믿어 약속의 성령으로 인치심을 받았으니"
21 고전3:12-15 "12 만일 누구든지 금이나 은이나 보석이나 나무나 풀이나 짚으로 이 터 위에 세우면 13 각 사람의 공적이 나타날 터인데 그 날이 공적을 밝히리니 이는 불로 나타내고 그 불이 각 사람의 공적이 어떠한 것을 시험할 것임이라 14 만일 누구든지 그 위에 세운 공적이 그대로 있으면 상을 받고 15 누구든지 공적이 불타면 해를 받으리니 그러나 자신은 구원을 받되 불 가운데서 받은 것 같으리라"

3.
하나님과 동행한 에녹

에녹은 영적생애의 모범자로서 하나님과 300여년 동안 동행하였다
(창5:23[22]). 그가 이렇게 세상에서 구별된 생애를 보낸 원동력은 과연 어
디에 있는가? 어떤 사람들이 생각하기를 에녹의 시대는 원시시대라 자
연의 풍미가 농후하여 생존경쟁이 심하지 않던 시대이므로 누구든지
그 시대에는 자연을 노래하며 영적생애를 보내기가 쉬울 것이라 하겠
다. 그러나 자세히 살펴보라. 그 시대는 순전히 자연으로만 살던 때가
아니었음을 성서를 보아 잘 알 수 있다. 그 시대는 바로 멸망받은 노아
의 시대였다. 그 시대의 인륜정도가 어떠했는지를 창세기 4장과 6장을
보면 잘 알 수 있다. 음악도 발달했으며 공업도 왕성했으며 문학도 상
당했던 것이다(창4:21-24[23]). 또는 오늘에도 허영스런 청춘남녀들의 자

22 창5:23 "그는 삼백육십오 세를 살았더라"
23 창4:21-22 "21 그의 아우의 이름은 유발이니 그는 수금과 통소를 잡는 모든자의 조상이 되었으
며 22 씰라는 두발가인을 낳았으니 그는 구리와 쇠로 여러 가지 기구를 만드는 자요 두발가인의
누이는 나아마였더라"

유분방한 성문화는 벌써 그 시대에 유행했던 것이다. 이렇게 예술로나 공업으로나 사상으로나 복잡하던 세대였다. 순전한 시대가 아니라 먹고 마시고 팔고 사고 시집가고 장가가는(눅17:26[24]) 곧 물신숭배로 매우 심한 생존경쟁 가운데서 결국에는 하나님의 심판을 받기까지 이르렀던 세대였다.

이런 복잡한 환경에서 에녹이 그와같은 영적생애를 살았음은 과연 그 비밀이 어디에 있었던가? 결코 환경이 그렇게 만든 것이 아니다. 오직 그의 심령에 경건한 생명의 종교를 가진 것이 원인이라 하겠다. 환경이 사람의 마음을 지배한다하여 현 사회조직을 근본적으로 개혁하기를 부르짖는 것은 현대인의 유물주의 사회관이다. 이른 바 기독교 청년 중에도 이러한 사상에 감염되어 환경설을 주장하는 자들이 있다. 그러나 그들은 좀 깊이 생각할 필요가 있다. 보라, 예수 그리스도의 생애는 참으로 흠이 없는 성결한 생애였으니 그러면 예수를 거룩하게 한 것이 그 시대의 환경이 그렇게 했는가? 아니다. 그 시대도 역시 로마의 부패한 정치와 헬라의 향락사상과 유대의 율법적 종교로 사람의 마음은 극도로 퇴폐하였다. 그 환경이 전혀 경건, 성결, 성결의 생애를 줄 수 없었다. 그리스도의 성결은 오직 그 내적에 있었으니 즉 생명의 종교를 가졌던 까닭이다.

또 어떤 사람은 생각하기를 가정에 대한 걱정과 근심 때문에 신령한 생애를 지속할 수 없다하여 독신으로 종교의 신성을 가지겠다고 하지만 이것 또한 오류이다. 에녹을 보라, 그의 영적생애는 천주교의 신부나 불교의 승려와 같이 독신생애를 취한 것도 아니었다. 그의 생애는

---

24 "노아의 때에 된 것과 같이 인자의 때에도 그러하리라"

아내와 자녀들을 거느린 가정생애였다.[25]

대체로 보아서 우리의 가진 종교의 신성이 출가하는데 있지 않고 사회를 떠나는데 있지 않은 것이다. 가정이나 사회로 인하여 그 종교의 신성이 더럽히고 손상이 된다면 이는 참 생명의 종교가 아니요 동적 종교가 아니요 한낱 허수아비 종교요 정적 종교일 뿐이다.

우리가 요구하는 종교는 즉 가정이나 사회에 있어서 능히 성결을 지속하는 적극적 종교이다. 예수께서 우리의 처세관을 가르치신 말씀에 "내가 비옵는 것은 그들을 세상에서 데려가시기를 위함이 아니요 다만 악에 빠지지 않게 보전하시기를 위함이니이다"(요17:15)했으니 이것이 곧 기존신자의 처세에 대한 교훈이다. 연꽃은 진흙 가운데서 올라올지라도 그 아름다운 꽃송이와 뚜렷한 잎사귀에는 더러운 점 한방울도 묻지 않고 독특하게 그 정결을 지키고 있는 것이며, 헤엄치는 새 중에 오리와 같은 새들은 물속으로 잠겨서 헤엄칠지라도 그 몸에 물 한방울도 묻지 않음을 보는 것이다. 이것은 그 원인이 밖에 있는 것이 아니고 자기자신에게 있는 것이니 곧 연꽃으로서는 연못 속의 오염에 물들지 않을만한 윤택함이 있는 것이며, 오리에도 그 몸털에 기름이 있음으로 물방울이 굴러 떨어지고 마는 것이다. 어떤 한 사람이 어느 탄광에 구경을 갔는데 그 탄광 속 전부가 검은 것 뿐이었다. 광부도 검고 기계도 검고 모든 검은 것 뿐이었다. 그러나 이상하게 그 검은 곳에서 깨끗한 꽃송이가 피어 있었다. 그 사람은 너무도 이상해서 그 꽃송이에 가까이 가서 보니 그 꽃잎으로는 윤택한 액즙을 분비함으로 검은 그을름이 와서 떨어질지라도 즉시 미끄러져 버림으로 그 꽃잎에 아무 것도 묻지 못

---

25 "에녹은 육십오 세에 므두셀라를 낳았고"

하는 사실을 본 것이다.

이와같이 우리 기독교인도 죄악의 더러움으로 충만한 이 세상에 처해 살지라도 모든 일에 "그의 깨끗하심과 같이"(요일3:3) 지닐 수 있는 것은 주의 권능의 팔이 우리를 붙들어 도우시며 그리스도의 보혈과 성령의 기름부으심이 우리를 성별케 하여 죄악에 물들지 않게 하시기 때문이다. 마치 어린 아이가 부모의 손을 떠나면 곧 넘어지겠지만 그 손을 잡고 걷는 동안은 어디를 갈지라도 넘어질 염려가 없는 사실과 같은 것이다. 존경스럽고 부럽도다! 에녹의 생애여! 그는 300여년 동안 주의 손에 이끌리어 성별의 생애를 보냈으니 그의 마음에 가진 종교의 생명은 그 시대의 예술이나 공업의 번영이 능히 약하게 하지 못했으며 성적 타락의 문화가 능히 그를 더럽히지 못했다. 이같이 성결의 생애를 보내던 에녹의 마지막은 어떻게 되었는가?

"에녹이 하나님과 동행하더니 하나님이 그를 데려가시므로 세상에 있지 아니하였더라"(창5:24)하였으니 그는 죽음을 맛보지 않고 변화된 몸으로 승천한 것이다. 앞으로 홍수의 대환난이 전 세계를 덮힐텐데 주께서 당신이 사랑하시는 성도를 주의 앞 은밀한 처소로 감추었으니 곧 영원한 피난처이시다. 의인이 세상을 떠나는 것이 화를 피함인줄을 누가 능히 알 것인가?(사57::1[26]) 에녹은 영적인 안목으로 사회상도 잘알았을 것이며 시대의 운명도 예측하였을 것이다. 그의 생애가 다만 은인자중하는 소극적이 태도가 아니라 죄악이 관영한 시대를 향하여 하나님의 심판을 전하는 진격적인 전도자였던 것이다. 장차 임할 심판을 예

---

26 사57:1 "의인이 죽을지라도 마음에 두는 자가 없고 진실한 이들이 거두어 감을 당할지라도 깨닫는 자가 없도다"

언하였으니 이로 보아서도 그는 그 시대의 운명을 꿰뚫고 있었다. 주의 신이 그를 가르쳤으며 그를 이끌었으며 그를 데려 가셨다. 그 시대의 사람으로 누가 에녹의 승천이 장차 임할 대홍수의 난을 피함인 줄을 알았을까? 그 누구도 몰랐을 것이다. 만일 에녹 생애의 비밀을 알았다면 그 시대 사람도 회개할 기회가 있었겠지만 그들은 다만 먹고 마시고 시집가고 장가가는 것으로만 일삼은 것이다.

그러면 이 대홍수의 난이 임하기 전에 영화롭게 승천한 에녹은 오늘 믿는 사람에게 무엇을 가르치고 있는지를 살펴보아야겠다. 곧 이것은 장차 전 세계에 임할 대환난 이전에 휴거될 교회의 의표인 것이다. 지금의 시대는 종말이 가까워지고 있다. 우리가 에녹과 같이 하나님과 동행하는 성결의 생애를 살아가야 임박한 환난이 오기 전에 영화롭게 공중에 들려 올라갈 것이니 곧 어린양의 혼인잔치이다(계19:7,8[27]). 모든 죄악과 인연을 끊을 것이며 물질에 애착하지 말 것이며 세상과는 완전히 분리된 생애를 보내야겠다. 이리하여 장차 임할 대 전쟁, 대 기근, 전염병 등의 대 환난에 상관없이 승천의 영화를 얻도록 간절히 원하는 것이다. 아래에 주와 동행한 성구를 묵상하라.

가. 주와 마음이 합할 것

암3:3 "두 사람이 뜻이 같지 않은데 어찌 동행하겠으며"

나. 흰 옷을 입을 것

계3:4 "그러나 사데에 그 옷을 더럽히지 아니한 자 몇 명이 네게 있어 흰 옷을

---

27 계19:7-8 "7 우리가 즐거워하고 크게 기뻐하며 그에게 영광을 돌리세 어린 양의 혼인 기약이 이르렀고 그의 아내가 자신을 준비하였으므로 8 그에게 빛나고 깨끗한 세마포 옷을 입도록 허락하셨으니 이 세마포 옷은 성도들의 옳은 행실이로다 하더라"

입고 나와 함께 다니리니 그들은 합당한 자인 연고라"

다. 빛가운데 행할 것

요일1:7 "그가 빛 가운데 계신 것 같이 우리도 빛 가운데 행하면 우리가 서로 사 귐이 있고 그 아들 예수의 피가 우리를 모든 죄에서 깨끗하게 하실 것이요"

라. 십자가를 질 것

마16:24 "이에 예수께서 제자들에게 이르시되 누구든지 나를 따라오려거든 자 기를 부인하고 자기 십자가를 지고 나를 따를 것이니라"

4.
방주의 사람 노아

많은 사람들이 생각하기를 거룩한 종교생활을 하기 위해서 속세를 떠나 깊은 산속이나 사막 같은 곳에 은거해야 완전해질 줄로 안다. 그래서 불교의 입산수도하는 일이나 중세의 수도원 제도 같은 것을 매우 신성시하는 것이다. 그러나 산속에 들어갔다고 수도원에 들어갔다고 자연히 거룩해지는 것은 아니다. 물론 환경에 따라서 그 생활하는 것에 영향이 없지는 않지만 원래 사람을 넘어지게 하는 것은 바깥에 있는 것이 아니고 사람의 속에 있는 것이다. 죄는 온 우주에 숨어 있는 엄청난 힘이다. 어디가서 이를 피할 수 있겠는가? 내 마음 속에서 이를 없애지 않으면 죄가 많은 환경을 피해 갔다 해서 거룩하게 되는 것이 아니다. 아담과 하와가 타락한 것은 죄가 없는 에덴에서 행해진 것이니 곧 자기 마음 속에서 시작한 것이다. 왕양명[28]의 말에 "산속에 도적은 두렵지 아니하여도 마음 속에 있는 도적이 두렵다"고 했다. 이 마음의 도적이라

28　왕양명은 중국 명나라의 정치인, 교육자, 사상가이다. 양명학의 창시자이다.

는 것이 무엇인가? 곧 죄악의 세력인 것이다.

예수의 생애를 거룩하게 한 것이 그 환경인 이 세상인가? 아니다. 예수 마음 속에 있는 성결의 세력이 능히 그렇게 한 것이다. 그러면 노아의 시대는 어떠 했는데 노아가 완전한 의인으로 하나님과 동행[29]하였는가? 이는 노아의 마음 속에 성결의 세력이 있었던 것이다. 그 시대는 먹고 마시고 시집가고 장가드는(눅7:27[30], 창6:3,4[31]) 일로 일삼던 때이다. 다시 말하면 유물주의, 성도덕의 혼란의 시대였다. 모든 사람이 부끄러움으로 영광을 삼고 배로 하나님을 삼으며 남녀간에는 자유연애로 일삼던 때였다. 이런 환경에서도 노아는 오직 그 가족과 같이 신앙생활을 하며 의를 전파하여 장차 올 홍수 심판을 설교하며 이를 피할 방주를 예비하기가 백수년 동안이었던 것이다. 어떤 여자가 어느 학교의 교사로 있으면서 그 학교 남자 교사와 연애하다가 자기의 생애가 실패했음을 깨닫고 비관하다가 크게 결심하고 병원에 들어가서 간호사의 직무를 하면서 일생에 불쌍한 병자를 위로하는 일로 평생을 독신생활하기로 작정했었다. 그러나 죄가 학교에만 있고 병원에는 없는가? 얼마 못되어 그 병원 의사와 또 연애한 것이다. 이 사람은 자기를 넘어지게 한 것이 환경인 학교인 줄 알고 병원생활에 들어 갔지만, 죄가 또 그곳에서 기다리고 있었으니 그 마음 속에 성결의 세력이 없으면 장소를 피했다고 거룩하게 될 수 없는 이치이다.

---

29 창6:9 "이것이 노아의 족보니라 노아는 의인이요 당대에 완전한 자라 그는 하나님과 동행하였으며"
30 눅17:27 "노아가 방주에 들어가던 날까지 사람들이 먹고 마시고 장가 들고 시집 가더니 홍수가 나서 그들을 다 멸망시켰으며"
31 창6:3-4 "여호와께서 이르시되 나의 영이 영원히 사람과 함께 하지 아니하리니 이는 그들이 육신이 됨이라 그러나 그들의 날은 백이십 년이 되리라 하시니라 당시에 땅에는 네피림이 있었고 그 후에도 하나님의 아들들이 사람의 딸들에게로 들어와 자식을 낳았으니 그들은 용사라 고대에 명성이 있는 사람들이었더라"

노아는 정말 성결의 신앙을 가진 사람이었으며 신앙으로 일관하였던 사람이다. 백수년 동안 한 사람의 회심자가 없어도 낙심하지 않고 전도했다. 이는 전도자의 모범인 것이다. 우리는 사소한 역경에 낙심하며 사소한 성공에 교만해지기가 쉬운 것이다. 무디도 청년시대에 자기 전도에 성공이 없음을 보고 낙심하다가 이 노아의 사실을 보고 다시 일어났다고 한다. 실패에서 낙심하는 것은 성공에서 교만할 마음이니 전도의 성공이 없다고 성령받지 못한 사람인줄로 아는 것은 오해인 것이다. 각 사람에게 주시는 은사가 각각 다른 것이다. 그 유명한 에녹은 300년동안 하나님과 동행했으니 곧 노아의 증조 할아버지가 되니 그의 가정이 그 시대에 있어서 종교의 뿌리가 깊었던 것이다. 우리도 사특한 세상에서 살지만 성결의 신앙을 보존하며 끝날까지 그리스도의 의를 전파하리라.

5.
믿음의 조상 아브라함

아브라함은 고향이 우르[32]인데 그곳은 우상숭배 중심지이었다. 그곳에 156개의 유명한 우상이 있었으며 그 밖에 수없이 많은 신들이 있었던 것이다. 전설에 따르면 그의 아버지 데라는 우상을 만드는 사람이라 한다. 이런 사회, 이런 가정에서 성장한 그가 유일신이신 여호와를 경외하며 예배하는 것을 볼 때에 우리는 그의 초월적 사상과 굳게 참고 견디는 의지를 배울 것이다.

그가 여호와의 명령을 따라 가나안 땅을 향하여 가는 길에 하란에서 5년간 머물게 된 것은 약간은 잘못된 일이다. 그 목적은 가나안에 있으면서 어찌 도중에서 이같이 머물 수 있었단 말인가? 오늘 교회에도 소위 하란 신자가 있으니 그 목적이 하나님 나라에 있으면서도 여전히 세

---

32 창세기를 보면 아브라함은 노아의 10대손으로, 노아의 맏아들 셈의 후손이라고 나와 있다. 창세기는 또 아브라함의 고향을 칼데아의 우르라고 가르쳐준다(11:28). 칼데아는 바빌로니아 남부를 가리키는 고대 지명으로, 우르는 이라크 남부 유프라테스 강 가까운 곳에 있던 수메르의 도시국가이다. 우르는 과거 세계 최고의 문명도시이기도 하다. 우르는 B.C 4000년경 메소포타미아 북부지역에서 이주한 것으로 보이는 정착민이 세운 것으로 알려져 있다.

상 길에서 방황하는 사람들이 많은 것이다. 이는 죄에서 구원받아 거듭난 삶만 살며 그 약속지인 가나안 땅인 성결의 은혜에 들어가지 않는 사람과 같다. 우리는 죄에서 겨우 구원받은 처지에서 머물지 말고 믿음으로 즉시 성결의 은혜에 들어갈 것이다(창11:27이하).

오늘 그에 대한 몇가지 사실을 배우고자 한다.

첫째, 그의 선한 싸움과 십일조

아브라함이 가나안에 이주한 후 엘람 왕의 연합군과 소돔 왕 사이에 전쟁이 일어났다. 엘람의 연합군이 이겨 소돔과 고모라를 약탈해서 그의 조카 롯도 졸지에 사로잡혀 가게 된 것이다. 이때에 아브라함은 훈련된 군사 308명을 거느리고 다메섹 왼쪽 호바까지 추격하여 빼앗긴 재물과 사람들을 찾아온 것이다. 이것은 영적전쟁에서 용감한 교역자의 모범일 것이다. 우리가 아브라함과 같이 악마에게 사로잡힌 뭇영혼을 되찾기 위해 진격해야겠다. 과연 전도가 악마에게 빼앗긴 영혼을 다시 찾아오는 돌격전인 것이다. 이때에 아브라함이 그 소득에서 십일조를 지존하신 하나님의 제사장 멜기세덱[33]에서 바쳤다. 이것은 성서에서 십일조의 기원이다(창14장).

---

[33] "의의 왕"이라는 뜻을 가진 멜기세덱은 살렘의 왕이었으며 지극히 높으신 하나님의 제사장(창 14:18-20, 시110:4, 히5:6-11, 6:20-7:28)이었다. 아브라함이 엘람의 연합군을 물리치고 돌아오는 길에 멜기세덱을 만났다. 멜기세덱은 아브라함과 그의 지친 병사들에게 빵과 포도주를 주며 우정을 보여 주었다. 그는 엘 엘룐이라는 이름으로 아브라함에게 축복하였고 전쟁의 승리를 주신 하나님을 찬양했다(창14:18-20). 아브라함은 멜게세덱에게 그가 모은 모든 물건의 십분의 일을 바쳤다. 이 행동으로 아브라함은 멜기세덱을 자신보다 더 높은 영적인 지위에 있는 제사장으로 인정하였다.

둘째, 그의 칭의의 경험

아브라함이 아들이 없었을 때에 여호와의 말씀이 "네 자손이 하늘의 별과 같으리라"하시니 아브라함이 여호와를 믿음으로 여호와께서 의로 여기셨다 하였다(창15:6[34]). 아브라함이 '여호와를 믿음으로 그 믿음을 의로 정하셨다(계산하였다는 뜻)는 이 사실은 구약성서에 있어서 복음의 기초를 나타내신 것이며, 지금 기독교의 기초 교리이다. 장엄하고 은혜롭다. 창15:6 말씀이여! 바울 사도의 로마서 4장과 갈라디아서 3장은 이 한절의 주해이다. 인류의 구원의 진리가 여기에 나타났다. 사람이 어떻게 해야 구원을 얻을까? 오직 믿음으로만 될 것이다. 자기의 선행도 고행도 사업도 다 쓸데없다. 오직 믿음으로 아무 조건없이 의롭다함을 얻는 것이다. 이러한 복음외에 다른 복음을 말하는 자는 비록 천사라도 저주를 받을 것이다. 이는 죄인으로 하여금 한 순간에 성도의 반열에 옮기는 것이며, 구원은 오직 여호와께만 있는 것을 나타내시려는 하나님의 크신 경륜인 것이다.

셋째, 그의 계명과 번영의 약속

창세기 17장에 보면 여호와께서 그의 이름을 아브라함이라 하시고 그의 자손이 심히 번성하여 만국의 아비가 될 것을 약속하셨다. 그 이전 이름은 아브람이니 곧 "높은 아버지"라는 뜻이며, 아브라함이라는 말은 "큰 무리의 아비"라는 뜻이다. 그 말씀과 같이 그는 기독교인들에게 "믿음의 아비"가 될뿐더러 마호메트교, 유다교도 다 그 종교의 조상으로 추앙하는 것이다. 그의 자손인 그리스도로 인해 전세계에 미친 영

---

34 창15:6 "아브람이 여호와를 믿으니 여호와께서 이를 그의 공의로 여기시고"

향은 과연 어떠한가? 수천년 후인 지금까지 그 믿음의 감화는 실로 위대하다. 조나단 에드워즈는 미국의 유명한 종교가이며 학자였다. 그가 죽은 후 100여년간에 그의 후손이 1,394명인데, 그 중 대학교 총장 13명, 교수 64명, 의사 68명, 종교가 100명, 군인 75명, 문학가 68명, 법률가 180명, 관리 80명, 상원의원 3명, 부통령 1명, 선박회사 사장 1명, 지사, 시장, 대의원 등이라 한다. 우리도 이와같이 하나님께 온전히 순종하여 나 자신만 축복받을 뿐아니라 후세의 자손에게 까지 그 감화와 축복을 끼치는 사람이 되기를 바라는 것이다.

넷째, 그의 시험과 승리

창세기 22장에 보면 아브라함에게 큰 시험이 닥친 것을 볼 수 있다. 늙어 약속으로 얻은 옥동자 이삭을 여호와께서 제물로 드리라고 하신 것이다. "여호와께서 의인을 시험하신다"(시11:5)함과 같이 주께서 이와 같은 어려운 시험을 내리신 것은 그를 극히 사랑하셔서 더 큰 축복을 주시고자 함이다. 이에 아브라함의 완전한 믿음이 나타났다. 그는 조금도 주저하지 않고 순종했다. 의인에게 오는 시험과목이 여러 가지이지만 주께서 감당하지 못할 시험을 허락하지 않으시며 또 시험 당할 때에 피할 길을 열어 주시는 것이다(고전10:13). 이 말씀은 아브라함의 사실에 가장 일치하는 것이다. 아브라함은 이 시험에 합격하였으므로 그 축복의 약속을 더욱 굳게 하였으며 항상 성도를 위하여 준비하고 계신 여호와인줄 알게 되었다. 사랑하시는 우리 주님께서는 예사로 우리에게 감당할 정도의 시험을 허락하셔서 우리를 연단하시며 축복하신다.

6.
멸망 중에서 구원받은 롯

롯은 아브라함의 조카이며 그의 아버지는 하란이다. 아브라함이 갈대아 우르에서 떠날 때에 그도 따라서 떠난 것이다. 그는 숙부를 따라 가나안을 거쳐 애굽에 내려갔다가 두 사람 다 부자가 되었다. 한 집에서 함께 살기가 어려워져서 서로 분가하게 되었다(창11:31, 12:4, 13장). 분가할 때에 아브라함은 롯에게 살 곳을 자유롭게 선택할 수 있게 했다. 이에 롯이 눈을 들어 요단 평야의 비옥함을 보고 그곳에 살게 되었다(창11:10, 11). 그러나 그 땅은 죄악이 넘치는 소돔 근처였다. 롯이 처음에는 요단 들에 살았으나 조금씩 소돔까지 장막을 옮기게 되었다. 이게 롯이 잘못 선택한 것이다. 공자도 말하기를 "里仁(리인)이 爲美(위미)하니 擇不處仁(택불처인)이면 焉得知(언득지)리오"[35]라고 말한 것이다. 소돔은 음란으로 충만한 성이었다. 특히 그 성에는 남색죄가 많았던 것이

---

[35] 어진 마을의 인심은 아름다운 것이니 스스로 인심이 넘치는 마을을 택하여 살지 않으면 어찌 지혜롭다 하리오.

다(유7[36]). 현대에도 물질문명이 흥왕해 갈수록 모든 사람이 육체의 향락에 깊이 빠져 들어가고 있다. 이른 바 동성애라는 것이 유행하는 것은 3,000년 전의 소돔이나 20세기 문명을 자랑하는 오늘이나 조금도 다를 바가 없는 것이다. 이는 다 멸망의 죄이니 소돔이 이러한 죄로 인해 하늘의 불로 멸망받은 것과 같이 현대도 만일 회개하지 않으면 이러한 멸망이 눈앞에 있는 것이다. 롯이 이런 위험한 곳을 선택해 삶의 터전으로 삼은 것은 큰 잘못인 것이다.

롯은 애초부터 종교생활이 철저하지 못했다. 그는 자발적 신앙이 아니오 피동적이었을 것으로 생각된다. 그가 종교생활을 중심으로 삶의 터전으로 선택했다면 이러한 곳에 이사할 이유가 없는 것이다. 자기 자신과 자녀교육 문제를 신앙으로 해결할 마음이 있었다면 어찌 이러한 곳에 살고자 했을까? "복 있는 자는 죄의 길에 서지 아니하는"(시1:;1) 것이다. 그가 삶의 터전을 선택한 동기는 다만 비옥한 요단 평원이 자기에게 유익할 줄로 안 것이다. 천사가 소돔성을 멸망하겠으니 속히 떠나가라 해도 그가 떠나기를 슬퍼해 천사가 그 손을 잡아 이끌어 성 밖으로 인도하기까지 한 것을 보면 분명 그의 신앙 정도를 알 수 있는 것이다 (창19:15,16[37]). 그는 현세에 대한 애착심과 물질의 탐욕성이 많았음을 알 수 있다. 한편으로는 하나님의 심판을 두려워하면서도 소돔에 있는 그 모든 부귀의 소유를 버리기 어려워한 것이다. 지금 교회에도 이러한 신

---

36 유1:7 "소돔과 고모라와 그 이웃 도시들도 그들과 같은 행동으로 음란하며 다른 육체를 따라 가다가 영원한 불의 형벌을 받음으로 거울이 되었느니라"

37 창19:15-16 15 동틀 때에 천사가 롯을 재촉하여 이르되 일어나 여기 있는 네 아내와 두 딸을 이끌어 내라 이 성의 죄악 중에 함께 멸망할까 하노라 16 그러나 롯이 지체하매 그 사람들이 롯의 손과 그 아내의 손과 두 딸의 손을 잡아 인도하여 성 밖에 두니 여호와께서 그에게 자비를 더하심이었더라

자가 많다. 그들은 하나님과 세상을 겸하여 섬기는 자들이다. 주의 교훈을 기억하라. "한 사람이 두 주인을 섬기지 못할 것이니 … 하나님과 재물을 겸하여 섬기지 못할 것"(마6:24)이라 하셨다. 사도 바울은 그리스도를 얻기 위하여 자기의 지위와 학식, 신분 등 모든 것을 배설물로 여겼다. 앞으로 망할 세상의 것들을 뒤로 하고 하나님 나라를 향하는 성도들은 세상에 있는 것들을 배설물로 여기고 오직 주 예수만 바라보고 나아갈 것이다(빌3:13,14**38**).

롯의 사위들을 보면 또 그의 신앙의 깊이를 측정할 수 있다. 그의 사위들이 소돔의 멸망받을 말을 듣고 농담으로 여겼다(창19:14**39**) 했으니, 그가 이러한 곳에 살았으므로 그런 사위들을 얻은 것이다. 이 또한 성도로써 합당치 못한 일이다. 그러나 그가 소돔 사람의 죄악을 인하여 매일 상심(벧후2:8**40**)하였으니 과연이 의인이 처세하는 것이 백합화가 가시밭에서 성장하는 것과 같은 일이다. 롯이 멸망 중에서 구원을 얻은 것은 그의 숙부 아브라함의 기도로 인한 것이니 그리스도의 기도가 우리에게 이런 것이다.

---

38 빌3:13-14 13 형제들아 나는 아직 내가 잡은 줄로 여기지 아니하고 오직 한 일 즉 뒤에 있는 것은 잊어버리고 앞에 있는 것을 잡으려고 14 푯대를 향하여 그리스도 예수 안에서 하나님이 위에서 부르신 부름의 상을 위하여 달려가노라

39 창19:14 롯이 나가서 그 딸들과 결혼할 사위들에게 말하여 이르기를 여호와께서 이 성을 멸하실 터이니 너희는 일어나 이 곳에서 떠나라 하되 그의 사위들은 농담으로 여겼더라

40 벧후2:8 (이는 의인이 그들 중에 거하여 날마다 저 불법한 행실을 보고 들음으로 그 의로운 심령이 상함이라)

7.
소금 기둥이 된 롯의 아내

롯의 아내에 대한 성경의 기록은 두 군데 나온다. 창19:26[41]과 눅 17:32[42]이다. 롯의 아내는 아마도 소돔 출생으로 당시 극도로 타락한 소돔 사람들과 어울려 놀았을 것이다. 롯의 아내는 멸망받을 소돔성에서 속히 떠날 때에 뒤를 돌아보지 말라는 천사의 경고를 귀담아 듣지 않고 소돔성을 빠져 나오기는 했지만 물질의 욕심으로 가득차 두고 온 재산을 포기하는 것이 너무도 억울해 뒤를 돌아보다가 저주를 받아 소금 기둥이 되었다. 이는 후세의 성도들에게 큰 귀감이 되고 있다. 우리가 부모나 형제나 처자나 자기의 소유를 다 버릴 수 있는 정신이 없다면 능히 그리스도를 따를 수 없다(눅14:33[43]). 오늘의 성도와 교역자 중에 물질에 대한 애착과 탐욕을 가진 사람들이 많이 있다. 그래서 어떻게 하면 돈

41 창19:26 "롯의 아내는 뒤를 돌아보았으므로 소금 기둥이 되었더라"
42 눅17:32 "롯의 처를 생각하라"
43 눅14:33 "이와 같이 너희 중의 누구든지 자기의 모든 소유를 버리지 아니하면 능히 내 제자가 되지 못하리라"

을 많이 모을 수 있을까 어떻게 하면 부동산을 많이 사놓을 수 있을까하여 말할 때마다 꼭 돈 돈 하는 사람이 많다. 이런 사람들의 심령을 들여다보면 하나님을 사랑하는 마음 보다 돈을 탐하는 정신으로 가득차 있음을 볼 수 있다.

사도 요한은 "이 세상이나 세상에 있는 것들을 사랑하지 말라 누구든지 세상을 사랑하면 아버지의 사랑이 그 안에 있지 아니하니"(요일2:15)하였다. 사람이 무엇이든지 그 마음에 있는 대로 표면에 나타나게 된다. 돈을 많이 말하는 사람의 속에는 돈이 우상이 되어 있는 것이다.

어느 날 예수님을 따르려는 사람이 예수님께 나아와서 "내가 예수님을 따르고 싶은데 먼저 가서 내 가족과 작별하게 해달라"고 하였다. 그때 예수님께서는 그 사람에게 하시는 말씀이 "손에 쟁기를 잡고 뒤를 돌아보는 사람은 내게 합당치 않다"고 하셨다(눅9:61-62[44]). 과연 그렇다. 신앙의 생애란 전진하는 것이며, 앞에 있는 예수 그리스도만 푯대로 삼고 나아가는 것이다.

우리는 이 세상에서 영원히 살 것도 아니고 이 세상은 옛날의 소돔과 같이 앞으로 임할 심판을 피하지 못할 것이다(눅17:28-29[45]). 모든 사람이 먹고 마시고, 팔고 사고, 시집가고 장가가고, 남녀의 성도덕이 무너져 죄로 가득하다. 이러한 가운데 우리는 "내 백성아 거기서 나와 그의 죄에 참예하지 말고 그의 받은 재앙들을 받지 말라"(계18:4)하시는 주님의 음성을 귀담아 들어야 한다. 우리가 가진 얼마의 소유, 지위, 명예

---

[44] 눅9:61-62 "61 또 다른 사람이 이르되 주여 내가 주를 따르겠나이다마는 나로 먼저 내 가족을 작별하게 허락하소서 62 예수께서 이르시되 손에 쟁기를 잡고 뒤를 돌아보는 자는 하나님의 나라에 합당하지 아니하니라 하시니라"
[45] 눅17:28-29 "28 또 롯의 때와 같으니라 사람들이 먹고 마시고 사고 팔고 심고 집을 짓더니 29 롯이 소돔에서 나가던 날에 하늘로부터 불과 유황이 비오듯 하여 그들을 멸망시켰느니라"

에 집착하여 정신을 빼앗기지 말고 오직 앞을 향하여 신앙의 경주를 하라. 우리의 가정을 돌아보다가 재물을 돌아보다가 지위를 돌아보다가 눈 깜빡할 사이에 임할 심판으로 소금 기둥이 될까 두려워하라.

예수님의 제자 가룟 유다는 돈을 돌아보다가 지옥의 소금 기둥이 되었고 이스라엘의 사사 삼손은 여자를 돌아보다가 연애의 소금 기둥이 되었고 아담과 하와는 선악과를 돌아보다가 에덴의 소금 기둥이 되었고 사울은 지위를 돌아보다가 길보아 산의 소금 기둥이 되었다. 이 모든 사람이 다 세상과 세상에 있는 것들을 사랑하다가 타락하였음을 명심하라. 우리는 이들의 전철을 귀감으로 삼아 소금 기둥의 수치를 당하지 말아야 한다. 뒤에 있는 것을 잊고 오직 앞에 있는 영원한 새하늘과 새땅을 바라보고 나아갈 것이다(빌3:13-14[46]).

---

[46] 빌3:13-14 "13 형제들아 나는 아직 내가 잡은 줄로 여기지 아니하고 오직 한 일 즉 뒤에 있는 것은 잊어버리고 앞에 있는 것을 잡으려고 14 푯대를 향하여 그리스도 예수 안에서 하나님이 위에서 부르신 부름의 상을 위하여 달려가노라"

8.
순종의 아들 이삭

이삭이라는 이름의 뜻은 '웃음'[47]이다. 아브라함 부부가 늙은 나이에 인체생리적으로는 더 이상 생산의 소망이 없었지만 하나님의 초자연적인 권능과 은혜의 축복으로 얻은 옥동자이다. 과학자는 자연계의 현상만 관찰하나 우리는 과학 이상인 종교의 초자연적 사실을 믿고 아는 것이다. 이삭의 출생은 어느 점으로 보던지 예수 그리스도의 예표가 된다. 그는 곧 약속의 아들이요 초자연적 출생이다. 그의 성격은 수동적이며 조용하고 온유한 사람이었다. 지금 그의 장점 몇가지를 배우려 한다.

첫째, 그는 순종의 사람

아브라함에게 큰 시험이 찾아 왔는데 독자 이삭을 잡아서 번제로 드

---

47 엘로힘께서 아브라함에게 아들을 주신다는 약속을 하였을 때 아브라함은 얼굴을 떨어뜨리고 웃었다. 왜냐하면 부인 사라는 너무 늙어 아기를 가질 수 있는 나이가 지났기 때문이다. 그 둘 모두 너무 나이가 많았다. 이후 하나님의 세 사람이 사라에게 다시 언약하였을 때, 사라는 같은 이유로 속으로 웃었다. 엘로힘께서는 아브라함에게 사라가 왜 웃냐고 물었고 사라는 이를 부인하였다.

리라는 여호와의 명령이었다(창22:1,2[48]). 이에 아브라함은 이삭을 데리고 두말없이 여호와의 지시하는 모리아 산에 가서 이삭을 잡아 놓고 칼을 잡아 번제로 드리려 하였다. 그 독자를 번제물로 드리라는 여호와의 명령을 순종한 아브라함이나 또한 붙잡혀 제단에 올려진 이삭이나 그 믿음이 과연 그 아버지의 그 아들이다. 우리 주 예수께서도 이처럼 순종하셨다. 그는 갈보리산 위의 십자가 제단에 자기의 육체를 깨뜨려 하나님께 바친 것이다. 이때에 그 아버지 아브라함은 백세 노인이었고 아들 이삭은 겨우 25세의 청년이었던 것이다. 만일 이삭이 그 헌신을 싫어하였다면 그는 노인인 아버지를 뿌리치고 달아날 수도 있었던 것이 아닐까? 그러나 그의 헌신은 여호와의 명령을 순종하는 자발적 정신에서 된 것이다. 우리 주 예수의 헌신하신 일도 이러하니 "이를 내게서 빼앗는 자가 있는 것이 아니라 내가 스스로 버리노라 나는 버릴 권세도 있고 다시 얻을 권세도 있으니 이 계명은 내 아버지에게서 받았노라 하시니라"(요10:18) 과연 주 예수의 십자가 헌신은 그 무슨 즉흥적인 충동이나 상대적인 정신으로 된 것이 아니라 철두철미 자원하신 헌신이다.

둘째, 그는 인내하며 무저항의 사람

창26장을 읽어보면 이삭의 놀라운 사실이 있는데, 그가 골짜기에서 우물을 파고 살 때에 그 땅 사람들이 시비함으로 또 싯나에 가서 한 우물을 팠으며 그 땅 사람들이 또 시비함으로 르호봇에 가서 다시 우물을 파고 살다. 이에 이삭에게 여호와께서 나타나셔서 "내가 너와 함께 있

---

48 창22:1,2 "1 그 일 후에 하나님이 아브라함을 시험하시려고 그를 부르시되 아브라함아 하시니 그가 이르되 내가 여기 있나이다 2 여호와께서 이르시되 네 아들 네 사랑하는 독자 이삭을 데리고 모리아 땅으로 가서 내가 네게 일러 준 한 산 거기서 그를 번제로 드리라"

어 너에게 복을 주어 네 자손으로 번성케 하리라"(26:18-24)하셨다. 사탄은 우리의 마음에 있는 구원의 우물에 대하여 시비하며 자주 와서 메워버리고자 한다. 광야에서 기도하시는 예수께 와서도 세 번이나 유혹하며 그 우물을 메우려고 했다. 우리의 우물에 생수가 강같이 흐름으로 이로 인해 살아가는 우리의 생활을 사탄은 미워하여 세상에 있는 금전, 명예, 지위 등으로 메우고자 하는 것이다. 그러나 우리는 오래 참는 정신으로 파고 또 팔 것이다. 이때에 오직 여호와만 바라보고 저항하지 않는 태도로 나아간 이삭에게는 원수 아비멜렉이 와서 "여호와 너와 함께 하신다"고 항복하게된 것이다. 우리도 모든 역경을 당할 때에 오직 여호와만 바라보고 나아가면 모든 난관이 다 해결될 것이다.

셋째, 그는 묵상의 사람

창24:63[49]에 보면 이삭에 저녁 때에 들어 나아가 묵상하였다고 한다. 이것을 보면 이삭의 신앙생활을 알게 된다. 과연 묵상이란 성도의 생애에 가장 중요한 것이다. 루터의 말에 목사가 되는데 세 가지가 있으니 기도와 묵상 그리고 시험이라 하였다. 우리는 이 묵상으로 영의 신비를 실험할 것이다.

---

49 "이삭이 저물 때에 들에 나가 묵상하다가 눈을 들어보매 낙타들이 오는지라"

9.
택함받은 신부 리브가

아브라함은 며느리를 가나안 족속들 중에서 택하지 않고 자기 고향인 메소포타미아로 그의 종 엘리에셀을 보내 택하게 했다. 이것은 아브라함이 자녀의 결혼 문제를 얼마나 신중하게 생각했는지를 보여 주는 것이다. 또한 그의 종을 보내 며느리감을 데려오게 하며 아들 이삭을 그곳에 보내지 않은 것은 결혼에 있어 육체적인 편리를 도모하려 하거나 또한 중매자의 인위적인 수단을 쓰려고 하지 않았음을 보여주는 것이다. "하늘의 하나님 여호와께서 나를 내 아버지의 집과 내 고향 땅에서 떠나게 하시고 내게 말씀하시며 내게 맹세하여 이르시기를 이 땅을 네 씨에게 주리라 하셨으니 그가 그 사자를 너보다 앞서 보내실지라 네가 거기서 내 아들을 위하여 아내를 택할지니라"(창24:7)며 그 종에게 분부한 것과 중매의 역할을 할 엘리에셀이 "우리 주인 아브라함의 하나님 여호와여 원하건대 오늘 나에게 순조롭게 만나게 하사 내 주인 아브라함에게 은혜를 베푸시옵소서"(창24:12)하며 기도한 것을 보면 아브라함의 믿음이 얼마나 깊었는가를 알 수 있으며, 한 가정에 주부를 택하는 일에 얼마나 신중히 했는가를 알 수가 있다.

오늘의 우리 교회 안에서도 결혼문제를 이처럼 신중히 해야 할 것이다. 우리의 결혼문제에 있어서 여호와 하나님의 지시하심을 따라 행할 것이며, 불신자와 결혼은 단연코 거절해야 한다. 그럼에도 신자들 가운데는 금전, 명예, 지위, 용모 등 허영에 끌려 불신자와 결혼하는 사람이 더러 있는데, 이처럼 자기의 욕심에 끌려서 결혼을 한다면 그 가정이 온전하게 이루어질 수 있겠는가? 진리가 없고 하나님이 주장하시지 않는 가정은 얼마 오래지 않아 무너질 위험을 염려하라!

우리는 아브라함에게서 혼인하는 법을 배워야 한다. 결혼의 주인은 하나님이 되셔야 하겠고 결혼에는 반드시 중매가 있어야 한다. 중매가 없는 결혼은 자유 야합의 혐의가 있는 것으로 부모만 주장해도 안될 것이며 당사자들만 주장해도 안된다. 어떠한 결혼이던지 반드시 우리 주 하나님의 지시에 따라 부모와 당사자와 중매의 삼자 합의로 이루어져야 원만하다 하겠다. 여기에서 보면 신부의 오빠인 라반은 자기 맘대로 허락하지 않았다. 그의 누이 리브가에게 "네가 이 사람과 함께 가려느냐"(창24:58)고 묻고 결정했다. 어떤 가정에서는 그 자녀가 원하지 않는 곳으로 그 부모의 사리사욕, 체면, 혹은 문벌 관계에 따라 강제로 결혼을 시키는 일이 조선의 큰 악습인 것이다. 이렇게 결혼시킴으로 그 자녀가 자활력이 생기게 되면 이혼하는 폐단이 의례히 많아질 수 밖에 없다. 그러므로 부모들은 자녀 결혼에 있어 신중한 고려가 있어야 할 줄로 안다.

신부 리브가의 인물됨에 대해서 살펴보면 성경에는 별로 나타나지 않았으나, 첫째 종교적 가정의 출생이니 물론 신앙을 가졌을 것이며, 둘째 우물로 물을 길러 나온 것을 보면 노동을 싫어하지 않았으며,

셋째 엘리에셀에게 물을 길어 대접하였으니 친절했으며, 넷째 용모가 아름다웠고(창24:16), 다섯째 순결한 처녀였으니 이는 모든 신부되는 사람이 갖춰야할 자격이라 할 수 있다.

이 신부 리브가는 그리스도의 신부가 된 성도의 모형이다. 모든 그리스도인들은 범사에 신앙으로 나아갈 것이며, 노동의 정신이 있어야 할 것이며, 타인에게 친절한 사랑의 봉사가 있어야 할 것이며, 속 사람을 아름답게 단정해야 할 것이며, 세속에 물들지 않은 정결한 처녀의 신앙이 있어야 할 것이다.

10.
나그네의 생애 야곱

야곱의 출생과 성격

이삭과 리브가는 나이가 많아서도 자식이 없어서 이삭이 하나님께 기도하여 자식을 얻었는데 에서와 야곱이라는 쌍둥이었다. 모태로부터 택함을 받은 축복의 아들들이다. 형 에서는 성격이 활발해 사냥을 좋아하는 반면에, 동생 야곱은 성격이 조용하여 장막에 머물러 있었다. 이 형제의 성격이 대조적인 것처럼 부모의 성격도 그랬다. 아버지 이삭은 조용한 사람이며 어머니 리브가는 쾌활했다. 누구든지 자기와 대조적인 성격을 가진 사람을 좋아한다고 한다. 그래서 조용한 아버지 이삭을 활발한 아들 에서를 좋아했으며, 쾌활한 어머니 리브가는 유순한 아들 야곱을 사랑했다. 이같은 부모의 편애가 그 가정을 뒤흔들어 어지럽게 했으며 야곱이 외가집으로 도망가는 까닭이 되었다(창25:21-28:34).

벧엘의 야곱

야곱은 어머니 리브가의 지시를 받아 아버지의 눈을 속여서 형 에서가 받을 축복을 빼앗은 일이 있었다(창27장). 그 전에는 팥죽 한 그릇으로 장자의 명분을 빼앗고 이번에는 그가 받을 축복까지 가로챘으니 그 가정에는 분란이 일어나게 되었고 야곱에게는 양심의 괴로움과 두려움이 생기게 되었다. 에서가 그 중심에 작정하기를 아버지가 돌아가시면 야곱을 죽이리라 하였다(창27:41[50]). 이 사실을 알게 된 리브가는 야곱을 멀리 그 외가집이 있는 하란으로 보냈다. 야곱은 이로 인해 사랑하는 부모의 슬하를 떠나 수천리 타향에서 고향의 꿈을 꾸게 되었다(창27장).

야곱은 지금까지 부모의 슬하에서 사랑을 받으면서 지내다가 뜻하지 않게 나그네의 외로운 길을 떠나게 되었으니 어찌 그 마음이 서글프지 않았으랴! 이에 하란을 향하여 길을 떠나 몇일이 지나 벧엘이라는 광야에 이르러 해는 서산에 지고 황혼이 깊어 왔다. 인적이 없는 거친 들판에 누구의 집에 유숙할 집이 없어서 어찌할 수 없이 한 밤을 돌배게를 베고 노숙을 하게 되었다. 이때에 야곱은 서글픈 심정으로 번뇌했을 것이다. 그것은 야곱에게 나타나신 하나님의 환상을 보아서도 알 수 있다. 뒤를 돌아다보니 구름 덮힌 산이 첩첩하여 고향집 생각에 답답하고 앞을 바라보니 모든 것이 생소할 뿐이며 앞길이 아득하기만 했다. 더욱이 형제간에 속임수를 행한 일은 양심에 가책이 되어 심히 괴로웠을 것이다. 이처럼 근심과 걱정에 눌린 야곱에게 아버지와 할아버지의 하나님께서 나타나셔서 귀한 약속을 주셨다. 첫째 "너 누운 땅을 내가 너와

---

[50] 창27:41 "그의 아버지가 야곱에게 축복한 그 축복으로 말미암아 에서가 야곱을 미워하여 심중에 이르기를 아버지를 곡할 때가 가까웠은즉 내가 내 아우 야곱을 죽이리라 하였더니"

네 자손에게 주겠다"하셨고, 둘째 "네 자손이 땅의 티끌같이 되어서 동서남북에 편만하게 하시겠다는 것이고, 셋째 "네가 어디로 가든지 너를 지켜 주리라" 하셨고, 넷째 "너를 이끌어 이 땅으로 돌아오게 하시겠다"는 약속들이다(창28:12-15[51]).

이와 같은 하나님의 언약들은 당시 야곱에게는 가장 적절한 것이라 하겠다. 첫 번째의 약속은 고향을 떠나는 자신의 기업에 대한 염려를 없애 주시기 위함이요, 두 번째 약속은 고향을 떠나는 미혼자인 그에게 가정의 소망을 보이심이요, 세 번째 약속은 떠돌아가는 길에 위험을 보장하심이요, 네 번째 약속은 부모의 슬하와 정든 고향 산천을 떠나 언제 다시 돌아갈지 모르는 그에게 고향으로 돌아감에 대한 약속이었다. 그것은 야곱의 마음이 착잡하여 신앙도 잃어버린 상태에서 "여호와께서 과연 여기 계셨거늘 내가 알지 못하였도다"라고 고백한 말에서 알 수가 있다. 과연 그렇다. 하나님의 보호하심은 우리의 감정과는 상관없이 항상 우리와 함께 계심을 알 것이다. "이스라엘을 지키시는 이는 졸지도 아니하시고 주무시지도 아니하시리로다"(시121:4) "여인이 어찌 그 젖 먹는 자식을 잊겠으며 자기 태에서 난 아들을 긍휼히 여기지 않겠느냐 그들은 혹시 잊을지라도 나는 너를 잊지 아니할 것이라"(사49:15)하셨다.

---

51 창28:12-15 "12 꿈에 본즉 사닥다리가 땅 위에 서 있는데 그 꼭대기가 하늘에 닿았고 또 본즉 하나님의 사자들이 그 위에서 오르락내리락 하고 13 또 본즉 여호와께서 그 위에 서서 이르시되 나는 여호와니 너의 조부 아브라함의 하나님이요 이삭의 하나님이라 네가 누워 있는 땅을 내가 너와 네 자손에게 주리니 14 네 자손이 땅의 티끌 같이 되어 네가 서쪽과 동쪽과 북쪽과 남쪽으로 퍼져나갈지며 땅의 모든 족속이 너와 네 자손으로 말미암아 복을 받으리라 15 내가 너와 함께 있어 네가 어디로 가든지 너를 지키며 너를 이끌어 이 땅으로 돌아오게 할지라 내가 네게 허락한 것을 다 이루기까지 너를 떠나지 아니하리라 하신지라"

하란의 20년

나그네길에서 외로워 의기소침했던 야곱은 벧엘에서 본 꿈을 희망으로 삼고 여호와께 기도드리며 그 땅 이름을 벧엘(하나님의 전)이라 했으니 이는 야곱에게 있어 새로운 경험이라 할 수 있다. 이에 짐을 꾸려 오직 신앙만을 가지고 길을 떠났다.

아무 것도 내다볼 수 없는 것이 세상살이이다. 야곱의 어머니가 야곱을 보내며 '네가 하란으로 피하여 몇 날 동안 있으라'(창27:44)한 몇 날이 1년, 2년이 지나 벌써 20년의 세월을 하란에서 지내게 되었다. 사랑하는 여인을 아내로 삼기 위해 14년, 양을 위하여 6년간 일했다"(창31:41[52]).

하란에 있는 동안에 그는 하나님의 축복이 항상 함께 하여 자손의 번영과 목양의 성공으로 부자가 되었다. 우리의 생애가 하나님께 축복받은 것이라면 범사에 번영할 것이다. 또한 그는 봉사의 삶을 모범으로 보여준다. 그가 외삼촌과 두 아내를 위하여 꾸준히 충성스럽게 노동하였다. 우리도 그리스도의 신부될 신자와 교회를 위하여 이처럼 봉사의 정신이 있어야겠다. 우리 주님께서도 그의 신부될 우리를 위하여 33년간 인간의 고락을 맛보시며 봉사하시다가 끝내는 십자가에 그 몸까지 바치셨다.

기독교 신자에게 참으로 중요한 정신은 봉사이다. 예수님의 말씀을 기억하라. "인자가 온 것은 섬김을 받으려 함이 아니라 도리어 섬기려 하고 자기 목숨을 많은 사람의 대속물로 주려 함이니라"(막10:45). 모든

---

52 창31:41 "내가 외삼촌의 집에 있는 이 이십 년 동안 외삼촌의 두 딸을 위하여 십사 년, 외삼촌의 양 떼를 위하여 육 년을 외삼촌에게 봉사하였거니와 외삼촌께서 내 품삯을 열 번이나 바꾸셨으며"

사람은 사람에게 섬김을 받으려고 하지만 누구든지 다른 사람에게 섬김을 받는 사람이 되고자 하면 먼저 자기를 낮추어 사람을 섬기는 일을 몸소 실행하라고 하셨다.

얍복강에서 씨름

벌써 수십년의 세월을 타향에서 살았던 야곱이 드디어 귀향 길에 올랐다. 당시 얍복강 건너에는 형 에서가 살고 있었다. 이에 야곱은 오직 구원되시는 여호와 하나님께 매달려 축복하시기까지 결사적으로 씨름하듯 기도하였다.

1. 기도의 내용

헌신적 기도 : 야곱은 그의 가족과 소유를 다 건너 보낸 뒤 홀로 머물러 기도하였다(창32:22,23[53]). 이는 응답을 받을만한 기도이며 또한 기도하는 사람이 갖추어야할 요건이다. 우리가 성령을 받기 위하여 기도를 하던지 혹은 무슨 일을 위하여 기도하려면 반드시 자기의 의지와 사상, 자기가 아끼는 것들을 강건너 보내고 기도하지 않으면 응답을 받기 어려울 것이다. 모든 것을 십자가 제단에 드리고 기도해야 한다.

결사적 기도 : 야곱은 천사를 붙잡고 "당신이 내게 축복하지 아니하면 가게 하지 아니하겠나이다"(창32:26)하며 환도뼈가 위골되기까지 하였으니 이는 과연 결사적인 기도이다. 사탄은 이러한 기도의 사람을 크게

---

[53] 창32:22,23 "22 밤에 일어나 두 아내와 두 여종과 열한 아들을 인도하여 얍복 나루를 건널새 23 그들을 인도하여 시내를 건너가게 하며 그의 소유도 건너가게 하고"

무서워한다.

자복하는 기도 : 천사가 야곱에게 묻기를 "네 이름이 무엇이냐"(창32:27) 할 때에 "야곱이니이다"하였다. 이 말은 곧 자복하는 의미가 있다. 야곱이라는 말의 뜻은 '도적놈' '몹쓸 놈' '빼앗는다' '비뚤어졌다'라는 등의 의미로, 천사가 그의 이름을 물은 것은 야곱으로 하여금 정직히 자기를 자복하게 하려 함이었다. 그러므로 누구든지 은혜를 받고자 하여 기도할 때에는 반드시 자기의 불의한 그 상태를 정직히 주 앞에 고백해야 그의 응답을 받을 것이다.

2. 기도의 결과

환도뼈가 어긋남 : 우리에게 자기라는 환도뼈이며 지위라는 환도뼈 지식이라는 환도뼈 이런 환도뼈들이 꺾여져야 참된 신앙의 생애에 들어갈 수 있다.

새 이름을 받음 : 야곱이 이스라엘이라는 새 이름을 얻었으니 즉 도적놈(야곱)이 변하여 "하나님의 태자"(이스라엘)가 된 것이다. 우리가 은혜를 받고 보면 다 각각 자기만이 아는 새 이름을 가지는 것이다(계2:17[54]).

브니엘의 경험 : '브니엘'은 하나님을 대면하였다는 의미로 우리가 기도할 때마다 하나님의 인자하신 얼굴을 뵙게 되면 이에서 더 큰 만족이 없을 것이다. 누구든지 '브니엘'의 경험이 있어야 완전한 신앙에 서게 된다.

---

54 계2:17 "귀 있는 자는 성령이 교회들에게 하시는 말씀을 들을지어다 이기는 그에게는 내가 감추었던 만나를 주고 또 흰 돌을 줄 터인데 그 돌 위에 새 이름을 기록한 것이 있나니 받는 자 밖에는 그 이름을 알 사람이 없느니라"

애굽의 야곱

야곱의 생애는 과연 나그네로 시작하여 나그네로 마친 것이다. 야곱은 늙어서 가나안의 흉년으로 사랑하는 아들 요셉의 초청으로 애굽으로 이주하게 되었다. 애굽 왕 바로가 '네 나이가 몇이냐'고 물었을 때에 야곱은 대답하기를 '내 나그네 길의 세월이 백삼십년이니이다 내 나이가 얼마 못되니 우리 조상의 나그네 길의 연조에 미치지 못하나 험악한 세월을 보내었나이다'(창47:8,9) 하였으니, 우리는 이 말에서 감개무량한 인생관을 배울 것이다.

11.
고난 후 영광, 요셉

구약성서의 인물들 중에서 예수님의 모형이 되는 사람들이 많지만 그중에서도 요셉에게서 가장 많이 찾아볼 수 있을 것이다. 요셉은 어느 면으로 보나 예수님의 그림자인 것이다. 그런까닭에 어느 박사는 요셉에게 예수님의 모형이 되는 것을 50여 가지로 설명하였다. 여기에서는 그의 생애를 통하여 몇 가지 교훈을 얻고자 한다.

첫째, 사랑받은 아들 요셉

요셉은 어렸을 때부터 성품과 행동이 올곧은 사내 아이였다. 그 형제들 사이에서 허물이 있으면 곧 아버지께 말하여 그들의 그릇됨을 고치려고 했다. 이러므로 그의 아버지 야곱은 다른 형제들보다 요셉을 더 많이 사랑하게 되었다(창37:1-4). 우리 예수님께서도 요단강에서 세례를 받으시고 올라오실 때에 "하늘로서 소리가 있어 이는 나의 사랑하는 아들이요 나의 기뻐하는 자라"하시는 하늘의 음성이 들렸던 것과 같이, 하나님의 독생자로 많은 사랑을 받으시면서 유대의 종교지도자들의 죄악을 지적했기 때문에 온갖 핍박을 받으시다가 결국 십자가에 못박히기까지 이르렀으니 이러므로 "무릇 그리스도 예수 안에서 경건하게 살고자 하는 자는 핍박을 받을지니라"(딤후3:12).

둘째, 애굽의 감방

어느 날 요셉이 아버지의 명령을 따라 형들이 양을 치는 세겜으로 안부를 알리려고 갔었다. 평소에 늘 요셉을 미워하던 형들은 이것을 기회로 삼아 요셉을 애굽의 상단 이스마엘 사람에게 은 20개를 받고 팔아 버렸다. 이로부터 요셉의 생애는 파란만장하게 되었다(창37장). 애굽에 내려간 요셉은 다시 바로의 시위대장 보디발에게 팔리게 되었다. 이때 겨우 17세의 소년으로 매우 경건했으며 10년간 애굽장관의 집에서 고용살이할 때 여호와께서 요셉과 함께 하심으로 범사에 형통해져갔다. 이에 그 보디발의 집 가정총무가 되어 주인의 신임으로 집안의 모든 일을 다 맡아 보게 되었다(창39장 참조).

좋은 일이 있으면 나쁜 일도 있는 법이다. 요셉은 이때 28세의 청년으로 용모가 준수하고 아담해서 그 주인의 부인이 짝사랑하다가 정욕의 불이 붙었다. 매일 유혹을 했으나 요셉은 과감히 거절하였다. 요셉의 사람됨이 여기에 있으니 공자도 말하기를 "어릴 때는 혈기가 왕성하여 경계할 것이 색이 있다(小之時 血氣未定 戒之在色)"고 하였다. 인생에 있어 여러 가지 면으로 유혹받는 일이 많으니 이러한 색에 대한 유혹과 같이 무서운 것이 없다. 오늘의 젊은이들은 요셉에게서 깊이 배울 것이다. 젊은 시절에는 특히 이성의 유혹이 어려운 것이다. 유망한 장래를 가진 형제자매들 중에는 이 이성의 교제가 불결하여 다시 회복치 못할 만한 어둠의 구렁에 빠지는 일이 많은 것이다. 더욱이 요셉과 같은 경우는 더 어렵다. 그 음녀는 높은 지위를 이용하여 유혹을 했으니, 만일 요셉이 이때 그 요구를 들어주지 않으면 자기 생활에 위험이 발생할 것이며, 또한 그 유혹은 매일 계속될 것이니 아무리 단단한 쇠라도 녹아 내릴 경우였다. 그러나 요셉에게는 생활도 문제가 아니요 지위도 문제가 아니라 "오직 하나님께 범죄할까"함이 문제였던 것이다. 이때 요셉이 이러한 큰 유혹을 이긴 것이 도덕의 힘이 아니라 오직 그 속에 있는 여호와의 신이 충만한 영력이었다. "감히 이 악을 행하여 하나님께 득죄하리오"(창39:9)한 그의 말을 보아서 알 것이다. 과연 우리로 하여금 죄악을 근본적으로 이기게 하는 힘은 도덕만으로는 도저히 능치 못하며 오직 생명있는 영력에 있는 것이다.

보디발의 아내는 끈질기게 요셉을 유혹하다가 거절당하자 적반하장으로 요셉을 그 남편에게 고자질한 것이다. 이리하여 요셉은 아무 죄도 없이 감옥에 갇히게 되었다. 그러나 "하나님을 사랑하고 그 뜻대로 부르심을 입은 자들에게는 모든 일이 합력하여 선을 이루느니라"(롬8:28)는 말씀과 같이 요셉이 감옥에 들어가게 된 것이 도리어 애굽의 정계에 나갈 수 있게될 기회인 줄을 누가 알았겠는가? 그때 마침 바로 왕의 술 맡은 관리와 떡굽는 관리들이 범죄하여 감옥에 같이 갇히게 되었다. 요셉은 감옥에서도 여호와께서 함께 하셨으므로 범사가 형통해가는 가운데 마침 그 두 관리의 꿈을 해석해주게 되었다(창39~40장).

셋째, 바로의 꿈과 요셉의 등용

이때에 애굽왕 바로가 이상한 꿈을 꾸었는데 곧 일곱 마리의 암소와 일곱 개의 이삭에 대한 꿈인 것이다(창41:1~7). 왕이 이 꿈으로 인하여 번뇌했지만 애굽의 조정에는 이꿈을 해석할 수 있는 사람이 없었다. 이

때 전에 감옥에서 해몽을 얻은 술관원이 왕에게 들어가 감옥에 있는 히브리 청년 요셉이 해몽을 잘한다고 소개하였다. 이에 왕은 즉시 사람을 감옥에 보내어 요셉을 불러다가 그 꿈 내용을 모두 설명하니 요셉이 꿈을 해석하기를 앞으로 온 땅에 칠대 풍년과 칠대 흉년이 있을 것이라며 거기에 대한 정책까지 설명할 때에 왕은 바로 신하들에게 말하기를 "이 사람은 하나님의 신이 감동한 자니 이 같은 사람을 어찌 얻을 수 있으리오"(창41:38)하고 이에 요셉에게 나라의 정권을 맡기고 애굽 전체를 다스리게 하는 명령을 내리는 동시에 자기의 인장 반지를 빼어 요셉의 손에 끼우고 세마포 예복을 입히고 금목걸이를 걸고 왕의 마차에 태우므로 이 날에 요셉이 애굽의 총리가 되었다(창41:39-45). 요셉의 행운은 하찮은 죄수에서 단번에 국무총리로 나아간 것은 온 국민을 놀라게 하는 사실이며 이 일은 오직 하나님으로부터 말미암은 것이다.

넷째, 골육의 구휼과 하나님의 섭리

이때에 요셉의 고국인 가나안에도 크게 흉년이 들었으므로 모든 백성이 평안을 얻지 못하는 중에 애굽의 구제정책을 듣고 요셉의 아버지 야곱과 그의 열 두 형제도 다 양식을 구하려 애굽에 내려간 것이다. 그의 아버지와 형제들이 어찌 이 요셉의 성공을 알 수 있었겠는가? 알지 못하고 가서 양식을 구하다 보니 그 총리는 곧 형들이 팔아먹은 동생 요셉이었다. 이에 애굽 조정에는 아버지, 형님 동생하며 서로 안고 통곡하는 희비가 엇갈리는 장면이 열리게 되었다(창42장-46장).

우리가 지금 요셉의 말을 보자. 그 형제들 앞에서 자기가 요셉임을 말한 후에 "너희가 나를 팔아 이곳에 오게 함을 근심하고 한탄하지 말라 하나님이 생명을 구원하시려고 나를 앞서 보내셨느니라"(창45:5)하여 하나님의 섭리를 깨달은 것이다. 이것으로 보아도 그의 신앙의 수준이 깊었던 것을 알 것이다. 우리가 범사에 하나님이 하시는 섭리를 잘 깨달아야 역경에서도 순종할 것이다. 하나님께서 크게 쓰시고자하는 사람은 반드시 요셉과 같이 먼저 고난을 받게하고 후에 영광을 얻게 하는 것이다. 요셉의 일생을 묵상할수록 의인의 번영을 더욱 알게된다. 우리는 현재 어떠한 고난이라도 낙심하지 말고 오직 믿음으로 분투하여 내 운명을 개척할 것이다.

12.
이스라엘의 지도자 모세

모세는 구약성서의 인물들 중에 가장 위대한 지도자라 할 수 있다. 그는 참으로 오랜 역사 속에서 빛나는 이상적인 지도자이다. 그의 생애 120년을 3기로 나눌 수 있는데 제1기 40년은 애굽 궁중의 모세, 제2기 40년은 광야의 목자 모세, 제3기 40년은 이스라엘의 지도자 모세이다. 제1기와 제2기는 수양과 연단의 시대요 제3기는 민족과 국가를 위한 봉사의 시대이다.

1. 애굽 궁중에서의 모세

모세의 역사는 구약성서 출애굽기와 민수기 그리고 신명기에 상세히 기록되어 있다. 그의 어린 시절과 애굽 궁중 시대의 일들은 출애굽기 1장과 2장에 기록된 것 뿐이다.

섭리의 아들 : 각설하고 이스라엘의 조상 야곱이 그의 자손 70명을 거

느리고 애굽에 이주한 후 400여년간에 그의 자손은 심히 번성하여 남녀 노소 총 200만명에 이르게 되었다. 이에 외국인의 강성함을 애굽 왕 바로는 마음에서 질투하여 인종 말살책을 쓰게 되었다. 히브리인 중에서 남자 아이를 낳으면 가서 죽이라고 산파들에게 명령하였으며 또 다른 한편으로는 심한 노동을 시켜서 압제하였다. 이런 상황에서 레위 족속 중에 한 남자 아이가 태어났는데 그 용모가 뛰어남으로 3개월간 숨겨서 키워 오다가 마침내 바로의 학정을 두려워하여 갈대 상자에 아이를 담아서 강물에 흘려 보냈는데 때마침 바로의 공주가 목욕하러 강에 나왔다가 이를 발견하고 궁중으로 아이를 데려가 양육하게 되었으니 이가 곧 훗날에 이스라엘의 위대한 지도자가 될 모세였다. 하나님의 놀라우신 섭리 가운데 친 엄마가 유모로 들어가게 되었다. 누가 능히 하나님이 하시는 계획을 알아낼 수 있겠는가? 모세를 양육한 바로에게는 호랑이를 길러 화근이 된 경우이다. 마귀는 언제나 하나님의 뜻을 이루는데 자기 스스로 속는다. 예수님을 없애려고 십자가에 못박았으나 이는 하나님의 뜻을 이루게 함에 지나지 않았다. 애굽에 팔려간 요셉도 섭리의 사람이었으며 수산 궁에 한 포로인 모르드개의 집에서 양육을 받던 에스더 역시 훗날에 유대인을 구원하는 섭리의 사람이었다.

모세의 수양 : 모세의 수양은 학문만이 아니라 어려서 어머니 품에 안겨 히브리인의 신앙을 깊이 배웠을 것이다. 모세가 그처럼 위대한 인물이 된 것은 그 어머니의 품에 안겨 젖을 빨면서 물려받은 신앙의 원동력이라 할 수 있다. 그는 애굽의 모든 학문을 다 배웠다(행7:21-22[55])하였으

---

[55] 행 7:21-22 "21 버려진 후에 바로의 딸이 그를 데려다가 자기 아들로 기르매 22 모세가 애굽 사

니 당시 애굽에는 자연과학, 천문학, 의학, 시, 마술 등이 상당히 발달되었던 때이므로 모세는 이 모든 학문을 습득하였다 했으니 학문적으로도 상당한 인물이었다.

동족애의 발로 : 그의 나이가 40세에 이르러 그 마음에 민족애가 일어나 동족을 애굽 사람이 폭행하는 것을 보고 그 사람을 쳐 죽게 했다(행 7:23[56]). 이 사건이 바로 왕에게 발각되어 모세는 도피하여 미디안 광야에서 망명객이 되었다. 이는 성경에 "모세는 장성하여 바로의 공주의 아들이라 칭함을 거절하고 도리어 하나님의 백성과 함께 고난받기를 잠시 죄악의 낙을 누리는 것 보다 더 좋아하고 그리스도를 위하여 받는 능욕을 애굽에 모든 보화보다 더 큰 재물로 여겼으니"(히 11:25,26) 하심과 같다.

2. 광야의 모세

한 나라의 공주 아들로 위풍당당하며 궁궐에서 편하게 지내오던 그는 결코 야망이 없는 사람은 아니었다. 그의 나라를 다시 일으켜 세우려는 원대한 포부는 광야에서 더욱 원숙해져갔다. 궁궐에서의 호사와 번화 속에서 지내던 그는 갑자기 씁쓸한 광야에 이르고 보니 이 기회야말로 대자연의 품에 안겨 하늘의 이상에 접촉한 시기이며 겸손과 인내와 충성 등의 수련을 쌓는 기회가 되었다. 하나님께서 크게 쓰시는 사

람의 모든 지혜를 배워 그의 말과 하는 일들이 능하더라"

[56] 행 7:23 "나이가 사십이 되매 그 형제 이스라엘 자손을 돌볼 생각이 나더니"

람은 반드시 이와같이 고난의 도가니에서 연단시키신다. 그럭저럭 적막한 광야에서 풍상을 겪으면서 이스라엘 지도자로서의 대사명을 받게 되었다.

하루는 양떼를 몰아 호렙산 근방에 이르렀을 때에 여호와 하나님께서 모세에게 나타나 보이시며 말씀을 하셨다. 이는 모세가 하나님을 만나 뵙는 경험이었다.

1) 사라지지 아니하는 불꽃(출 3:4[57]).

이처럼 하나님께서 우리의 심령에 역사하신 성령의 불은 사라지지 않는다.

우리는 이 불에 접촉하여야 사명을 받을 수가 있다.

2) 조상의 하나님이심을 알리심 (출 3:6[58]).

3) 하나님의 백성의 고통을 아신다 하심 (출 3:7[59]).

4) 모세를 보내시겠다 하심 (출 3:10[60]).

5) 모세에게 가라 하심 (출 3:10).

하나님께서 자기 백성의 고통을 아시고 계시니 우리는 염려할 것이 전혀 없다. 모세는 이처럼 확실한 사명을 받았으므로 자신의 삶을 주님께 드리고 하나님의 백성을 인도하는 성직을 수행하였다. 누구든지 자기의 사명에 대한 각오가 명확한 사람이라야 교회 사역을 철저히 감당

---

57 출 3:4 "여호와께서 그가 보려고 돌이켜 오는 것을 보신지라 하나님이 떨기나무 가운데서 그를 불러 이르시되 모세야 모세야 하시매 그가 이르되 내가 여기 있나이다"

58 출 3:6 "또 이르시되 나는 네 조상의 하나님이니 아브라함의 하나님, 이삭의 하나님, 야곱의 하나님이니라 모세가 하나님 뵈옵기를 두려워하여 얼굴을 가리매"

59 출 3:7 "여호와께서 이르시되 내가 애굽에 있는 내 백성의 고통을 분명히 보고 그들이 그들의 감독자로 말미암아 부르짖음을 듣고 그 근심을 알고"

60 출 3:10 "이제 내가 너를 바로에게 보내어 너에게 내 백성 이스라엘 자손을 애굽에서 인도하여 내게 하리라"

할 수 있다.

3. 이스라엘의 지도자 모세

호렙산에서 사명을 받은 후 모세는 40년간을 이스라엘을 인도하는 위대한 일에 남은 삶을 헌신하게 되었다. 그가 말로 다할 수 없는 고난을 겪으면서 200만의 백성들을 인도하여 요단강 건너편까지 오게 하고 율법을 거듭 명하는 일장의 대연설(신명기)을 하고, 그는 비스가 산마루에서 멀리 언약의 땅 가나안을 바라보며 세상을 떠났으나 하나님은 사람들의 그의 묘지도 찾지 못하도록 숨기셨다.

모세의 인격에 대하여 우리가 배워야할 몇 가지만을 간단히 설명하려 한다.

그는 겸손한 사람이었다(민 12:3[61]) : 겸손은 지도자에게 있어 제일 요긴한 덕이다. 웨슬레는 말하기를 겸손은 모든 덕의 중심이라 했으며 앤드류 머레이는 겸손은 성결의 아름다움이라 했으며 어거스틴은 기독교의 제일의 은혜가 무엇인가라는 질문에 제1도 겸손이요 제2도 겸손이요 제3도 겸손이라 하였다. 교만은 멸망의 시초라 하였다(잠 18:12[62]). 우리는 각성하여 모든 일에 겸손의 아름다운 덕을 나타나도록 해야 한다. 자기를 부인하고 겸손의 덕을 배양하자.

그의 충성(히 3:5[63]) : 모세의 봉사는 오직 충성으로 일관하였다. 시내산

---

61 민 12:3 "이 사람 모세는 온유함이 지면의 모든 사람보다 더하더라"
62 잠 18:12 "사람의 마음의 교만은 멸망의 선봉이요 겸손은 존귀의 앞잡이니라"
63 히 3:5 "또한 모세는 장래에 말할 것을 증언하기 위하여 하나님의 온 집에서 종으로서 신실하였고"

에서 백성들이 범죄하였을 때에 그는 하나님께 중보기도하기를 "그러나 원하시면 이제 그들의 죄를 사하시옵소서. 그렇지 않사오면 원컨대 주의 기록하신 책에서 내 이름을 지워버려 주옵소서"(출 32:32)라고 기도한 것을 보면 그의 충성을 알 수가 있다. 그 누구나 하기 어려운 기도이다. 바울에게도 동족에게 대한 이와 같은 충성이 있었으며(롬 9:3[64]) 또한 "맡은 자에게 구할 것은 충성이니라" 하였다.

그의 관용심 : "하루는 모세의 진중에서 엘닷과 메닷 두 사람이 예언을 하였는데 이를 시기하여 금하기를 청하므로 "여호와께서 그 신을 그 모든 백성에게 주사 다 선지자되게 하시기를 원하노라"(민 11:29) 하였다. 이는 그에게 교파적 편견이 없음을 보여주는 예이다. 교파를 자랑하는 자들은 이를 배우라.

주와 교제하는 사람 : 하나님께서 모세와 이야기를 마치 사람이 그 친구와 말하는 것 같이 하셨다(출 33:11[65])고 하였다.

---

64 롬 9:3 "나의 형제 곧 골육의 친척을 위하여 내 자신이 저주를 받아 그리스도에게서 끊어질지라도 원하는 바로라"
65 출 33:11 "사람이 자기의 친구와 이야기함 같이 여호와께서는 모세와 대면하여 말씀하시며 모세는 진으로 돌아오나 눈의 아들 젊은 수종자 여호수아는 회막을 떠나지 아니하리라"

13.
택함을 받은 제사장 아론

1. 그의 가정

아론은 이스라엘 12 지파 중에 레위 족속이며, 아버지는 아므람이요 어머니는 요게벳이다(출6:20[66]). 그의 가정은 축복받은 가정으로 이스라엘의 구원자 모세와 여 선지자 미리암과 대제사장 아론과 같은 세 명의 큰 인물이 그 가정에서 배출되었다. 이처럼 3남매가 함께 헌신하여 한 나라의 백성을 지도하는 임무를 맡게 된 것은 그의 부모의 인격과 신앙, 그리고 가정교육의 영향이 컸을 것이다. 우리는 그 가정으로 참으로 존경하며 본받아야 할 것이다.

12사도 중에서 이와같은 예가 있었다. 베드로와 안드레 형제, 야고

---

[66] 출6:20 "아므람은 로들의 아버지의 누이 요게벳을 아내로 맞이하였고 그는 아론과 모세를 낳았으며 아므람의 나이는 백삼십칠 세였으며"

보와 요한 형제, 알패오의 아들 야고보와 다대오 형제이다. 후세에 요한 웨슬레의 형제와 구세군 대장 윌리암 부스의 가정 역시 축복된 가정들이다.

부모의 인격은 그 자녀에게 직접적으로 영향을 미치게 되므로 가정은 위대한 사람의 초등학교이며, 영웅들의 유치원이다. 특히 가정교육에 있어서 그 어머니의 책임은 매우 중요하다. 건전한 다음세대 교회의 신자와 국민이 나오기 위해서는 부득불 현모양처의 사명에 기대하지 않을 수 없다. 서양 격언에 "영웅은 지혜로운 어머니에게서 난다" 하였는데 참으로 그러하다. 전에 크리소스톰, 어거스틴. 요한 웨슬레와 같은 위대한 사람들도 그 어머니가 행한 교육의 지대한 영향을 받았으며 초대교회의 디모데도 그 어머니가 행한 교육의 감화가 컸다. 그러므로 자녀교육에 있어서 그 어머니의 감화력은 직접적으로 그 자녀의 운명을 좌우된다고 하겠다.

2.그의 재능

모세는 깊은 신앙심과 더불어 정치, 철학, 입법에 있어 명석한 두뇌를 가진 위대한 인물이었으나 말이 둔해서 사상을 발표하는데는 자유롭지 못했음이 그의 단점이었다. 장단점을 가지고 있다는 것은 우리가 피하기 어려운 타고난 기품의 한계이다. 그러므로 남의 단점을 볼 때 포용할 것이며 남의 장점을 볼 때 힘써 배울 것만을 배울 것이다. 남의 단점으로 교만한 마음을 품으면 이는 멸망이며 나의 단점으로 위축되는 태도는 비겁한 것으로 교만도 실패이며 위축도 실패이다. 우리는 각자의 장점을 발휘하여 힘써 자기의 길을 갈 것이다. 모세가 호렙산에 이르렀을 때에 여호와께서 나타나시어 이스라엘을 인도할 사명을 맡기실 때에 모세는 참으로 겸손한 사람이라 자기의 단점인 입이 둔하여 말을 잘하지 못함을 알리고 그 사명을 거절했다. 이 때 여호와께서 "네 형 아론이 있지 아니 하뇨, 그의 말 잘함을 내가 아노라"(출4:14) 하셨다. 이로 보건대 아론에게는 웅변의 재능이 있었던 것을 알수가 있다. 과연 웅변은 사람의 마음을 움직이는 능력이 있는 것으로 이에 이스라엘 해방운동은 모세의 깊은 사상과 아론의 웅변을 기다려서 실현하게 되었다.

아론은 모세가 지시하는 말을 따라 웅변으로 바로의 학정에 결박된 이스라엘을 구출한 것과 같이 우리는 성령이 지시하시는 말씀을 따라 구원의 역사에 동참해야 한다. 모세와 아론은 이 사명을 성취함에 있어서 서로가 나누어질 수 없는 관계였다. 우리도 예수 그리스도와 연합하여 복음에 대한 사명을 성취해야 할 것이다(고전4:15[67]).

모세의 단점은 아론의 장점으로 보충되고 아론의 단점은 모세의 장점으로 보충된 것이다. 우리는 각각 그 재능을 발휘해야 한다. 옛날이나 지금이나 창작은 천재의 산물이다. 더욱이 그리스도 교회는 창의적 설교자를 필요로 한다. 누구든지 자기의 재능을 발견하려면 그리스도에게로 나올 것이다. 그리스도는 우리로 하여금 진정한 자기를 발견하게 하신다. 나의 사명은 정치인가 종교인가 문예인가 허영심으로 미로에서 방황하지 말고 조용히 그리스도에게 나와서 엎드러 기도하며 묵상하자.

---

[67] 고전 4:15 "그리스도 안에서 일만 스승이 있으되 아비는 많지 아니하니 그리스도 예수 안에서 내가 복음으로써 내가 너희를 낳았음이라"

3. 그의 약점

모세가 산에 올라가 40일을 밤낮으로 기도할 때에 백성들이 모세를 기다리다가 아론에게 요청하여 금송아지를 부어 만들어 세우고 제사하며 그 앞에서 먹고 마시며 뛰는 일이 있었다(출32장). 이로 인해 아론에게 약점이 나타났다. 아무리 민중이 간청한다 하더라도 하나님의 계명에 어긋나는 일을 어찌 행할 수 있겠는가? 이것은 제2계명을 파괴하는 큰 죄이다. 오늘의 교역자들도 주의할 것은 교인들이 원한다 하여 교인의 마음을 잃을까 하여 하나님의 거룩하신 뜻에 어긋나는 일을 행하기 쉬운 것이다. 우리가 사람의 뜻을 쫓는 것보다 하나님의 뜻을 쫓는 것이 옳으니라 하며(행5:29[68]), 제사드리는 것보다 순종하는 것이 낫고 수양의 기름보다 말씀을 쫓는 것이 낫다(삼상15:22[69]).

아론이 모세와 떨어져 있는 동안에 이러한 죄를 범했다. 오늘의 교회에서도 마땅히 그리스도를 머리로 삼아야 하는데 혹 교파의 신학, 교권, 금전, 학벌 이러한 것들을 우상으로 삼는 일이 흔히 있으니 이는 다 시내산 밑에서의 아론의 금송아지와 같은 것들이다. 교회가 그리스도와 멀어지면 자연히 이러한 신학이라는 금송아지, 교권이라는 금송아지, 금전이라는 금송아지, 학벌이라는 금송아지로 그 숭배의 대상으로 삼게 된다. 오늘의 개신교 안의 현저한 금송아지는 "인간의 이성"과 "인물숭배"이다. 우리는 이러한 우상을 다 격퇴하고 오직 그리스도만이 높힘을 받으시도록 해야할 것이다.

---

68 행 5:29 "베드로와 사도들이 대답하여 이르되 사람보다 하나님께 순종하는 것이 마땅하니라"
69 삼상 15:22 "사무엘이 이르되 여호와께서 번제와 다른 제사를 그의 목소리를 청종하는 것을 좋아하심 같이 좋아하시겠나이까 순종이 제사 보다 낫고 듣는 것이 숫양의 기름보다 나으니"

모세가 아론에게 이 일을 문책할 때 아론은 정직하게 모든 책임을 자복하지 않고 그 잘못을 백성들에게 전가했다(출32:1-4, 23, 24[70]). 에덴에서 선악과를 따먹은 책임을 아담은 그의 아내 하와에게 하와는 뱀에게 돌렸으며(창3:13, 14[71]) 사울 왕은 아말렉 왕과 그의 양을 잡아 왔을 때 그 불순종의 책임을 백성에게 돌렸다(삼상 15:9, 15[72]). 이것은 한결같은 인간의 거짓됨이다.

4. 그의 제사장 직분

아론에게 또한 중요한 직분은 제사장이다. 이는 성막에서 백성들의 속죄제를 행하는 중요한 직분이다. 아론은 나중에 만민의 대제사장이신 그리스도의 예표인 것으로 "우리의 대제사장이 있으니 승천하신 자, 곧 하나님의 아들 예수시라"(히4:14). 그는 지금 하나님 우편에 계셔서

---

70 출32:1-4 "1 백성이 모세가 산에서 내려옴이 더딤을 보고 모여 백성이 아론에게 이르러 말하되 일어나라 우리를 위하여 우리를 인도할 신을 만들라 이 모세 곧 우리를 애굽 땅에서 인도하여 낸 사람은 어찌 되었는지 알지 못함이니라 2 아론이 그들에게 이르되 너희의 아내와 자녀의 귀에서 금 고리를 빼어 내게로 가져오라 3 모든 백성이 그 귀에서 금 고리를 빼어 아론에게로 가져가매 4 아론이 그들의 손에서 금 고리를 받아 부어서 조각칼로 새겨 송아지 형상을 만드니 그들이 말하되 이스라엘아 이는 너희를 애굽 땅에서 인도하여 낸 너희의 신이로다 하는지라" / 출32:23-24 "23 그들이 내게 말하기를 우리를 위하여 우리를 인도할 신을 만들라 이 모세 곧 우리를 애굽 땅에서 인도하여 낸 사람은 어찌 되었는지 알 수 없노라 하기에 24 내가 그들에게 이르기를 금이 있는 자는 빼내라 한즉 그들이 그것을 내게로 가져왔기로 내가 불에 던졌더니 이 송아지가 나왔나이다"
71 창3:13-14 "13 여호와 하나님이 여자에게 이르시되 네가 어찌하여 이렇게 하였느냐 여자가 이르되 뱀이 나를 꾀므로 내가 먹었나이다 14 여호와 하나님이 뱀에게 이르시되 네가 이렇게 하였으니 네가 모든 가축과 들의 모든 짐승보다 더욱 저주를 받아 배로 다니고 살아 있는 동안 흙을 먹을지니라"
72 삼상15:9, 15 "9 사울과 백성이 아각과 그의 양과 소의 가장 좋은 것 또는 기름진 것과 어린 양과 모든 좋은 것을 남기고 진멸하기를 즐겨 아니하고 가치 없고 하찮은 것은 진멸하니라" / "15 사울이 이르되 그것은 무리가 아말렉 사람에게서 끌어 온 것인데 백성이 당신의 하나님 여호와께 제사하려 하여 양들과 소들 중에서 가장 좋은 것을 남김이요 그 외의 것은 우리가 진멸하였나이다 하는지라"

우리를 위하여 기도하고 계신다(롬8:34[73]). 우리는 이와 같으신 영원한 제사장을 가지고 있는 까닭에 우리를 능히 정죄할 자가 없는 것이다.

그리스도가 우리의 제사장이 되신 것과 같이 그가 우리를 속량하셔서 우리도 제사장이 되게 하셨다. 우리는 이 제사장의 직분을 감당해야 한다. 모든 사람의 영혼을 위하여 중보기도하되 가족의 영혼 교우의 영혼 친구의 영혼을 위하여 항상 그 이름을 부르며 주님 앞에 중보기도할 것이다. 다른 사람을 위하여 기도하는 일은 참으로 성도를 사랑하는 최고의 행위이다. 우리는 각각 서로를 위하여 기도해주는 친구가 많으면 이에서 더 큰 복이 없다. 바울도 이러한 기도를 요구하였다(엡6:19[74]). 무릇 교역자된 사람은 이 직분을 잊지 말고 때때로 모든 사람의 영혼을 위해 주님의 보좌 앞에 나가서 중보기도하는 일을 힘써서 할 것이다(출 28:29, 30[75]).

---

73 롬8:34 "누가 정죄하리요 죽으실 뿐 아니라 다시 살아나신 이는 그리스도 예수시니 그는 하나님 우편에 계신 자요 우리를 위하여 간구하시는 자시니라"

74 엡 6:19 "또 나를 위하여 구할 것은 내게 말씀을 주사 나로 입을 열어 복음의 비밀을 담대히 알리게 하옵소서 할 것이니"

75 출 28:29,30 "29 아론이 성소에 들어갈 때에는 이스라엘 아들들의 이름을 기록한 이 판결 흉패를 가슴에 붙여 여호와 앞에 영원한 기념을 삼을 것이니라 30 너는 우림과 둠밈을 판결 흉패 안에 넣어 아론이 여호와 앞에 들어갈 때에 그의 가슴에 붙이게 하라 아론은 여호와 앞에서 이스라엘 자손의 흉패를 항상 그의 가슴에 붙일지니라"

14.
여성 예언자 시초 미리암

여성 예언자로는 미리암이 처음일 것이다. 그녀는 모세의 누이이다. 일찍이 이스라엘이 애굽의 학정 밑에서 신음하며 무릇 남자 아이가 나거든 다 죽이라는 가혹한 명령이 발포된 때에 이스라엘 장래의 구원자가 될 젖먹이의 울음소리를 내었다. 인물이 비범함을 본 부모는 이를 은닉하여 석 달 동안이나 양육하다가 마침내 바로의 학정을 두려워하여 아기 모세를 갈대상자에 넣어 나일강에 흘려보냈다. 그때에 "그 누이가 어떻게 되는 것을 알려고 멀리 섰더니"(출 2:4)했던 그 누이가 바로 이 미리암이었다. 그 부모가 몰래 양육한 것도 신앙으로 행한 것이었지만(히 11:23[76]) 미리암이 멀리 서서 그 끝이 어찌되나 본 것도 그녀의 마음에서 하나님의 섭리를 바라보는 신앙의 행동이라 할 수 있다. 무릇 성도에게 요긴한 지식은 하나님의 섭리를 살펴 아는 것이다. 섭리를 잘

---

76 히 11:23 "믿음으로 모세가 났을 때에 그 부모가 아름다운 아이임을 보고 석 달 동안 숨겨 왕의 명령을 무서워 아니하였으며"

깨닫는 것은 지혜 중에 지혜요 지식 중에 큰 지식이다. 이러한 사람은 환난 중에서도 오히려 감사할 것이며 곤고 중에서도 오히려 신기한 평화를 실험하리라. 할렐루야! 사람은 이러한 지식이 없어서 처세에 실패하며 이러한 지혜가 없어서 역경에서 번민하는 것이다. 애굽에 팔려간 요셉은 잠잠히 하나님의 섭리를 바라본 사람이다. 그런 까닭에 그가 애굽 궁정에 그의 골육형제들을 면회하였을 때 그 신앙을 이렇게 고백하였으니 곧 "당신들이 나를 이곳에 팔았으므로 근심하지 마소서 한탄하지 마소서 하나님이 생명을 구원하시려고 나를 당신들 앞서 보내셨나이다."(창 45:5) 하였다. 우리가 이처럼 어떠한 환난이나 위험이나 궁핍에 처하게 될지라도 오직 주의 섭리가 우리에게 어떻게 행하는 것만 잠잠히 바라볼 것이다.

미리암은 실로 모범적 여성이다. 그 일생을 오직 한 민족 한 국가의 대사에 바쳐서 독신생활을 보냈다. 그 뜻과 기백이 보통사람보다 뛰어난 것을 본다. 이는 하나님 나라를 위하여 스스로 독신을 선택한 사람이라 할 수 있을 것이다. 28세의 청춘이 능히 그의 뜻을 꺾지 못한 것이다. 나라를 경영하고 백성들을 구제하는 대사업을 위하여 그의 귀여운 청춘을 희생했다. 이는 실로 초월적인 인격자이다. 후세의 독신주의 여성들은 반드시 이러한 인격을 닮아 처음과 끝을 관철해야 할 것이다. 이는 여성의 독신생활을 권장하는 말이 아니라 만일 교회 교역자나 사회봉사로 그 일생을 헌신했다면 끝까지 관철해야 한다는 뜻이다. 시집가고 장가가고 먹고 마시고 사치스런 의복이나 입고 청춘의 정에 무너지기 쉽고 끌리기 쉬운 비열한 자격이거든 독신주의를 자랑하는 말은 입 밖에도 내지 말고 속히 시집이나 가는 것이 마땅할 것이다. 여성 지도자라 하는 사람이 세계를 순방하며 산아제한론을 부르짖는 일이 있었는데 그 후에 그 여성은 자기가 먼저 아이를 배어 몸이 뚱뚱하여 다닌 일이 있었다. 이 같은 사람은 다 자기 집으로 돌아가는 것이 합당하다. 교회봉사, 사회사업은 이러한 사람을 기다려서는 성공할 수 없다. 지금의 우리 조선에도 미리암과 같이 일생을 주께 온전히 헌신하는 여성교역자가 많이 일어나야 하겠다. 부인계의 전도는 불가불 여교역자의 손을 기다리지 않을 수 없다. 지금까지 내려온 우리 조선은 남녀의 유별이라는 것이 엄격하여 부인들은 안에 거하여 남자를 받들고 자녀나 기르는 것으로 일을 삼고 나라의 살림이 어찌 되는지 세계형편이 어찌 되는지 도무지 모른 것이다. 그런 까닭에 경성의 부인들 중에는 남대문이 어느 쪽에 있는지 종로가 어디인지 매일 밥해 먹는 쌀은 어디서 나는지 일평생 모르고 지낸 사람들이 많은 것이다. 이것이 이른바 양반집들의 부녀라 하겠다. 아! 이러한 저급한 도덕은 드디어 전 민족의 쇠약을 이루고 만 것이다. 아직도 규중에 죄수와 같이 갇혀 있는 부녀들이 많이 있으니 용감한 여교역자들은 이러한 생지옥을 부수고 그 영혼을 사로잡는 일을 해야 하겠다. 여교역자들은 조선에서 일어나라 복음전파를 위하여 일생을 살려는 사람들은 용감히 일생을 바치라. 이는 영광의 직분인 줄 확실히 깨달을지어다.

미리암은 음악가이며 시인이로다. 그가 출애굽 때에 손에 소고를 잡고 모든 여인들과 더불어 춤추며 여호와의 권능을 찬송하여 말하되 "너희는 여호와를 찬송하라 그는 높고 영화로우심이요 말과 그 탄자를 바다에 던지셨음이로다."(출 15:20-21). 그녀는 과연 음악과 찬송으로 모든 이스라엘 군대의 사기를 진작케 하는 없어서는 안 될 모세의 동역자이었다. 그러나 지금에 다시 미리암의 단점을 귀감으로 삼지 않으면 안 되겠다. 그가 모세의 아내 구스 여인 때문에 모세를 비방하여 시기하는 말을 내뱉은 것이다. 투기심은 특히 여성의 공통의 결점이다. 그녀가 이처럼 지도자 모세를 비방하다가 문둥병이 생겨 벌을 받았다(민 12장). 장단점은 사람의 피할 수 없는 사정이다. 일반 여성들은 특히 투기심에 잡힐까 주의하여 이 악독의 뿌리를 빼어 버리지 아니하면 도저히 성역을 수행할 수 없는 것이다.

15.
신앙의 사람 여호수아

하나님의 사람 모세가 40년의 풍상을 광야에서 겪어내면서 하나님의 백성을 인도해 드디어 약속의 땅 가나안 맞은 편 모압 평지까지 이른 것이다. 안타깝게도 하나님은 모세에게 약속의 땅에 들어가는 것은 허락하지 않으셨다. 이러므로 당시 여리고 맞은편 비스가 산꼭대기에 선 모세는 멀리 요단강 건너 젖과 꿀이 흐르는 가나안 땅을 바라볼 때에 감개무량했을 것이다. 돌이켜 생각해보니 선조에게 약속하신 하나님의 언약이 새롭게 느껴졌지만 광야의 40년 세월을 돌아보니 쓸쓸했다. 자기는 이왕 그곳에 들어가지 못하게 되었지만 애굽에서 나온 많은 무리들은 그들의 불신앙과 불순종으로 40년이나 광야에서 유리하다가 결국 약속의 땅을 보지도 못하고 거친 들에서 죽은 그 생령들을 추억하니 참 한심할 뿐이었다. 그러나 아직 나머지 다음세대들은 그곳에 들어가게 되었는데 이 많은 무리를 인도할 인물이 문제이나 선한 일을 시작하신 하나님께서 이루실 것을 믿었다. 이에 하나님께서 모세의 시종 눈의 아들 여호수아를 모세의 후계자로 세워 주셨다. 그러면 모세의 광야 인도와 여호수아의 가나안 인도에 대하여 우리가 먼저 영적 의미를 생각하여 볼 것이다.

여호수아라는 말은 히브리어인데 헬라어의 예수라 하는 말과 같은 것이다. 그러면 '여호수아'는 곧 '예수'라는 말인데 모세가 율법의 대표가 되는 동시에 예수는 은혜의 대표이다(수 1:17[77]). 모세가 안식의 땅에 들어가지 못한 것은 율법이 우리로 하여금 심령상 완전한 안식에 들어가지 못하게 하는 것과 같은 일이라 하겠다. 대개 율법으로 말미암아 의롭다함을 얻지 못하고 한갓 죄를 깨닫게 하는 역사 뿐인 것이다(롬 3:20[78]). 이러므로 우리의 영혼이 율법에만 있을 때에는 언제든지 양심의 오뇌(懊惱)[79]한 것 뿐이며 참 평안이 없는 것이다. 율법을 심각히 행하고자 할수록 양심은 괴로운 것 뿐이며 율법의 강한 빛을 더 받아들일수록 나의 영혼은 오직 죄인된 것만 드러나는 것이다. 이에 우리의 영혼이 오랫동안 율법 아래에만 있게 되면 오히려 주의 말씀을 듣지 아니하였다면 좋을뻔했겠다는 원망이 생기게 되며 "오호라! 나는 곤고한 사람이로다 이 사망의 몸에서 누가 나를 건져내랴"(롬 7:24) 하는 부르짖음의 소리를 내게 되는 것이다. 세상에는 아직 예수를 알지 못하고 율법 아래서만 신음하면서 혹은 극기 혹은 선행 등을 힘써서 양심의 참 평안을 얻으려 하는 가련하고도 곤고한 영혼들이 많이 있는 것이다. 이러한 영혼들에게 속히 은혜의 주 예수께서 나타나셔야 되겠다. "그러면 율법이 하나님의 약속들과 반대되는 것이냐 결코 그럴 수 없느니라 만일 능

---

77 수 1:7 "오직 강하고 극히 담대하여 나의 종 모세가 네게 명령한 그 율법을 다 지켜 행하고 우로나 좌로나 치우치지 말라 그리하면 어디로 가든지 형통하리니"

78 롬 3:20 "그러므로 율법의 행위로 그의 앞에 의롭다 하심을 얻을 육체가 없나니 율법으로는 죄를 깨달음이니라"

79 懊惱, 뉘우쳐 한탄하고 번뇌함.

히 살게 하는 율법을 주셨더라면 의가 반드시 율법으로 말미암았으리라"(갈 3:21) "믿음이 오기 전에 우리는 율법 아래에 매인 바 되고 계시될 믿음의 때까지 갇혔느니라 이같이 율법이 우리를 그리스도께로 인도하는 초등교사가 되어 우리로 하여금 믿음으로 말미암아 의롭다 함을 얻게 하려 함이라"(갈 3:23,24)한 말씀을 이에 비추어 생각하라. 이는 신앙의 오묘함이다. 우리 영혼이 예수 그리스도에게 인도함을 받음으로 마침내 참 평안을 실험하며 양심의 모든 번민한 것이 안개와 같이 소멸되도다. 이는 은혜와 진리는 예수로 말미암아 온 까닭이다. 이것이 마치 모세는 가나안 지경까지만 인도하고 여호수아가 그 백성으로 안식에 들어가게 한 사실과 같은 것이다. 우리가 오직 예수 그리스도를 믿음으로만 의로움과 화평을 얻는 것이니 사람의 영혼이 이에서 떠나면 이단에 들어가기가 쉬운 것이다. 오직 믿음으로만 의로워질 것이며 믿음으로만 거룩하여질 것이다. 이러한 말에 다른 것을 전하는 자는 비록 신학자나 감독이나 천사라도 저주를 받으리라. 찬송할 것은 믿음의 교리이며 찬송할 것은 믿음의 결과이다. 이는 모든 영광과 능력과 선한 일이 오직 주께만 있게 하는 큰 묵시적 교리인 것이다. "이는 그리스도 예수 안에서 아브라함의 복이 이방인에게 미치게 하고 또 우리로 하여금 믿음으로 말미암아 성령의 약속을 받게 하여 함이라"(갈 3:14).

다음에 여호수아의 행적에 대하여 몇 가지를 배울 수 있다. 그는 83세로부터 110세까지 27년간 하나님의 백성을 인도하였으니 그 치적이 놀랍다.

1. 그의 선한 싸움(출 19:9-13[80])

그는 모세의 충성스러운 장군이다. 출애굽 말기에 모세의 명령을 받들어 하나님 백성의 원수되는 아말렉을 격파하였다. 우리도 주의 명령대로 순종하여 악마의 진을 격파해야할 것이다.

2. 그의 가나안 정탐

민수기 13, 14장을 읽어보면 가나안 정탐에 대한 놀라운 사실이 있는데 모세가 12명을 선택해서 보냈다. 이에 그들이 왕복 40일 만에 땅을 정탐하고 돌아왔는데 다른 열명은 그 땅의 주민의 강대함을 보고 낙담하여 그 땅에 들어갈 수 없다고 하였지만 오직 여호수아와 갈렙 두명만이 그 땅을 취할 수 있다는 용감한 믿음의 보고를 전한 것이다. 이는 온 이스라엘이 행진하는데 큰 시험기였다. 그 땅을 능히 취할 수 있다는 이 말은 그의 믿음이 표현되는 용감한 말이니 우리도 모든 일에 주께서 함께 하시면 능히 될 수 있다는 믿음만 가지면 넉넉하다[81]. 범사에 믿

---

80 출 19:9-13 "9 여호와께서 모세에게 이르시되 내가 빽빽한 구름 가운데서 네게 임함은 내가 너와 말하는 것을 백성들이 듣게 하며 또한 너를 영영히 믿게 하려 함이니라 모세가 백성의 말을 여호와께 아뢰었으므로 10 여호와께서 모세에게 이르시되 너는 백성에게로 가서 오늘과 내일 그들을 성결하게 하며 그들에게 옷을 빨게 하고 11 준비하게 하여 셋째 날을 기다리게 하라 이는 셋째 날에 나 여호와가 온 백성의 목전에서 시내 산에 강림할 것임이니 12 너는 백성을 위하여 주위에 경계를 정하고 이르기를 너희는 삼가 산에 오르거나 그 경계를 침범하지 말지니 산을 침범하는 자는 반드시 죽임을 당할 것이라 13 그런 자에게는 손을 대지 말고 돌로 쳐죽이거나 화살로 쏘아 죽여야 하리니 짐승이나 사람을 막론하고 살아남지 못하리라 하고 나팔을 길게 불거든 산 앞에 이를 것이니라 하라"

81 민 14:6-8 "6 그 땅을 정탐한 자 중 눈의 아들 여호수아와 여분네의 아들 갈렙이 자기들의 옷을 찢고 7 이스라엘 자손의 온 회중에게 말하여 이르되 우리가 두루 다니며 정탐한 땅은 심히 아름다운 땅이라 8 여호와께서 우리를 기뻐하시면 우리를 그 땅으로 인도하여 들이시고 그 땅을 우리에게 주시리라 이는 과연 젖과 꿀이 흐르는 땅이니라"

음으로 행하지 않는 것은 죄이다(롬 14:23[82]).

3. 그의 안수례(민 27:18-23[83])

하나님께서 모세로 하여금 그에게 안수례를 베풀어 모세의 후계자로 세우게 하셨다. 이는 성서 중 안수의 시작이니 교회에서도 거룩한 예법이다. 그러나 안수받을 자의 자격은 한갓 신학교나 성서학원을 졸업하였다고 될 것이 아니요 오직 여호수아와 같이 성령의 충만한 자로야 될 것이다(민 27:18[84]). 성령을 받지 아니한 사람은 그리스도를 철저히 증거할 수 없으며 하나님을 영화롭게 할 수 없다. 이러므로 안수는 생각할 겨를이 없이 급하게 하거나 허둥지둥 급하게 해서는 안될 일이다.

4. 그의 요단강 도섭(渡涉, 물을 건넘)

여호수아 3장을 읽어보면 그가 다만 주의 말씀을 믿음으로 요단강에 들어설 때 그 물이 중단되어 온 백성이 다 마른 땅을 밟고 건너 갔다. 여기에 주의할 것은 여호수아가 요단강변에 서서 그 물이 중단되기를 기

---

82 롬 14:23 "의심하고 먹는 자는 정죄되었나니 이는 믿음을 따라 하지 아니하였기 때문이라 믿음을 따라 하지 아니하는 것은 다 죄니라"
83 민 27:18-23 "18 여호와께서 모세에게 이르시되 눈의 아들 여호수아는 그 안에 영이 머무는 자니 너는 데려다가 그에게 안수하고 19 그를 제사장 엘르아살과 온 회중 앞에 세우고 그들의 목전에서 그에게 위탁하여 20 네 존귀를 그에게 돌려 이스라엘 자손의 온 회중을 그에게 복종하게 하라 21 그는 제사장 엘르아살 앞에 설 것이요 엘르아살은 그를 위하여 우림의 판결로써 여호와 앞에 물을 것이며 그와 온 이스라엘 자손 곧 온 회중은 엘르아살의 말을 따라 나가며 들어올 것이니라 22 모세가 여호와께서 자기에게 명령하신 대로 하여 여호수아를 데려다가 제사장 엘르아살과 온 회중 앞에 세우고 23 그에게 안수하여 위탁하되 여호와께서 모세에게 명령하신 대로 하였더라"
84 민 27:18 "여호와께서 모세에게 이르시되 눈의 아들 여호수아는 그 안에 영이 머무는 자니 너는 데려다가 그에게 안수하고"

다려서 건너간 것이 아닌 일이다. 오직 믿음으로 그 물에 들어설 때에 그 물이 갈라졌던 것이다. 이것이 곧 믿음의 행위이며 효과이다. 과연 믿음 앞에는 홍해도 없고 요단강도 없고 모든 난관이 다 해결됨을 알 것이다.

5. 그의 연전연승

그가 여리고성을 함락시키고 승승장구로 아이성을 정복하고 다섯 왕을 물리치는 등 파죽시세로 가나안을 정복했다.

6. 그의 기업 분배(수 14, 17장)

이는 예수의 천년왕국에 하실 것과 같다.

7. 그의 마지막 연설(수 24장)

수 24:24 "백성이 여호수아에게 말하되 우리 하나님 여호와를 우리가 섬기고 그의 목소리를 우리가 청종하리이다 하는지라"

16.
순종의 사람 갈렙

가나안 정탐에서 여호수아와 함께 믿음의 정보를 전한 주의 종 갈렙은 평생 충성을 다하여 주께 순종했던 사람이다(수14:8[85])

갈렙의 건강

수14:10-11 "이제 보소서 여호와께서 이 말씀을 모세에게 이르신 때로부터 이스라엘이 광야에서 방황한 이 사십오 년 동안을 여호와께서 말씀하신 대로 나를 생존하게 하셨나이다 오늘 내가 팔십오 세로되 모세가 나를 보내던 날과 같이 오늘도 내가 여전히 강건하니 내 힘이 그때나 지금이나 같아서 싸움에나 출입에 감당할 수 있으니"하였다. 이 말씀에서 갈렙은 늙어 갈수록 그 기력이 쇠하지 아니하고 강건하였던 것을 알 수가 있다. 우리도 이와 같이 영혼이 항상 주 안에 있어 새 힘을

---

85 수 14:8 "나와 함께 올라갔던 내 형제들은 백성의 간담을 녹게 하였으나 나는 내 하나님 여호와께 충성하였으므로"

얻어 강건하여야겠다. 우리가 아무리 지나간 날에 은혜의 충만함을 얻었다 해도 기도에 게으르거나 말씀묵상에 게으르거나 몸과 마음이 피곤하면 그 힘을 잃어버리게 된다.

또한 세상 것들에 마취되어도 힘을 잃게 된다. 삼손은 이성 교제에 취하여 그 힘을 잃었고, 사울 왕은 하나님의 말씀에 순종치 않다가 그 힘을 잃었던 것이다. 그러므로 우리는 때를 따라 새로운 힘과 새로운 계시를 받아야 심령상 강건함을 유지할 수 있을 것이다. 우리의 피곤한 손과 연약한 무릎과 저는 다리는 오직 위에서 내리시는 힘이 아니면 도저히 건강을 회복할수 없다. "피곤한 자에게는 능력을 주시며 무능한 자에게는 힘을 더하시나니 소년이라도 피곤하며 곤비하며 장정이라도 넘어지며 쓰러지되 오직 여호와를 앙망하는 자는 새 힘을 얻으리니 독수리가 날개 치며 올라감 같을 것이요 달음박질하여도 곤비하지 아니하겠고 걸어가도 피곤하지 아니하리로다"(사40:29-31)라는 주의 말씀을 기억하고 때를 따라 새로운 능력으로 충만하여 주의 일에 조금도 피곤함이 없기를 바란다.

갈렙의 땅

수 14:12,13[86]을 보면 갈렙이 선택한 땅은 헤브론이다. 이곳은 아낙 자손이 사는 곳으로 크고 견공한 성이며 험한 산지이다. 갈렙이 땅을 헤브론으로 선택함에 대하여 몇 가지 배울 것이 있다.

---

[86] 수 14:12-13 "12 그 날에 여호와께서 말씀하신 이 산지를 지금 내게 주소서 당신도 그 날에 들으셨거니와 그 곳에는 아낙 사람이 있고 그 성읍들은 크고 견고할지라도 여호와께서 나와 함께 하시면 내가 여호와께서 말씀하신 대로 그들을 좇아내리이다 하니 13 여호수아가 여분네의 아들 갈렙을 위하여 축복하고 헤브론을 그에게 주어 기업을 삼게 하매"

1) 사랑의 정신이다 : 모든 지파의 사람들이 각각 그의 기업을 선택할 때에 갈렙만이 유독 산지를 달라고 기도했다. 넓고 기름진 땅, 대적이 없는 땅을 선택할 수도 있지만, 그러한 곳은 다른 지파 사람들이 차지하게 하고 갈렙은 이처럼 험한 산지를 선택했으니 과연 자기의 이익을 구하지 않는(고전13:5) 참 사랑의 정신을 배울 수 있다. 또한 우리의 심령상의 땅도 이러한 험준한 곳이어야 마귀가 감히 손을 대지 못할 것이다. 우리의 가는 길은 좁고 험한 길이다(마7:14[87]).

2) 용감한 정신이다 : 갈렙은 과연 노련한 군사이다. 그는 산중에 있는 적군 아낙 족속을 온 이스라엘 안에서 몰아내어 나중에 불행의 원인을 제거하려는 용기가 충만하였다. 우리도 그리스도의 택하신 군사이니 온 이스라엘 안에서 아낙 족속을 몰아내듯 믿음의 선한 싸움을 싸워 죄와 마귀에게 속한 것들을 조금이라도 용서 없이 격퇴해야하겠다.

3) 하나님과 교통함이다 : '헤브론'이라는 말은 교통한다는 뜻이다. 우리의 땅도 마땅히 헤브론이 되어서 하나님과의 교통이 끊이지 않아야 한다. 신앙생활의 극치는 주와 더불어 깊은 교제를 하는데 있다. 또한 헤브론은 도피성이 있는 곳이다(수20:7). 이는 죄를 범한 사람이 율법의 정죄를 피하는 곳이다. 우리의 땅이 헤브론이 되는 동시에 은혜의 주님 예수 그리스도 안에서 살아서 정죄함이 없어야 한다.

---

[87] 마7:14 "생명으로 인도하는 문은 좁고 길이 협착하여 찾는 이가 적음이라"

17.
여성 예언자 드보라

여성 예언자로서 모세의 누이 미리암에 대해 이미 살펴 보았다. 미리암은 일평생 독신으로 헌신한 사람이다. 그러나 드보라는 한 남편의 아내이면서 나라의 위기에 공헌한 사람이었다. 서양 여성들 중에는 독신이나 가정 주부로서 나라나 교회 사업에 진력한 사람이 많지만 우리 조선에는 그런 여성들이 많이 나오지 못한 것이 실로 유감이 아닐 수 없다. 물론 여성이라고 다 그렇다는 것은 아니지만 대부분은 교육을 받지 못함으로 교회가 무엇인지 나라가 무엇인지 모르는 것이며 혹시라도 중등교육이니 받았다 한들 사람들은 허영에 들떠서 사치하는 일이나 힘쓰며 이성교제에 눈이 박혀서 있다. 이것이 소위 신여성이라 하는 것이니 이런 여성이 많을수록 우리의 사회는 절망적이라 할 수 밖에 없는 것이다. 우리는 이제 나라의 위기에 진력한 드보라에게서 반드시 배우지 않으면 안될 것이다.

이스라엘이 가나안을 정복한 후 뭇백성이 안정하여 80년간이나 태평가를 부르게 되었다(사3:30[88]). 또한 그 뿐만 아니라 백성들이 새로운 신을 선택하는 등(삿5:8[89]) 종교의 타락과 정치의 부패로 인해 풍기문란하게 되었다. 이러므로 가나안 왕 야빈에게 정복당하여 온 백성이 수십 년간이나 그 학정 아래서 신음하였다. 이때에 백성들이 비로소 경성하여 여호와께 부르짖었다. 이에 여호와께서 랍비돗의 아내 드보라를 일으키어 온 백성을 지도하는 예언자로 세우신 것이다. 힘있는 남자들 중에서 동포의 도탄을 구원하고자 일어난 사람이 하나도 없는 때에 유독 드보라의 등장은 온 이스라엘에게 이채롭고 큰 자극이 되었을 것이다. 옛날부터 부녀들 중에 이따금씩 남자가 뚫지 못할 위험한 일을 관철한 일들이 있었다. 예수님께서 십자가를 지시고 갈보리로 나아가실 때에 그 아래까지 따라간 사람은 쾌활한 남자 베드로가 아니라 오직 갈릴리에서 온 여러 명의 부녀들뿐인 것을 우리가 잘 아는 바이다. 이처럼 하나님께서 당신의 사업을 이루기 위해서는 남녀의 차별을 두시지 않고 오직 성령으로 충만케 하셔서 쓰시는 것이다. 근세에 이르서 구세군의 어머니 뿌드 부인은 실로 여성 예언자의 모범이라 할 것이다. 지금으로부터 60여년 전에 영국은 아직 부인을 강단에 세우는 법이 없었다. 그러나 뿌드 부인은 복음전파를 위하여 과감하고 용기있게 나섰다. 사방으로 반대와 조롱이 격렬하였으나 사실로 그의 설교로 말미암아 많은 사람들이 회개하고 주께 돌아오는 것을 볼 때에 그같이 보수적인 영국인들도 인정치 않을 수 없었다. 그런까닭에 드보라를 쓰신 주께서 오늘에도 여성으로 하여금 성령 충만을 주셔서 놀라운 역사를 하려 하신다.

---

88 삿3:30 "그 날에 모압이 이스라엘 수하에 굴복하매 그 땅이 팔십 년 동안 평온하였더라"
89 삿5:8 "무리가 새 신들을 택하였으므로 그 때에 전쟁이 성문에 이르렀으나 이스라엘의 사만 명 중에 방패와 창이 보였던가"

드보라는 바락을 대장으로 기용해 나라의 위기를 평정하는 대사업을 성취했으니 그녀의 노래와 같이 이스라엘 백성들의 어머니가 되었다(삿5:7[90]). 그녀가 전쟁에 나가는 날에 여호와를 찬송하는 노래를 지었으니 그 노래에는 그녀의 심혈이 뛰논다. 그 마지막 구절을 음미해보면 무릇 주를 사랑하는 자는 태양이 권능있게 오르는 것 같게 하옵소서(삿5:31[91]) 하였다. 과연 의인의 길은 아침 해가 점점 밝아 한낮에 이름과 같도다(잠4:18[92]). 우리의 앞에는 모든 원수가 다 진멸될 것이며 흑암의 권세가 다 소멸될 것이로다. 할렐루야.

---

90 삿5:7 "이스라엘에는 마을 사람들이 그쳤으니 나 드보라가 일어나 이스라엘의 어머니가 되기까지 그쳤도다"
91 삿5:31 "여호와여 주의 원수들은 다 이와 같이 망하게 하시고 주를 사랑하는 자들은 해가 힘있게 돋음 같게 하시옵소서 하니라 그 땅이 사십 년 동안 평온하였더라"
92 잠4:18 "의인의 길은 돋는 햇살 같아서 크게 빛나 한낮의 광명에 이르거니와"

18.
큰 용사 기드온

　기드온은 이스라엘 사사들 중에 한 사람이다. 각설하고, 이스라엘이 가나안을 정복한 후 태평성대가 왔다. 그러나 그 백성은 조금 태평해지면 곧 이방인을 쫓는 타락에 빠졌던 것이 몇 번이나 되었다. 이에 여호와께서는 그 백성을 징계하기시 위해 주변 적대국의 손에 붙쳐서 고난을 맛보도록 하신 것이다. 사사기는 이스라엘의 여러번의 타락 중에서 여호와께 부르짖어 부름받은 사실을 기록한 글이다. 그 백성이 안일한 중에 타락했으며 고난 중에서 회개한 사실은 오늘 우리에게도 적절한 교훈을 주는 것이다. 누가복음서 15장을 읽어보면 방탕한 자식이 미리 상속을 받아가지고 멀리 나가서 호탕하게 놀 때에는 어찌 그 부모를 생각하였으리요마는 그가 재산을 탕진하여 굶어 죽게 되었을 때에야 비로소 아버지의 집을 생각하고 돌아오게 되었다. 이와같이 사람이란 누구든지 안일에 처하면 타락하기 쉬운 것이며 고난에 빠지면 회개하는 기회하는 경우가 많은 것이다.

　대체로 보아서 시대는 인물을 요구한다. 이스라엘이 고난의 극에 이를 때마다 여호와께서 사사를 일으키셔서 구원해주셨다. 이 때에 미디안에게 고난을 당하고 있었다. 여호와께서 이에 기드온을 일으켰으니 저를 큰 용사라 부르셨다(삿6:12[93]). 기드온은 원래 그 백성 중 극빈하고 비천한 자였다(삿6:15[94]). 그러나 여호와께서는 이러한 세상에서 약한 자로 하여금 강한 자를 부끄럽게 하시며 세상이 어리석다하는 자를 택하여 지혜가 있는 자를 부끄럽게 하시는 것이다(고전1:27[95]). 가난하고 천한 기드온을 들어서 온 이스라엘을 구원하신 놀라운 사실을 나사렛 예수를 들어서 온 세계를 구원하신 섭리에 부합되는 것이 아닐까. 주가 하시는 일이 이렇다. 사람이 감히 측량하지 못할 것이다. 이에 기드온이 황충의 떼와 같은 원수를 다 물리치고 온 백성을 고난에서 구원하는 과정을 통해 몇 가지를 배우고자 한다.

1. 준비

기드온이 그 같은 큰 승리를 얻기 전에 몇가지 준비한 것이 있다(삿 6-7장).

가내개혁(家內改革) : 그 당시 온 이스라엘에는 바알 우상으로 충만하게 되었다. 그러므로 기드온의 집에도 그 부친이 만든 바알 제단과 아세라 목상이 있었다. 기드온은 외부 출전을 시작하기 전에 먼저 내부의

---

93 삿6:12 "여호와의 사자가 기드온에게 나타나 이르되 큰 용사여 여호와께서 너와 함께 계시도다 하매"
94 삿6:15 "그러나 기드온이 그에게 대답하되 오 주여 내가 무엇으로 이스라엘을 구원하리이까 보소서 나의 집은 므낫세 중에 극히 약하고 나는 내 아버지 집에서 가장 작은 자니이다 하니"
95 고전1:27 "그러나 하나님께서 세상의 미련한 것들을 택하사 지혜 있는 자들을 부끄럽게 하려 하시고 세상의 약한 것들을 택하사 강한 것들을 부끄럽게 하려 하시며"

개혁부터 시작한 것이다. 이는 당연한 순서이니 누구든지 신앙의 선한 싸움에 승리하려면 먼저 자기 마음의 성결부터 얻지 않으면 안되는 것이다. 자기에게 철저한 회개의 경험이 없는 사람으로는 결코 뭇 사람을 신령한 생활에 인도할 수 없는 것은 분명한 사실이다. 우리의 생애에 실패가 있다면 그 원인을 다만 외부에서만 찾지 말고 내부에서도 찾아볼 것이다.

다윗은 간음의 큰 죄를 범한 후에 비로소 자기를 넘어지게 한 원인이 자기 마음에 있었음을 알고 시를 지어 말하기를 "내가 죄악 중에서 출생하였음이여 어머니가 죄 중에서 나를 잉태하였나이다"(시51:5)라고 탄식하였던 것이다. 그러면 우리의 승리도 마음으로 원인되며 우리의 실패도 마음으로 원인됨을 알 것이다. 바울도 그 생애의 실패 원인을 외부에 돌리지 않고 자기의 마음에 죄악의 성질이 있어서 된 것임을 발견한 것이다(롬7:17). 이스라엘이 아이 성 전투에서 실패한 원인은 오직 그 진중에서 아간이 범죄한 까닭임이 밝혀져 처리한 후에 다시 승리하게 되었다. 이에 기드온이 집안의 우상들을 타파한 것이 실로 승리의 비결을 취한 것이다. 우리도 마음의 개혁으로부터 시작해야 하겠다.

제단을 쌓음(삿6:24, 26[96]) : 우리도 영적전쟁을 준비할 때 우선 마음에 기도의 제단을 준비해야 할 것이다. 심령에 기도의 제단이 무너진 사람의 생애와 사업은 실패로 돌아갈 수 밖에 없는 것이다. 모든 일을 시작하기 전에 먼저 기도해야할 것이다.

---

[96] 삿6:24-26 "24 기드온이 여호와를 위하여 거기서 제단을 쌓고 그것을 여호와살롬이라 하였더라 그것이 오늘까지 아비에셀 사람에게 속한 오브라에 있더라 25 그 날 밤에 여호와께서 기드온에게 이르시되 네 아버지에게 있는 수소 곧 칠 년 된 둘째 수소를 끌어 오고 네 아버지에게 있는 바알의 제단을 헐며 그 곁의 아세라 상을 찍고 26 또 이 산성 꼭대기에 네 하나님 여호와를 위하여 규례대로 한 제단을 쌓고 그 둘째 수소를 잡아 네가 찍은 아세라 나무로 번제를 드릴지니라 하시니라"

징조를 얻음(삿6:19-21[97], 37-40[98]) : 그는 출전하기 전에 확실히 승리하리하는 징조를 여호와께 받은 것이다. 우리도 무슨 난관이 있을 때에는 먼저 기도하는 중에 확신을 얻고 나아가야 할 것이다.

2. 징병(삿7:1-8[99])

이에 기드온은 전국에서 31,000명의 병사들을 모집했다. 그러나 여호와의 방법대로 그 무리를 시험하니 22,000명은 공포심이 많은 겁쟁이들이므로 다 집으로 돌아가고, 나머지 10,000명 중에 9,700명은 자제

---

97 삿6:19-21 "19 기드온이 가서 염소 새끼 하나를 준비하고 가루 한 에바로 무교병을 만들고 고기를 소쿠리에 담고 국을 양푼에 담아 상수리나무 아래 그에게로 가져다가 드리매 20 하나님의 사자가 그에게 이르되 고기와 무교병을 가져다가 이 바위 위에 놓고 국을 부으라하니 기드온이 그대로 하니라 21 여호와의 사자가 손에 잡은 지팡이 끝을 내밀어 고기와 무교병에 대니 불이 바위에서 나와 고기와 무교병을 살랐고 여호와의 사자는 떠나서 보이지 아니한지라"

98 삿6:37-40 "37 보소서 내가 양털 한 뭉치를 타작 마당에 두리니 만일 이슬이 양털에만 있고 주변 땅은 마르면 주께서 이미 말씀하심 같이 내 손으로 이스라엘을 구원하실 줄을 내가 알겠나이다 하였더니 38 그대로 된지라 이튿날 기드온이 일찍이 일어나서 양털을 가져다가 그 양털에서 이슬을 짜니 물이 그릇에 가득하더라 39 기드온이 또 하나님께 여쭈되 주여 내게 노하지 마옵소서 내가 이번만 말하리이다 구하옵나니 내게 이번만 양털로 시험하게 하소서 원하건대 양털만 마르고 그 주변 땅에는 다 이슬이 있게 하옵소서 하였더니 40 그 밤에 하나님이 그대로 행하시니 곧 양털만 마르고 그 주변 땅에는 다 이슬이 있었더라"

99 삿7:1-8 "1 여룹바알이라 하는 기드온과 그를 따르는 모든 백성이 일찍이 일어나 하롯 샘 곁에 진을 쳤고 미디안의 진영은 그들의 북쪽이요 모레 산 앞 골짜기에 있었더라 2 여호와께서 기드온에게 이르시되 너를 따르는 백성이 너무 많은즉 내가 그들의 손에 미디안 사람을 넘겨주지 아니하리니 이는 이스라엘이 나를 거슬러 스스로 자랑하기를 내 손이 나를 구원하였다 할까 함이니라 3 이제 너는 백성의 귀에 외쳐 이르기를 누구든지 두려워 떠는 자는 길르앗 산을 떠나 돌아가라 하라 하시니 이에 돌아간 백성이 이만 이천 명이요 남은 자가 만 명이었더라 4 여호와께서 또 기드온에게 이르시되 백성이 아직도 많으니 그들을 인도하여 물 가로 내려 가라 거기서 내가 너를 위하여 그들을 시험하리라 내가 누구를 가리켜 네게 이르기를 이 사람이 너와 함께 가리라 하면 그는 너와 함께 갈 것이요 내가 누구를 가리켜 네게 이르기를 이 사람은 너와 함께 가지 말 것이니라 하면 그는 가지 말 것이니라 하신지라 5 이에 백성을 인도하여 물가에 내려가매 여호와께서 기드온에게 이르시되 누구든지 개가 핥는 것 같이 혀로 물을 핥는 자들을 너는 따로 세우고 또 누구든지 무릎을 꿇고 마시는 자들도 그와 같이 하라 하시더니 6 손으로 움켜 입에 대고 핥는 자의 수는 삼백 명이요 그 외의 백성은 다 무릎을 꿇고 물을 마신 지라 7 여호와께서 기드온에게 이르시되 내가 이 물을 핥아먹은 삼백 명으로 너희를 구원하며 미디안을 네 손에 넘겨 주리니 남은 백성은 각각 자기의 처소로 돌아 갈 것이니라 하시니 8 이에 백성이 양식과 나팔을 손에 든지라 기드온이 이스라엘 모든 백성을 각각 그의 장막으로 돌려보내고 그 삼백 명은 머물게 하니라 미디안 진영은 그 아래 골짜기 가운데에 있었더라"

와 경성의 정신이 없는 사람들이므로 이도 또한 돌려보내고 그 중 300명만 뽑은 것이다. 이에 정병 300으로 대적을 격퇴했으니 과연 승리가 사람의 많고 적음에 있지 않고 오직 그 정병됨과 여호와의 손이 같이 하심으로만 될 것이다. 주께서 루터라는 한 사람의 정병으로 엄청난 권위를 가진 로마 카톨릭을 압도하였으며 웨슬레라는 한 사람의 정병으로 전 영국을 진동시키신 것이다. 그러면 우리는 비겁한 10,000명에 들지 말고 깨어 있지 못한 9,700명 중에도 들지 말고 오직 300 정병 중에 들어가야 주를 영화롭게하며 뭇영혼을 구원할 것이다. 이러한 정병이 되기를 간절히 원한다.

3. 무기 (삿7:16-22[100])

이 무기에 대하여 우리는 각각 신령한 의미를 취하여 잘 새겨보아야 한다.

항아리 : 군사가 항아리를 깨뜨리며 행군하였으니 이는 우리에게 완전한 헌신을 보이신 것이다. 우리의 육체는 흙이로된 토기이니 (고후4:7[101]) 그리스도의 정병된 사람들은 다 이 육체를 깨뜨리기 까지 완전

---

100 삿7:16-22 "16 삼백 명을 세 대로 나누어 각 손에 나팔과 빈 항아리를 들리고 항아리 안에는 횃불을 감추게 하고 17 그들에게 이르되 너희는 나만 보고 내가 하는 대로 하되 내가 그 진영 근처에 이르러서 내가 하는 대로 너희도 그리하여 18 나와 나를 따르는 자가 다 나팔을 불거든 너희도 모든 진영 주위에서 나팔을 불며 이르기를 여호와를 위하라, 기드온을 위하라 하라 하니라 19 기드온과 그와 함께 한 백 명이 이경 초에 진영 근처에 이른 즉 바로 파수꾼들을 교대한 때라 그들이 나팔을 불며 손에 가졌던 항아리를 부수니라 20 세 대가 나팔을 불며 항아리를 부수고 왼손에 횃불을 들고 오른손에 나팔을 들어 불며 외쳐 이르되 여호와와 기드온의 칼이다 하고 21 각기 제자리에 서서 그 진영을 에워싸매 그 온 진영의 군사들이 뛰고 부르짖으며 도망하였는데 22 삼백 명이 나팔을 불 때에 여호와께서 그 온 진영에서 친구끼리 칼로 치게 하시므로 적군이 도망하여 스레라의 벧 싯다에 이르고 또 답밧에 가까운 아벨므홀라의 경계에 이르렀으며"
101 고후4:7 "우리가 이 보배를 질그릇에 가졌으니 이는 심히 큰 능력은 하나님께 있고 우리에게

한 헌신이 있어야 되겠다. 예수께서는 그 육체를 십자가에 깨뜨리셨음으로 우리의 구원을 성취하였으며 하나님 우리 아버지를 영화롭게 하셨다.

등불 : 이는 행위전도라 할 수 있다. 항아리를 깨뜨릴 때에 등불이 환하게 비취게 되었으니 이처럼 주님께서 십자가에게 그 몸을 깨뜨리심으로 진리의 광명의 빛이 전 세계에 비취이게 되었다. 우리도 착한 행위의 빛을 모든 사람들 앞에서 비칠 것이며 완전한 헌신적 생애로 인해 항상 진리의 빛을 드러내야 할 것이다.

나팔 : 이는 우리의 직접전도이다. 개인전도나 공중 설교나 은혜의 간증이다. 우리가 항상 개인 앞에서나 공중 앞에 항상 나팔을 부는 생애로 계속해야 되겠다. 바울의 나팔이며 루터의 나팔이며 무디의 나팔들은 참으로 전 세계를 진동케 하였다. 이 나팔을 불 줄 모르는 사람은 그리스도의 정병이 될 자격이 없다. 높이 불러 분명히 불어야 한다. 마지막으로 우리가 기억할 것은 그의 승리가 전혀 여호와께서 함께 하심으로만 되었다는 사실이다. 그가 승리하고 돌아오는 길에 온 백성이 말하기를 당신이 우리를 구원하였으니 당신과 당신의 자손이 우리를 다스리소서 할 때에 그가 대답하기를 "내가 너희를 다스리지 아니할 것이요 여호와께서 너희를 다스리시리라"(삿8:22-23)고 하여 영화를 오직 하나님께만 돌려보낸 것을 보면 그는 과연 거룩한 신앙을 가진 용사였던 것이다.

19.
힘이 넘치는 장군 삼손

　삼손은 그 사람됨이 재미있으면서도 교훈을 주며, 육체적인 힘이 강한 사람이며, 그에 대한 기록은 사사기 13장으로 16장까지이다. 이스라엘을 블레셋 손에서 건지시기 위해 일하시는 주께서 그를 사사로 세우셨다. 그는 약속의 아들이며(삿13:3[102]) 모태로부터 구별 받아 종신토록 그 머리에 삭도를 대지 아니한 나실인이었다. 이러므로 그 이름까지 삼손이라 함은 "태양의 사람, 영광 있는 자, 힘 있는 자"라는 뜻으로 명명하게 된 것이다. 그의 출생과 헌신은 과연 한 나라를 통솔할만한 자의 적당한 준비라 하겠다. 그뿐만 아니라 그에게는 여호와의 신의 감동하심이 있었다(삿13:25, 14:6,19, 15:14[103]). 그가 하루는 딤나로 내려가던 도

102　삿13:3 "여호와의 사자가 그 여인에게 나타나서 그에게 이르시되 보라 네가 본래 임신하지 못하므로 출산하지 못하였으나 이제 임신하여 아들을 낳으리니"
103　삿13:25 "소라와 에스다올 사이 마하네단에서 여호와의 영이 그를 움직이기 시작하셨더라" / 삿14:6 "여호와의 영이 삼손에게 강하게 임하니 그가 손에 아무것도 없이 그 사자를 염소 새끼를 찢는 것 같이 찢었으나 그는 자기가 행한 일을 부모에게 알리지 아니하였더라" / 삿14:9 "손으로 그 꿀을 떠서 걸어가며 먹고 그의 부모에게 이르러 그들에게 그것을 드려서 먹게 하였으나 그 꿀을 사자의 몸에서 떠왔다고는 알리지 아니하였더라" / 삿15:14 "삼손이 레히에 이르매 블레셋 사람들이 그에게로 마주 나가며 소리 지를 때 여호와의 영이 삼손에게 갑자기 임하시

중에 사자를 만났는데 여호와의 신이 감동하여 큰 힘으로 사자를 찢기를 산양 새끼 찢듯이 하였다. 이 일은 우리에게 무엇을 암시하는가? 우리도 만일 성령의 감동함을 입으면 사자와 같은 마귀를 격파할 일이 용이할 것을 보임이다(삿14:5,6[104]).

그가 또 한 번은 당나귀의 턱뼈를 가지고 한 번에 블레셋 사람 천명을 쳐 죽인 일도 있었다(삿15:5[105]). 그러나 당나귀의 턱뼈가 무슨 힘이 있어 그런 것도 아니요 오직 여호와의 신이 함께 하심에 있는 것이며 당나귀의 턱뼈는 삼손의 손에 잡히었음으로 그같은 놀랄만한 일을 한 것이다. 우리도 이 당나귀 턱뼈에 지나지 않는다. 아무런 능력도 없고 힘도 없다. 그러나 그리스도의 권능의 손에 잡히어 있기만 하면 원수 마귀의 세력을 쉽게 물리칠 수 있는 것이다. 그 오순절 때 베드로는 성령의 권능에 사로 잡혀 있었음으로 한 번 설교에 3천명의 군중을 빼앗은 것이 아닌가! 옛날이나 지금이나 그리스도의 권능의 종이라 할 만한 사람들이 모두 이 당나귀 턱뼈에 지나지 않는다. 그러나 이같은 위력이 한 세상을 진동케하던 영웅의 말로를 우리가 생각해야할 것이다. 그가 마지막에는 타락하여 원수들의 독한 손에 사로잡혀 농락당한 비참한 최후를 보아서 후세에 뭇 하나님의 자녀와 사역자들의 교훈을 삼아야 되겠다. 지금 그의 타락한 원인과 결과를 조사하여 많은 교훈을 얻고자 한다.

매 그의 팔 위의 밧줄이 불탄 삼과 같이 그의 결박되었던 손에서 떨어진지라"

104 삿14:5-6 "5 삼손이 그의 부모와 함께 딤나에 내려가 딤나의 포도원에 이른즉 젊은 사자가 그를 보고 소리 지르는지라 6 여호와의 영이 삼손에게 강하게 임하니 그가 손에 아무것도 없이 그 사자를 염소 새끼를 찢는 것 같이 찢었으나 그는 자기가 행한 일을 부모에게 알리지 아니하였더라"

105 삿15:15 "삼손이 나귀의 새 턱뼈를 보고 손을 내밀어 집어들고 그것으로 천 명을 죽이고"

1. 그의 타락한 원인

이방에 내려감(삿16:1[106])

이 때 가사는 이방민족이 살던 성읍이다. 삼손이 그곳에 가서 기생과 교제한 것을 보면 그곳은 음란이 넘치는 성읍인 것을 짐작할 수 있다. 하나님의 자녀로서 세상과 접근한다던가 세상과 타협하는 경우에는 반드시 타락이 생기는 것이다. 삼손은 더군다나 나실인으로서 어찌 그러한 음란한 처소에 간 것인가? 옛날 아브라함도 가나안의 흉년을 당할 때 애굽에 내려갔다가 그곳에서 거짓말도 했으며 제단도 쌓지 않았던 것이다. 오늘에도 신자로나 교회에서나 세상과 교제함이 빈번하게 되면 그 신자나 교회는 반드시 타락함을 면치 못할 것이다. 성경에 세상과 벗된 것이 하나님과 원수라 하였으며 스스로 지켜 세상에 물들지 말라 하였다(약4:4[107]).

이성교제(삿16:4[108])

두 번째로 타락의 원인이 이성교제에 있었으며, 그가 소렉 여인 들릴라를 사랑하였음이다. 사람은 원래 약점이 없는 사람이 없다. 삼손의 가장 큰 약점이 어디에 있는가? 이는 곧 이성에 대하여 약하였음이다. 마귀는 우리의 약점을 잘 정탐하여 가장 약한 방어선을 돌격하고 들어오는 것이다. 예수께서 광야에서 세 가지 조건으로 시험받으실 때에 조

---

106 삿16:1 "삼손이 가사에 가서 거기서 한 기생을 보고 그에게로 들어갔더니"
107 약4:4 "간음한 여인들아 세상과 벗된 것이 하나님과 원수됨을 알지 못하느냐 그런즉 누구든지 세상과 벗이 되고자 하는 자는 스스로 하나님과 원수 되는 것이니라"
108 삿16:4 "이 후에 삼손이 소렉 골짜기의 들릴라 이름하는 여인을 사랑하매"

건마다 단번에 성경 말씀으로 배격하셨다. 우리도 모든 유혹에 대하여 여러 말 할 것이 없이 단번에 격퇴하여야 실패를 당하지 않을 것이다. 여기에 들릴라가 네 번이나 조른 것 같이 유혹이라는 것이 한 번만 오는 것이 아니요 몇 번이던지 오는 것을 알아야 한다(창39:10[109]).

2. 그의 타락한 결과

하나님이 떠나심(삿16:20[110])

이는 타락한 사람에게 미치는 첫 번째 결과이니 누구든지 주의 말씀을 순종치 않으면 끝장에 가서는 여호와께서 그에게서 떠나신다. 사울 왕도 택함을 받았지만 그가 순종치 않은 결과로 여호와께서 그를 버리시고 그에게서 떠나셨다(삼상15:23, 16:14[111]). 여호와께서 함께 하심은 모든 평안과 축복의 뿌리이지만 여호와께서 떠나심은 모든 번민과 재앙의 뿌리이다.

눈을 잃어버림(삿16:21[112])

삼손에게서 여호와가 떠나심으로 원수가 와서 곧 그 눈을 뺀 것이다.

---

109 창39:10 "여인이 날마다 요셉에게 청하였으나 요셉이 듣지 아니하여 동침하지 아니할뿐더러 함께 있지도 아니하니라"
110 삿16:20 "들릴라가 이르되 삼손이여 블레셋 사람이 당신에게 들이닥쳤느니라 하니 삼손이 잠을 깨며 이르기를 내가 전과 같이 나가서 몸을 떨치리라 하였으나 여호와께서 이미 자기를 떠나신 줄을 깨닫지 못하였더라"
111 삼상15:23 "이는 거역하는 것은 점치는 죄와 같고 완고한 것은 사신 우상에게 절하는 죄와 같음이라 왕이 여호와의 말씀을 버렸으므로 여호와께서도 왕을 버려 왕이 되지 못하게 하셨나이다 하니" 삼상 16:14 "여호와의 영이 사울에게서 떠나고 여호와께서 부리시는 악령이 그를 번뇌하게 한지라"
112 삿16:21 "블레셋 사람들이 그를 붙잡아 그의 눈을 빼고 끌고 가사에 내려가 놋 줄로 매고 그에게 옥에서 맷돌을 돌리게 하였더라"

사람이 만일 타락하게 되면 그 양심이 곧 불화살을 맞은 것 같아 선악을 분별치 못하며 또한 신앙이 없으니 천국도 보이지 않고 지옥도 보이지 않게 될 것이다. 이는 마귀가 와서 그 양심을 어둡게 하며 믿음을 빼앗아 가는 까닭이다. 또한 영적 통찰력이 없어지니 성경을 보아도 진리를 드러낼 수가 없고 사람의 영혼을 대할지라도 그 신앙상태를 잘 살펴 알지 못하게 되는 것이다. 그러면 이 눈은 곧 우리의 양심, 신앙, 영적 통찰력으로 생각할 것이니 마귀가 이것을 주목하고 뺏고자 힘쓰니 우리는 경성하여 성령을 근심하게 말아야 한다.

결박당함

감옥에 갇힘(삿16:21[113])

원수가 와서 곧 삼손을 결박하여 감옥에 가둔 것이다. 이와 같이 타락한 사람은 곧 마귀에게 결박되어 신령한 자유를 잃어버리게 되어 죄를 범하는 사람은 다 죄의 종이 될 수 밖에 없는 것이다(요8:34[114])

고역(苦役)함(출16:21[115])

원수가 와서 삼손이 맷돌을 가는 고역을 시켰다. 아! 영웅의 말로가 참으로 비참하다. 누구든지 타락하면 곧 마귀에게 종이 되어 그가 시키는 대로 괴로워도 할 수 밖에 없는 것이다. 술을 먹기 싫은데 먹을 수 밖

---

113 삿16:21 "블레셋 사람들이 그를 붙잡아 그의 눈을 빼고 끌고 가사에 내려가 놋 줄로 매고 그에게 옥에서 맷돌을 돌리게 하였더라"
114 요8:34 "예수께서 대답하시되 진실로 진실로 너희에게 이르노니 죄를 범하는 자마다 죄의 종이라"
115 출16:21 "무리가 아침마다 각 사람은 먹을 만큼만 거두었고 햇볕이 뜨겁게 쬐면 그것이 스러졌더라"

에 없으며 다투는 것이 옳지 못한 줄 아는데 다툴 수 밖에 없으며 번민과 고통은 없었으면 좋겠는데 없어지지 않으니 이거야 참으로 고역이 아닐까?(삼상16:14[116]).

희롱거리가 됨(삿16:25[117])

원수가 삼손을 희롱거리로 삼았다. 누구든지 타락한 사람은 마치 정신병자가 거리에서 아이들에게 놀림을 받는 것 같이 자유하는 자기 정신은 없고 다만 마귀가 시키는대로 하는 것이다.

결론

이제 우리는 그의 비장한 최후를 보자.

그가 최후로 주께 간구하여 그 힘을 회복하여 집을 무너뜨려 그 죽을 때에 죽인 사람이 살았을 때에 죽인 사람보다 더 많게 되었다(삿16:28-30[118]). 중년의 실수는 있었으나 회개와 큰 봉사를 이룬 최후를 보라.

---

116 삼상16:14 "여호와의 영이 사울에게서 떠나고 여호와께서 부리시는 악령이 그를 번뇌하게 한 지라"

117 삿16:25 "그들의 마음이 즐거울 때에 이르되 삼손을 불러다가 우리를 위하여 재주를 부리게 하자 하고 옥에서 삼손을 불러내매 삼손이 그들을 위하여 재주를 부리니라 그들이 삼손을 두 기둥 사이에 세웠더니"

118 삿16:28-30 "28 삼손이 여호와께 부르짖어 이르되 주 여호와여 구하옵나니 나를 생각하옵소서 하나님이여 구하옵나니 이번만 나를 강하게 하사 나의 두 눈을 뺀 블레셋 사람에게 원수를 단번에 갚게 하옵소서 하고 29 삼손이 집을 버틴 두 기둥 가운데 하나는 왼손으로 하나는 오른손으로 껴 의지하고 30 삼손이 이르되 블레셋 사람과 함께 죽기를 원하노라 하고 힘을 다하여 몸을 굽히매 그 집이 곧 무너져 그 안에 있는 모든 방백들과 온 백성에게 덮이니 삼손이 죽을 때에 죽인 자가 살았을 때에 죽인 자보다 더욱 많았더라"

20.
신학교 창시자 사무엘

사무엘은 레위의 후손이며, 그 이름 "사무"는 수리아 말로 아들이라는 뜻이며 "엘"은 히브리말로 하나님이라는 뜻이다. 돌아보건대 이스라엘이 가나안 정착 후 300년간은 온전히 신정(神政)정치인데 하나님께서 사사를 세워 대신 치리하셨으니 이 사무엘은 신정시대의 마지막 사사인 동시에 군주정치의 창립자이며 또한 왕국시대의 최초 선지자였다. 그는 믿음의 어머니 한나를 통해 어렸을 때부터 성전에 헌신되었다. 그가 이스라엘의 종교와 정치를 이끌어가는 지도자로서 선지학교를 세우고 신학교육을 실행했으며 군사적으로는 블레셋 등 적국을 방어했으며 정치적으로는 사울과 다윗 등을 세우는 왕정시대의 산파역을 감당했으니 그의 사업은 실로 놀라운 것이다.

그가 이같이 민족을 위해 진력하게 된 것은 그 어머니의 유방으로부터 흘러나오는 독실한 신앙이 그 원동력이라 하겠다. 히브리인의 독특한 신앙교육은 실로 우리가 모범으로 삼아야할 일이며, 어린이들은 아버지의 감화보다 어머니의 감화가 직접 더 큰 것이니, 어머니의 책임은 실로 중대한 것인즉, 이에 의하여 자녀교육의 필요는 더 논란한 여지도 없는 것이다. 서양 격언에 "영웅은 어진 어머니로부터 난다"는 말이 어찌 진리가 아닐까? 미국의 2대 대통령 존 아담스는 상원의원 시절에 의회 개회 중 숙소에서 머물 때 매일 밤 동료의원 앞에서 "하늘에 계신 우리 아버지여"하며 기도할 때에 그 동료들은 이를 이상하게 여겼다. 그때에 그는 대답하기를 "이것은 나의 어머니가 나에게 가르쳐 주신 것이니 잊을 수 없다"고 말했다. 과연 그러하다. 우리가 모든 좋은 습관을 어릴 때부터 가지면 어른이 된 후에 그것이 곧 나의 인격이 되는 것이다.

그의 건국의 방침을 보라. 백성의 요구에 의하여 왕을 세울 때 사울을 택하고 이에 왕궁의 대헌법을 선언하였다.그 강령을 들어보건대 "여호와께서 왕을 세워 너희를 다스리게 하신지라 만일 너희가 여호와를 경외하여 섬기며 그 말을 듣고 거스르지 아니하고 너희를 다스리는 왕이 너희의 하나님 여호와를 순종하는 자가 되면 좋으려니와 …"(삼상 12:13-15) 그 성령은 곧 여호와로 보배를 삼을 일을 말하였다. 국가의 안전은 병력에 있음도 아니요 재력에 있음도 아니요 인물에 있음도 아니라 다만 여호와 하나님이 함께 하심만 큰 보배가 되는 것이다(시33:12[119], 36:6[120]). 이는 사무엘이 나랏일을 돕고 백성을 편안하게 하려는 현안이었다. 그는 실로 성결한 사람이었다. 왕국 선언일에 그는 백성들 앞에서 자기를 들어내며 말하기를 "내가 누구의 소나 나귀를 빼앗았으며 누구를 압제를 하였으며 내 눈 가리는 뇌물을 누구의 손에서 받았느뇨

---

119 시33:12 "여호와를 자기 하나님으로 삼은 나라 곧 하나님의 기업으로 선택된 백성은 복이 있도다"
120 시36:6 "주의 공의는 하나님의 산들과 같고 주의 심판은 큰 바다와 같으니이다 여호와여 주는 사람과 짐승을 구하여 주시나이다"

…"할 때에 백성들이 대답하기를 "당신이 우리를 속이지도 아니하시고 누구의 손에서 받은 것도 없었나이다"라고 하였다(삼상12:3-4). 무릇 정치가나 교육가나 종교가가 다 이같이 성결함이 있어야 되겠다. 근세 정치계의 현상을 보면 뇌물을 받거나 패거리 행동, 청탁 등 별별 추태가 날로 발견되는 것이다. 이같은 탐관오리가 많게 되는 것은 그 나라가 멸망에 들어가는 큰 징조라 하겠다. 이러므로 정치가는 이같은 청빈에 거한 사무엘에게서 배워야 되겠다.

교역자들도 이에 대하여 배워야 되겠다. 어느 교역자는 어느 교회에서 몇 년간 사역하다가 다른 교회로 옮겨가게 되었는데 그 교회에서 그다지 큰 기념품을 주지 못하였다. 그 교역자는 늘 그 교회에 대하여 불평을 말하며 늘 배앓는 소리를 하였다. 이는 곧 토색의 정신이니 그 마음에 불결한 것이 있는 것이다. 바울 사도가 에베소에서 전도하는 중에 "내가 아무의 은이나 금이나 의복을 탐하지 아니하였고"(행20:33)고 한 말씀을 배우라. 우리의 성결이 이에서 나타나야 하겠다. 자기의 이익을 위하여 그 마음과 눈이 먼저 앞서는 사람은 크게 주의하여 깨끗함을 받지 아니하면 결국에는 위선자가 되고 말 것이다.

21.
이스라엘의 첫 번째 왕 사울

    사울은 이스라엘의 첫 번째 왕이다. 이스라엘 백성이 가나안 정착 후 사방의 적국으로 인하여 전쟁이 멈춘 적이 없었던 것이다. 그래서 백성들은 이방과의 외교가 번번해짐에 따라서 이방의 왕정정치 제도를 수입하게 되었다. 여기에서 이스라엘 백성은 여호와의 거룩한 손을 떠나는 첫 걸음을 시작한 것이다. 여호와께서 직접 다스리시는 일을 거절하고 이방 국가들과 같이 왕을 세우는 일은 하나의 인본주의이며 제도와 조직을 의뢰함이니 이것이 즉 속화이며 타락인 것이다. 오늘의 교회 안에서도 모든 일에 직접 성령의 인도에 따라 행하는 일은 줄어들고 실력 있는 교역자를 구하는 일이 많으니 이것이 즉 교회가 축복을 떠나는 첫 단계가 되는 것이 아닐까? 사무엘 선지자는 그 백성들의 왕을 구한 일이 여호와 앞에 큰 죄악인 것을 말했다(삼상12:17[121]). 여호와가 왕이신데

어찌 사람으로 왕을 삼는 것이 완전한 경륜이 되겠는가? 이에 선지자 사무엘은 백성들의 요구에 따라 사울이라는 사람을 택하여 왕으로 세웠으니 그의 인격에 대하여 살펴보건대 실로 비범한 일이 많았다.

그의 효심

그가 한번은 아버지의 명을 받아 잃어버린 나귀를 찾으러 들에 나갔다가 여러 날이 되었으므로 그 종에게 말하기를 우리가 돌아가자 아버지께서 나귀는 고사하고 우리를 위하여 근심하시겠다(삼9;5)한 것을 보면 이는 실로 효심의 싹일 것이다. "충신필구어효자지문"[122]이라는 말과 같이 장차 나라를 다스릴 큰 인물을 이러한 평범한 일에서 그 싹을 볼 것이다. 혹 천박한 사람들은 생각하기를 기독교는 불효의 종교라 비난한다. 이는 조상에 제사하지 않는 측면만 보고 말하는 완고한 사상일 뿐이다. 모세의 십계는 천륜에 관한 것과 인륜에 관한 것을 대강령으로 되었는데 인륜의 6계명 중에 "네 부모를 공경하라"함이 첫 번째로 기록된 것을 봐도 성경이 효에 대하여 얼마나 치중한 것을 알 것이다. 그러므로 일반 그리스도인들은 부모에게 극히 순종하고 봉양하여 우리를 비평하는 사람들로 하여금 부끄럽게 할 것이다.

그의 겸손

처음에 사무엘이 사울을 만났을 때에 "이스라엘의 사모하는 자가 너와 네 집이라 한즉 그는 대답하기를 베냐민 지파 중에 내 집이 가장 적

---

122   忠臣必求於孝子之間, 충신을 구하려면 반드시 효자 문중에서 골라야 한다.

지 아니하니 어찌하여 내게 이렇게 말씀을 하시나이까"(삼상9:21[123])하였으며 그가 추첨당하여 왕으로 당선되던 날에 아주 겸손함으로 집 안에 숨어 나오지 않은 것을 보면(삼10:22[124]) 그는 아주 겸손한 사람이었던 것이다. 모든 사람은 각각 자기를 드러내고자 일하며 꾀하며 교만하되 그는 이같이 자기를 숨기었으니 가히 "교만한 자를 물리치고 겸손한 자에게 은혜를 주시는 하나님의 법도에 합당한 인격자라 하겠다. 후세에 주의 종 세례 요한에게도 이러한 겸손이 있었으니(요3:30[125]) 겸손한 것이 곧 존귀와 영광이 되는 일을 깨달을 것이다.

그의 관대

그가 왕으로 당선되는 날에 일부의 불법자들이 그를 비난하며 멸시하여 예물도 드리지 아니하였으되 그는 이것을 모르는 체 한 것을 보면(삼상10:27[126]) 그의 태도가 관대한 것을 알 수 있으며 사명의 확신 아래 조금도 요동하지 않았다. 우리의 신변에도 이러한 일이 생길지라도 사울의 관대함을 보고 배울 것이다.

그의 선전

삼상 11장을 읽어보면 그가 암몬 사람을 격파한 적이 있으니 과연 그가 용감한 전사였던 것이다. 우리도 신앙의 선한 싸움에는 조금도 양보

---

123 삼상9:21 "사울이 대답하여 이르되 나는 이스라엘 지파의 가장 작은 지파 베냐민 사람이 아니니이까 또 나의 가족은 베냐민 지파 모든 가족 중에 가장 미약하지 아니하니이까 당신이 어찌하여 내게 이같이 말씀하시나이까 하니"
124 삼상10:22 "그러므로 그들이 또 여호와께 묻되 그 사람이 여기 왔나이까 여호와께서 대답하시되 그가 짐보따리들 사이에 숨었느니라 하셨더라"
125 요3:30 "그는 흥하여야 하겠고 나는 쇠하여야 하리라 하니라"
126 삼상10:27 "어떤 불량배는 이르되 이 사람이 어떻게 우리를 구원하겠느냐 하고 멸시하며 예물을 바치지 아니하였으나 그는 잠잠하였더라"

하지 말아야 할 것이다. 그러나 그의 마지막은 참으로 비참하게 되었다. 그가 주께 버림을 받은 일을 보아서 우리도 항상 자기를 쳐서 복종케 하여야 할 것이니 우리가 남을 가르친 후에 자기가 도리어 버림이 될까 두려워한다(고전9:27[127] 참조).

1. 버리움의 원인

지위를 지키지 않음(삼상13:9[128])

그가 길갈에서 사무엘이 오기를 기다리다가 오지 않으니 자기가 번제를 진행했으니(12장-13장) 이는 즉 제사의 직권을 빼앗는 망령된 일인 것이다. 사울은 왕일뿐이지 제사장을 겸임하는 것은 아니었다. 이러므로 사무엘이 크게 책망한 후에 주께서 "너는 버린다"고 선고하신 것이다. 처음에 천사의 타락도 하나님과 동등되고자 하는데서 시작되었으며 인류의 시조 아담과 하와의 타락도 하나님과 지식이 동등되고자 하는데서 되었으니 우리는 자기의 지위만 잘 지키고 남의 권한에 침범하지 말아야 한다.

---

127 고전9:27 "내가 내 몸을 쳐 복종하게 함은 내가 남에게 전파한 후에 자신이 도리어 버림을 당할까 두려워함이로다"
128 삼상13:9 "사울이 이르되 번제와 화목제물을 이리로 가져오라 하여 번제를 드렸더니"

불순종(삼상15:3[129], 9[130], 22[131])

사울이 아말렉과 전쟁할 때에 주의 명령대로 아말렉의 모든 것을 진멸하지 않고 소와 양 등의 좋은 것은 남겨가지고 돌아왔다. 이 일이 또한 그가 버림을 받은 둘째 원인인 것이다. 과연 순종하는 자라야 복을 받을 것은 주님이 정하신 법이다. 우리도 모든 일에 주의 음성을 따라 순종할 것이니 순종하는 사람에게 성령을 주신다(행5:32[132]).

2. 버리움의 결과

번민이 생김(삼상16:14[133])

번민은 죄악의 결과이니 배교자의 받을 상급이다. 오늘에 혹 교역에 헌신했다가 세상의 허영을 꿈꾸고 그리스도의 멍에를 벗어나 활동하는 사람들이 무수한 번민과 고통을 당하고 있는 사람이 많은 것이다.

심사가 약하여짐(삼상18:8-9[134])

그가 자기의 몸종인 다윗이 승리한다는 소식을 들을 때에 속이 상

---

129   삼상15:3 "지금 가서 아말렉을 쳐서 그들의 모든 소유를 남기지 말고 진멸하되 남녀와 소아와 젖 먹는 아이와 우양과 낙타와 나귀를 죽이라 하셨나이다 하니"
130   삼상15:9 "사울과 백성이 아각과 그의 양과 소의 가장 좋은 것 또는 기름진 것과 어린 양과 모든 좋은 것을 남기고 진멸하기를 즐겨 아니하고 가치 없고 하찮은 것은 진멸하니라"
131   삼상15:22 "사무엘이 이르되 여호와께서 번제와 다른 제사를 그의 목소리를 청종하는 것을 좋아하심 같이 좋아하시겠나이까 순종이 제사 보다 낫고 듣는 것이 숫양의 기름보다 나으니"
132   행5:32 "우리는 이 일에 증인이요 하나님이 자기에게 순종하는 사람들에게 주신 성령도 그러하니라 하더라"
133   삼상16:14 "여호와의 영이 사울에게서 떠나고 여호와께서 부리시는 악령이 그를 번뇌하게 한지라"
134   삼상18:8-9 "8 사울이 그 말에 불쾌하여 심히 노하여 이르되 다윗에게는 만만을 돌리고 내게는 천천만 돌리니 그가 더 얻을 것이 나라 말고 무엇이냐 하고 9 그 날 후로 사울이 다윗을 주목하였더라"

해 다윗을 죽이려고 했다. 이전에 관대하고 겸손하던 사울과 비교하건대 그 선악이 현격하게 다르다. 배교자가 전보다 더 악해지는 일은 주께서 이미 말씀하셨는데 즉 일곱 귀신이 그 마음에 들어간 것과 같다(마 12:45[135]).

지위를 잃어버림(삼상16:1[136])

주께서 그를 버려서 왕노릇을 하지 못하게 하셨으니 인류는 다 타락의 결과로 만물을 주관할 지위를 잃어버리고 도리어 만물에 구속을 받게 되었다. 산중에 맹수의 위험을 느끼며 들에서 거닐게 되면 뱀이 물까 의심하게 되는 것이다.

자살함(삼상31:1-5[137])

그가 여호와께 버림을 받은 후 천하의 대세는 다 다윗에게 돌아가게 되었다. 그는 이 대세를 만회해보려고 애쓰고 힘쓰다가 마지막에 길보아 산에서 자살하여 죽었으니 참으로 영웅의 말로가 비참하며 타락자의 마지막이 위태롭다. 자살은 즉 인생의 패자의 말로이다. 오늘의 신

---

135 마12:45 "이에 가서 저보다 더 악한 귀신 일곱을 데리고 들어가서 거하니 그 사람의 나중 형편이 전보다 더욱 심하게 되느니라 이 악한 세대가 또한 이렇게 되리라"
136 삼상16:1 "여호와께서 사무엘에게 이르시되 내가 이미 사울을 버려 이스라엘 왕이 되지 못하게 하였거늘 네가 그를 위하여 언제까지 슬퍼하겠느냐 너는 뿔에 기름을 채워 가지고 가라 내가 너를 베들레헴 사람 이새에게로 보내리니 이는 내가 그의 아들 중에서 한 왕을 보았느니라 하시는지라"
137 삼상31:1-5 "1 블레셋 사람들이 이스라엘을 치매 이스라엘 사람들이 블레셋 사람들 앞에서 도망하여 길보아 산에서 엎드려 죽으니라 2 블레셋 사람들이 사울과 그의 아들들을 추격하여 사울의 아들 요나단과 아비나답과 말기수아를 죽이니라 3 사울이 패전하매 활 쏘는 자가 따라잡으니 사울이 그 활 쏘는 자에게 중상을 입은지라 4 그가 무기를 든 자에게 이르되 네 칼을 빼어 그것으로 나를 찌르라 할례 받지 않은 자들이 와서 나를 찌르고 모욕할까 두려워하노라 하나 무기를 든 자가 심히 두려워하여 감히 행하지 아니하는지라 이에 사울이 자기의 칼을 뽑아서 그 위에 엎드러지매 5 무기를 든 자가 사울이 죽음을 보고 자기도 자기 칼 위에 엎드러져 그와 함께 죽으니라"

문지상에 보면 여러 가지 자살이 나타나니 이는 다 실패자의 말로이다. 거룩한 기름부음을 받은 왕자의 신세로 자살하는 것이 얼마나 통탄할 일인가? 이러므로 우리에게는 지위도 떠나고 세력도 떠나되 오직 여호와께서만 떠나지 아니해야 행복이 되는 것이다. 이른바 기독교 신자들 중에서도 자살하는 사람이 있으니 이런 사람들은 다 그 양심의 심판을 견디지 못하여 그렇게 되었으니 참으로 가슴 아픈 일이다.

결론

사울의 모든 방면에 두가지의 큰 교훈이 있으니 하나는 사울이 힘이 약한 지파의 사람으로 여호와께 선택을 받아 한 나라를 통치하는 왕위에 올랐으니 주께서 사람 쓰심이 이러하다. 세상이 약하다 하는 자로 강한 자를 부끄럽게 하신다(고전1:27[138]). 둘째는 그의 말로를 주의할 것이니 그에게 지위와 성공이 돌아갈 때에 그에게는 교만한 마음이 생겼음이다. 우리는 언제든지 그 마음이 겸허함에 처해야 하겠다. "의를 따르며 여호와를 찾아 구하는 너희는 내게 들을지어다 너희를 떠낸 반석과 너희를 파낸 우묵한 구덩이를 생각하여 보라"(사51:1)

---

[138] 고전1:27 "그러나 하나님께서 세상의 미련한 것들을 택하사 지혜 있는 자들을 부끄럽게 하려 하시고 세상의 약한 것들을 택하사 강한 것들을 부끄럽게 하려 하시며

22.
다윗

목동에서 제왕으로

○ **연대 기원전 1090년 출생**

1077년 기름부으심

1063년 유대왕 즉위

1055년 이스라엘 왕 즉위

1023년 별세

○ **삼상 16장–왕상 2장을 통독하라**

사울이 타락한 후에 후계자에 대한 하나님의 명령이 이새의 집안에 임하게 되었다. 사무엘이 왕이 될 사람을 택하려 베들레헴 이새의 집에 방문하였다. 이 때에 이새에게는 여덟 명의 아들들이 있었다. 이에 인격이 준수한 일곱 명에게서 벗어나 막내 아들 다윗에게 하나님의 명령이 임했다.

1. 그의 목동시대

그는 어릴 때부터 고대 히브리인의 독특한 종교인 유일신교 신앙이 깊었다. 그리하여 그는 여덟 형제 중 막내 아들로 목동으로 매일 베들레헴 산야를 누볐지만 결코 무심한 사람이 아니었다. 위로는 해와 달과 별들을 보며 아래로는 산천초목을 볼 때에 자연의 위대함이 실로 하나님의 영광을 나타냄을 알았다. 그리하여 어떤 때에 시를 짓기를 "하늘은 하나님의 영광을 드러내고 궁창은 그 손으로 지으신 것을 나타내어 보이도다"(시19:1) 하며 천연미를 읊는 낙천적인 생애를 보낸 것이다. 이로 말미암아 그의 신앙은 더욱 더 확실해지며 일정한 방향으로 나갔을 것이다. 그는 양을 먹이고 인도하던 일이 나중에 이스라엘 백성을 인도하는 준비가 되었다. 위대한 자연계의 현상은 유신론의 최고의 읽을거리이다. 바울도 말하기를 "그가 만드신 만물에 분명히 보여 알려졌나니 그러므로 그들이 핑계하지 못할지니라"(롬1:20) 하였다.

2. 그의 출세

사울이 여호와께 버림을 받게 될 때에 다윗은 벌써 후계자로 기름부음을 받게 되었다. 이 때에 사울에게 여호와가 보내신 악귀가 와서 심히 번뇌케 하였다. 이것을 보면 인생의 모든 번뇌는 다 악의 짓이며 타락의 결과라 할 수 있다. 사울이 번민을 진정케 하려고 악사를 부르게 되었다. 이 때 다윗은 거문고 선수였는데 드디어 궁중에 소개되어 사울왕의 앞에 나가게 되었으니 이것은 다윗이 출세하게 된 첫 걸음이다. 요셉의 출세는 해몽의 지혜 때문이었으며 다윗의 출세는 거문고 타는

재주로 되었다. 우리의 장점을 주께 바치는 것이 천재의 장점을 본받는 것보다 낫다. 인격의 양성은 각각 재능을 발휘하는데 있으니 우리를 만드신 주께 나가면 우리의 재능을 발견할 것이다. 다윗은 이 때에 무기를 관리하는 직분까지 받았다. 다윗이 한번 연주할 때에 그 청아한 곡조는 실로 신과 인간이 어울려 사울의 모든 번뇌는 사라져 버렸다. 우리에게서 성령으로 인한 심령의 거문고는 죄로 번뇌하는 모든 사람에게 큰 소망이 될 수 있다면 얼마나 좋을까?(삼상 16장)

3. 그의 첫 번째 영적전쟁

그는 실로 신앙에 있어서는 사납고 날랜 장수와 같았다. 당시 이스라엘과 블레셋의 전쟁이 있었는데 블레셋에는 골리앗이라는 대장이 있었다. 키는 바느질 자로 6척 한 뼘이고 머리에는 청동 투구, 몸에는 물고기 비늘 모양의 갑옷, 그 갑옷의 무게가 110여근, 청동 방패, 10여근 되는 창, 이러한 것들로 무장한 대장의 위풍에 이스라엘 군사는 다 도망쳐 버렸다. 이때에 다윗은 아직 어린 소년으로 전쟁터에 그 형들을 방문하러 왔다가 이 광경을 본 것이다. 다윗이 한 번 결투할 마음으로 상황을 물어본 즉 그 맏형 엘리압이 책망하여 주제넘은 말을 하지 말라고 했다. 그러나 다윗은 오직 영생하신 여호와를 믿는 믿음으로 이 사람을 이길 줄 알고 물어본 것이다. 과연 하나님께서도 "세상의 미련한 것들을 택하사 지혜 있는 자들을 부끄럽게 하려 하시고 세상의 약한 것들을 택하사 강한 것들을 부끄럽게" 하신다(고전1:27).

이렇듯 교회의 기초는 세상에서 어리석고 보잘 것 없는 어부들과 세리 등으로 세우시고 지금까지 파죽시세로 세계를 점령하기에 이른 것이다. 골리앗은 사람 보기에는 강한 듯하나 하나님이 보시기에는 약한 사람이며, 다윗은 사람 보기에는 약한 듯 하나 하나님에 보시기에는 강한 사람이다. 다윗이 출전하겠다는 말을 사울 왕이 듣고 이에 다윗을 불러 물어보니 그는 대담한 신앙으로 대답했다. 왕이 이에 다윗을 나가 싸우라 명한 것이다. 사울이 자기의 군복을 다윗에게 입히고 청동 투구를 머리에 씌우고 갑옷을 입혔는데 다윗이 이러한 복장을 하고 가려다가 그 옷에 익숙치 않아 매우 거북해 벗어 버리고 평소대로 손에 지팡이를 가지고 시냇가에서 물맷돌 다섯 개를 골라 양을 칠 때 쓰던 주머니에 넣으니 이것이 곧 그의 행장이다. 다윗의 솔직함이 이에 나타난다. 조금도 꾸밈이 없이 다만 자기가 가졌던 대로 그리고 익숙한 대로 나간 것이다. 어떤 사람은 자기에게 없는 것을 다른 사람에게서 배워서 설교하거나 남을 가르치는 일이 있으니 이것은 곧 사울의 갑옷을 입은 것과 같다. 예를 들어 말하면 지질학에 소양이 없는 사람이 남의 학설을 조금 참고해가지고 "지질학과 창세기"라는 제목으로 설교하면 이것은 곧 그 사람에게 맞지 않는 거북한 사울의 갑옷인 것이다. 우리가 설교나 전도할 때에 듣기 좋은 말과 학문으로 꾸미려 하지 말고 솔직하게 성경 그대로 전하여 듣는 사람으로 하나님의 말씀에 영감을 얻도록 해야 한다. 예수님의 설교는 솔직한 것이 특색이다. 어떤 사람은 설교할 때에 "백두산이 높이 솟고 한강 물이 유유히 흘러가니..."와 같은 수사기법 위주로만 사용하는 사람도 있다. 이는 다 겉치레로만 빠지는 경향이므로 다윗과 같이 자기의 가진 체험으로 설교하기를 바란다. 이러한 설교는 솔직하고 사람의 마음을 움직일 것이다. 기도와 성령에 익숙한 사람은 그것이 곧 그 사람에게 큰 투구인 것이다. 그러나 이러한 투구를 갖지 못한 사람은 사울의 갑옷과 같은 다른 사람의 학설이 수사기법에 의하여 설교를 하니 그 결국은 허공을 치는 것과 같은 실패로 돌아갈 것이다. 이제 다윗은 그 보기에 변변치 못한 행장으로 나가 그 대장을 대하니 완전무장한 대장 골리앗이 말하기를 "네가 나를 개로 여겨 지팡이를 가지고 내게 나왔느냐?"하며 무시하는 말을 했다. "또 이르기를 내게로 오라 내가 네 고기를 공중의 새와 들짐승에게 주리라"하였다. 이에 다윗의 대답을 보라. "너는 칼과 창과 방패로 내게 왔으나 나는 만유의 여호와의 이름으로 나왔으니 곧 네가 능욕하는 이스라엘 군대의 하나님이시라" 여기에서 다윗의 대담한 신앙이 나타나고 있다.

만유의 여호와의 이름

이 이름은 모든 승리의 원동력이 된다. 우리가 이 이름만 가지면 죄와 악마와 세상을 이기기에 쉬우리라. 베드로도 "은과 금은 내게 없거니와 내게 있는 것 즉 나사렛 예수의 이름으로 걸으라"할 때에 앉은뱅이가 일어나 걷게 되었다. 그러면 우리에게 금전, 명예, 학문 여러 가지 형식을 갖출만한 것이 없을지라도 오직 예수의 이름만 있으면 언제든지 승리의 생애를 보낼 것이다. 이에 다윗이 주머니를 더듬어 돌을 꺼내어 물매로 던지니 골리앗의 이마에 맞아 곧 엎어졌다. 이는 곧 다윗의 신앙대로 된 것이니 "여호와께서 사람을 구원하심이 칼과 창으로 하심이 아닌 줄"을 모든 사람에게 알게 하셨다. 과연 세상을 이길 자가 누구인가? 예수 그리스도를 하나님의 아들로 믿는 자가 아닌가? 무릇 하나님께로 난 자마다 세상을 이기나니 세상을 이기는 것은 곧 우리들의 믿음인 것이다(요일5:4,5[139]). 이 골리앗은 악마의 그림자이니 악마가 아

---

139 요일5:4-5 "4 무릇 하나님께로부터 난 자마다 세상을 이기느니라 세상을 이기는 승리는 이것

무리 위엄있는 모양으로 우리를 위협하며 삼키고자해도 신앙으로 사는 우리에게는 "세상 보다 더 큰 것이 있다"(요일4:4[140]). 신앙을 가진 다윗이 보기에 골리앗이 개와 같이 보였을 것이다. 우리를 대적할 자가 누구인가? 우리는 오직 만유의 주 여호와와 예수님의 이름으로 세상과 죄악과 마귀를 쳐서 이기고도 남음이 있을 것이다(롬8:37[141]).

4. 다윗의 성공과 사울의 시기

다윗이 블레셋 대장 골리앗을 한 방에 쓰러뜨렸다는 승리의 소식이 이스라엘 전체에 전파가 되었다. 다윗이 개선의 길을 갈 때 모여든 모든 사람들이 노래를 부르니 사울은 수천명을 죽이고 다윗은 수만명을 죽였다 하여 사울 왕 보다 다윗의 공을 더 칭송하게 되었다. 이에 사울의 마음에는 국가의 위기를 만회할 충신을 얻었다는 감사가 없고 도리어 시기하는 마음이 생긴 것이다. 이로부터 다윗을 죽일 기회만 찾았으니 다윗의 생애에 크고 작은 물결이 이에서부터 시작한 것이다. 예로부터 인격과 재능이 남보다 뛰어난 사람은 그 성공의 길에 반드시 시기를 받는 것이다. 저 다니엘도 작은 나라의 포로로서 대제국의 재상의 자리에 올라갈 때에 사자굴에 던져졌으며 아벨은 그 신앙이 형보다 더 뛰어나 그 드리는 제사가 여호와께 드려지게됨을 볼 때에 형의 시기를 받아 죽임을 당했으며, 요셉은 정직한 소년이었으므로 그 아버지께 가장 사

이니 우리의 믿음이니라 5 예수께서 하나님의 아들이심을 믿는 자가 아니면 세상을 이기는 자가 누구냐"

140 요일4:4 "자녀들아 너희는 하나님께 속하였고 또 그들을 이기었나니 이는 너희 안에 계신 이가 세상에 있는 자보다 크심이라"

141 롬8:37 "그러나 이 모든 일에 우리를 사랑하시는 이로 말미암아 우리가 넉넉히 이기느니라"

랑을 받았다. 그러므로 그 형들의 투기함을 받아 애굽으로 팔려가기 까지 하였다. 예로부터 정치계의 역사를 돌아보면 그 지위와 권세 다툼으로 서로 살벌하게 음모를 꾸민 일들을 하나씩 열거하기가 어려울 정도이다. 우리가 친구들의 성공을 볼 때에 진정한 마음으로 축하하는 마음이 있는가? 각각 반성할 문제이다. 혹 교계에서 어떤 사람은 같은 신학교에서 졸업하고 서로 교역하는 중에 한 형제의 사역이 축복을 받아 성공함으로 모든 사람이 그 형제를 칭송하게 되는 것이다. 그리하여 지위와 명예는 다 그 형제에게 돌리게 된다. 그런즉 어제는 친구였지만 지금으로는 원수와 같이 투기하는 것이다. 노골적으로 나타나지 않아도 마음속으로 몰래 시기와 질투의 마음을 가지고 지내는 일이 있는 것이다. 이는 다 사울의 마음과 같은 것이다. 하나님의 사랑이 그 속에 없는 것이다. 다윗은 이때부터 역경과 고투를 겪게 되었다. 사울의 추격을 피해 산과 들에서 바람을 맞으면서 노숙한 일도 한 두 번이 아니었던 것이다. 앞으로 이스라엘 제국을 통치할 중임을 맡기려 하시는 하나님께서 어찌 다윗으로 순조로운 환경으로 쉽게 가게만 하실 것인가? 그러므로 모든 환난, 곤고, 위험, 기근, 적신 등 역경은 영웅을 만들어내는 큰 풀무인 것이다. 이러한 고난의 학교를 졸업하지 아니하면 하나님이 원하시는 대사명을 받을 수 없는 것이다. "시험을 참는 자는 복이 있나니 이는 시련을 견디어 낸 자가 주께서 자기를 사랑하는 자들에게 약속하신 생명의 면류관을 얻을 것이기 때문이라"(약1:12) 다윗이 사울로 인하여 여러번 죽을 뻔 하였지만 그런 중에서도 친구 요나단을 얻었으므로 그 생명을 지킬 수 있었던 것이다. 요나단은 참으로 얻기 어려운 귀한 친구이다. 그는 자기의 아버지에게 원수되는 사람을 사랑했으니 큰 사랑이며 또한 다윗을 사랑하되 자기의 생명과 같이 사랑한 것이다. 세상에는 죽마고우, 동기동창의 친구 등 여러방면의 친구가 많다 할지라도 참된 친구를 얻기는 극히 어려운 것이다. 사나이의 성공이 그 친구들에 의해 좌우됨이 많은 것이다. 옛날 사람의 시에 "百不二三知己友 十常 八九害吾人"(백불이삼지기우 십상팔구해오인)[142]이라 하였다. 우리에게 많은 친구가 있는 것이 큰 영광이 아니오 다만 한 사람이라도 참 친구를 얻기를 원하는 것이다. 우리의 부족한 점을 진심으로 포용하시는 분은 예수뿐이며 우리가 괴로울 때나 슬플 때난 어려울 때에 진정으로 동정하시는 분은 오직 예수 뿐인 것이다. 그는 우리를 구원하시기 위해 자기의 생명을 쏟아버리기까지 하셨다. 이는 참으로 형제보다 나은 친구이다 (잠18:24[143]). 요나단은 평소에 자신의 아버지 사울의 태도가 다윗에게 대해 어떠한 것을 알아내어 다윗으로 하여금 그 어려움을 피하게 하였다.

5. 그의 자유로운 신앙

다윗이 사울의 공격을 피하여 놉땅에 갔었을 때에 매우 시장하여 제사장 아히멜렉에게 청하여 성전의 떡을 먹었으니 이 떡은 율법대로하면 제사장만 먹는 법이다. 그러나 다윗은 구약시대에 속하지만 율법에 속한 율법주의자가 아니고 오직 은혜에 속한 진리의 자유를 가진 신앙인 것이다. 이는 신약시대의 신앙이다. 바리새인들은 자기들의 율법종교를 가지고 예수의 자유로운 신앙을 비평하였다(마12:1-5[144]). 참으로

---

142 백명 중에 친한친구는 두세명이고, 열명 중 팔구명은 해를 끼친다.
143 잠18:24 "많은 친구를 얻는 자는 해를 당하게 되거니와 어떤 친구는 형제보다 친밀하니라"
144 마12:1-5 "1 그 때에 예수께서 안식일에 밀밭 사이로 가실새 제자들이 시장하여 이삭을 잘라 먹으니 2 바리새인들이 보고 예수께 말하되 보시오 당신의 제자들이 안식일에 하지 못할 일을 하나이다 3 예수께서 이르시되 다윗이 자기와 그 함께 한 자들이 시장할 때에 한 일을 읽지 못하였느냐 4 그가 하나님의 전에 들어가서 제사장 외에는 자기나 그 함께 한 자들이 먹어서는

우리 심령에 율법과 조문을 가지고 믿는 것이다. 지금의 천주교나 안식일 교회 같은데서는 복음을 구약의 조문을 가지고 믿는 것이다. 이는 경건의 모양은 있으나 그 능력이 없는 무리들의 일이다. 저 바리새인들은 율법을 변론하기에 천착이 되어 안식일에 낳은 계란을 먹을까 안먹을까 하는 일까지 변론하였다. 이 무리들의 교훈은 신성한 듯 하기는 하나 실상 복음의 진리에서는 천지의 차이가 되었다. 우리는 구약에 있는 다윗의 신앙이 순복음적임을 자세히 살필 것이다.

6. 엔게디 굴 속의 다윗

다윗이 사울을 피하여 엔게디에 있는 동굴에 들어 숨었을 때에 사울이 군사 삼천명을 거느리고 뒤를 따르다가 그 곳 다윗이 숨어 있는 동굴속에 용변을 보러 들어 갔었다. 때에 다윗이 사울을 죽일 수 있는 절호의 기회였던 것이다. 모든 부하들은 빨리 쳐서 때를 놓치지 말라고 했다. 그러나 다윗은 여호와의 기름부음을 받은 사울을 아끼는 마음으로 그 옷단만 잘라내고도 마음에 크게 후회하였다. 이때에 하늘의 시간을 기다리는 다윗은 사울을 죽이지 아니하였으므로 사울은 그 사랑에 크게 감격하여 울면서 다윗에게 자복한 것이다. 다윗의 오래 참는 마음이 여기 나타났으니 과연 경건한 종교심과 너그럽게 참는 도덕성은 참으로 위대한 인물의 도량일 것이다. 이는 원수를 사랑하는 하나님의 사랑이 그 속에 있는 까닭이다. "내 사랑하는 자들이 너희가 친히 원수를 갚

안 되는 진설병을 먹지 아니하였느냐 5 또 안식일에 제사장들이 성전 안에서 안식을 범하여도 죄가 없음을 너희가 율법에서 읽지 못하였느냐"

지 말고 하나님의 진노하심에 맡기라 기록되었으되 원수 갚는 것이 내게 있으니 내가 갚으리라고 주께 말씀하시느니라 … 악에게 지지 말고 선으로 악을 이기라"(롬12:19,21)

7. 하길라산의 다윗

그 후에 다윗이 하길라산에 숨었을 때에 사울이 또 쫓아와서 그 길가에 진을 치고 밤이 깊어 사울과 모든 군사들이 다 졸은 것이다. 이때에 다윗이 그 진중에 잠입하여 사울 머리 곁에 있는 창과 물병을 가지고 맞은편 산꼭대기에 올라가 소리를 친 것이다. 이에 사울이 듣고 깨어 들으니 다윗의 소리인 것이다. 이 기회도 엔게디 굴 속과 같이 사울을 죽이기 좋은 기회였지만 또 관용을 베풀어 사울이 죽지 않은 것이다. 사울이 다시 한번 다윗의 이러한 사랑에 감격하여 다시는 죽이려고 하지 않겠다고 맹세한 것이다. 엔게디와 하길라에서 된 일을 보면 다윗은 과연 국왕에 대하여 끝까지 충성을 다했으며 사울의 마음 속에 있는 죄악의 성질 곧 옛사람의 행위를 볼 수 있다. 신자가 성결을 받기 전에는 아무리 죄를 안짓겠다 맹세할지라도 그 죄의 성질이 기회를 타서 활동할 때에는 조금 전까지도 천사의 모양을 가졌던 사람이 순간적으로 악마의 자식으로 변화하게 되는 것이다. 사울이 다윗에게 대하여 여러번 울면서 용서를 구하고서도 그 후에 또 여전히 다윗을 죽일 기회만 찾은 것이다. 그런까닭에 우리 생애가 이런 실패가 있으면 그 원인을 밖에서 찾지 말고 내 속에 나를 넘어지게 하는 올무가 있는 것을 발견할 것이다. 바울 사도도 그리스도의 구원을 체험하기 전에는 자기의 심령상태를 말하기를 "내가 원하는 선은 행하지 아니하고 도리어 원치 아니하는 것을 행하는도다. 만일 내가 원치 아니하는 것을 행하게 되면 … 오직 내 안에 죄가 행함이라"(롬7:19-20)한 것이다. 어떤 사람은 이 말을 그리스도를 믿은 후의 바울의 생애라 하여 바울도 이러니 우리 신자가 죄에서 완전히 떠날 수 없다고 주장한다. 그러나 이 말씀은 바울의 유대교 시절의 심령상태이다. 그리스도를 믿어 성령을 따르는 우리에게는 율법의 의가 충만하다고 한 것이다(롬8:1-4[145]). 할렐루야

---

145 롬8:1-4 "1 그러므로 이제 그리스도 예수 안에 있는 자에게는 결코 정죄함이 없나니 2 이는 그리스도 예수 안에 있는 생명의 성령의 법이 죄와 사망의 법에서 너를 해방하였음이라 3 율법이 육신으로 말미암아 연약하여 할 수 없는 그것을 하나님은 하시나니 곧 죄로 말미암아 자기 아들을 죄 있는 육신의 모양으로 보내어 육신에 죄를 정하사 4 육신을 따르지 않고 그 영을 따라 행하는 우리에게 율법의 요구가 이루어지게 하려 하심이니라"

23.
친한친구 요나단

대체로 보아서 인간은 사교적 동물이어서 가정에 있어서는 가족끼리 서로 신뢰하고 사회에 나가서는 친구끼리 서로 신뢰하게 되는 것이다. 비록 우리가 가정의 신뢰는 있다할지라도 사회의 신뢰가 없으면 세계가 비록 넓다할지라도 용신할만한 곳이 없으리라. 이러므로 우리가 친구를 얻는 일은 너무나 중요한 일일 것이다. 세상은 죽마고우, 동기 동창의 친구들이 많다할지라도 친한친구는 참으로 얻기 어려울 것이다. 친한친구라하는 것은 많은 사람들 중에서 오직 서로 그 마음 속의 비밀을 알고 있는 친구이니 이러한 친구는 참으로 어려울 것이다. 어떤 사람이 말하기를 진짜 친구가 있고 최고의 친구가 있는데 진짜친구는 언제든지 서로 신뢰하는 친구요, 최고의 친구는 자기의 이해에 따라 우정이 변하는 무리를 말하는 것이 마치 벌이 꽃에 꿀이 있으면 따라오고 꿀이 없으면 물러가는 것과 같은 것을 말하는 것일 것이다. 자기의 요구가 있어서 찾아오는 사람은 곧 최고의 친구이니 이런 사람은 신뢰할 수가 없는 것이다. 옛날 시에 이르기를 "세상 사람들 사귀는 데엔 황금이 필요하여 황금이 많지 않으면 사귐도 깊지 않다네. 설령 그렇게 한다 해도 잠시만 그렇게 지낼 뿐 결국엔 길 가다 만난 남처럼 무심할 뿐이라네."[146]이라고 한 것은 소인배의 교제를 말하는 것이니, 완전 이기적인 마음으로 교제하는 자는 다 최고의 친구들이다. 참으로 믿지 못할지로다. 헤롯과 빌라도는 어제는 원수였지만 예수를 십자가에 못박던 날에 또한 서로 친구가 되었더라(눅23:12[147]). 대체로 소인배의 교제가 이러하니 그 교제가 중심에 있지 않고 명예, 금전, 지위관계에 의하여 친해지는 것이다. 친한친구를 얻기 어려운 시대이다. 엄밀한 의미로 말한다면 우리가 일생동안 한 사람의 친한친구를 발견하였으면 큰 행복이겠으며 일생을 한 사람의 친한친구도 만나지 못한 일도 있을 것이다. 일찍이 그리스 철학자 소크라테스가 조그마한 집 하나를 신축하였는데 어떤 사람이 그에게 말하기를 집이 너무 좁다고했을 때 소크라테스가 대답하기를 '그러나 이 집이라도 다 채울만한 진정한 친구들이 있으면 넉넉하겠다'하였다. 이것은 곧 친한친구를 얻는 것이 최고의 어려움인 것을 암시한 것일 것이다. 과연 그렇다. 금전을 인하여 교제하는 사람은 많되 의리를 위하여 교제하는 사람은 적은 것이며 지위나 명예를 요구하여 교제하는 사람은 많되 믿음의 덕을 위하여 교제하는 사람은 심히 적은 것이니 "손바닥을 위로 향하면 구름이 일고 손바닥을 아래로 향하면 비가 온다"[148]는 말은 정말로 소인배의 교제이다. 어느 시에 이르기를 "백명 중에 친한친구는 두세명이고, 열명 중 팔구명은 해를 끼

---

146 世人交結須黃金, 黃金不多交不深, 縱然然諾暫相許, 終是悠悠行路心 / 당나라 때 장위가 쓴 '장안에서 주인집 벽에 쓰다'라는 시이다.
147 눅23:12 "헤롯과 빌라도가 전에는 원수였으나 당일에 서로 친구가 되니라"
148 翻手云 伏手雨(번수운 복수우), "손바닥 뒤집으면 구름 일고, 다시 뒤집으면 비가 오니 그 가볍고 옅음을 어찌 헤아릴 수 있으리"

치네[149]" 한 말이 어찌 진리가 아닐까?

각설하고 요나단과 다윗의 우정을 보면 이는 세상에서 보기 어려운 것이며 얻기 어려운 친구이로다. 지위나 신분이 같은 처지에서는 사귀기가 쉽지만, 한 나라의 왕자 요나단과 한 사람의 평민인 다윗 사이에 깊은 사귐이 있었다는 것은 실로 감탄할 일이다. 당시 정치적인 분위기로 보아 대세는 다윗에게 있었기 때문에 아버지 사울은 요나단에게 "패역무도한 계집의 소생아 네가 이새의 아들을 택한 것이 네 수치와 네 어미의 벌거벗은 수치 됨을 내가 어찌 알지 못하랴 이새의 아들이 땅에 사는 동안은 너와 네 나라가 든든히 서지 못하리라"(삼상20:30-31)하여 왕의 자리를 염려하였던 것이다. 이로보건대 요나단의 교제는 그 무슨 지위나 영욕에서 떠나서 오직 의리를 위하여 신덕을 위하여 교제한 것이다. 요나단은 곧 우리의 친구되시는(요15:15[150]) 예수 그리스도의 모형인 것이다. 예수 그리스도는 하나님의 아들로서 그의 영광을 다 내어버리시고 세상에 오셔서 우리와 같은 죄인의 친한친구가 되셨도다. 할렐루야. 그는 참으로 우리의 중심을 아시는 친구이시며 우리의 부족한 점을 진정으로 용납하시는 친구시다. 우리는 이러한 친구를 만났으므로 그를 신뢰하며 그와 의논하며 그의 지도를 받아 황막한 세상을 적적치 않게 지나갈 것이다. 그는 참으로 샤론의 들꽃이며 산곡의 백합화이다. 사랑도 그에게 있으며 위로도 그에게 있으며 소망도 그에게 성취될 것이다. 다윗은 이러한 친구를 만남으로 모든 시험과 환난을 다 건너서 왕위의 영광까지 이르렀다. 요나단이 다윗을 위하여 아버지께 중재

---

149 百不二三知己友 十中八九害吾人(백불이삼지기우 십중팔구해오인)
150 요15:15 "이제부터는 너희를 종이라 하지 아니하리니 좋은 주인이 하는 것을 알지 못함이라 너희를 친구라 하였노니 내가 내 아버지께 들은 것을 다 너희에게 알게 하였음이라"

도 했으며 아버지의 의향을 알아서 전달하여 준 것 같이 우리의 주님 예수님께서도 우리를 위하여 하나님께 도고하여주시며 그 거룩하신 뜻을 우리에게 묵시하여 주신다.

또한 요나단이 다윗을 위하여 금식(삼상20:34[151])하였음은 다윗의 생명을 심히 사랑하고 귀하게 여겼음이다. 우리 주님께서도 우리의 영혼을 위하여 40일의 금식을 하셨다(마4:1-2[152]). 지금 이 두 사람의 우정을 생각해보면, (1) 마음이 서로 연락됨(삼상18:1[153]). 이는 진정한 교제이니 그리스도의 마음과 우리의 마음이 서로 연락되어야할 것이다. 하나님은 외모를 보시지 않고 마음을 보시니 우리의 마음을 주님께 드릴 것이며 그의 앞에서 털어놓아야 할 것이다(잠23:26[154], 시62:8[155]). (2) 생명과 같이 사랑함. 예수 그리스도는 우리의 사랑의 초점이요(아5:10[156]), 우리는 그리스도의 사랑으로 생긴 결정체이다(갈2:20). 다윗이 요나단이 죽었다는 소식을 듣고 노래하기를 "내 형 요나단이여 내가 그대를 애통함은 그대는 내게 심히 아름다움이라 그대가 나를 사랑함이 기이하여 여인의 사랑보다 더하였도다"(삼하1:26)라고 하였다. 그리스도는 우리의 생명이며 우리는 곧 그의 생명이다. 사랑의 극치에 생명의 희생이 있다. (3) 언약을 맺음(삼상18:3[157]). 두 사람의 교분에는 모든 세상에 속한 것이 없고 오

---

151 삼20:34 "심히 노하여 식탁에서 떠나고 그 달의 둘째 날에는 먹지 아니하였으니 이는 그의 아버지가 다윗을 욕되게 하였으므로 다윗을 위하여 슬퍼함이었더라"
152 마4:1-2 "1 그 때에 예수께서 성령에게 이끌리어 마귀에게 시험을 받으러 광야로 가사 2 사십 일을 밤낮으로 금식하신 후에 주리신지라"
153 삼상18:1 "다윗이 사울에게 말하기를 마치매 요나단의 마음이 다윗의 마음과 하나가 되어 요나단이 그를 자기 생명 같이 사랑하니라"
154 잠23:26 "내 아들아 네 마음을 내게 주며 네 눈으로 내 길을 즐거워할지어다"
155 시62:8 "백성들아 시시로 그를 의지하고 그의 앞에 마음을 토하라 하나님은 우리의 피난처시로다 (셀라)"
156 아5:10 "내 사랑하는 자는 희고도 붉어 많은 사람 가운데에 뛰어나구나"
157 삼상 18:3 "요나단은 다윗을 자기 생명 같이 사랑하여 더불어 언약을 맺었으며"

직 살아계신 하나님으로 언약을 삼은 것이다(삼상20:23[158]). 주님께서는 우리를 위하여 피흘리심으로 언약을 세우셨다(마26:28[159], 히10:16,17[160]). (4) 두루마기를 벗어줌(삼상18:4[161]). 이는 주님께서 성령으로 우리를 영화롭게 하는 표이니(요16:14[162], 17:22[163]). 구원의 두루마기를 입히셨으며 의의 두루마기를 입히신 것이다(사61:10[164]). 옛날 엘리야가 승천할 때에 엘리사에게 두루마기를 주었으니 이 두루마기는 또한 권능의 표가 되는 것이다. 주님께 승천하심으로 강림하신 성령은 모든 신자에게 권능의 두루마기가 되었다(눅24:49[165]). 우리는 이 권능을 입음으로 능히 서서 악마의 불화살을 방어할 것이며 신앙의 성장에 닥쳐오는 모든 환난과 시험을 능히 배제할 수 있으니 엘리사가 그 두루마기로 요단 강물을 가른 것과 같은 일이다. 바라기는 주님께서 이 권능의 두루마기를 우리에게 입히사 신앙의 선한싸움에서 승리하게 하시기를 아—멘. (5) 칼과 활과 띠를 줌(삼상18:4[166]). 이는 전쟁의 무기이니 주님께서 우리에게 성령

---

158 삼상 20:23 "너와 내가 말한 일에 대하여는 여호와께서 너와 나 사이에 영원토록 계시느니라 하니라"

159 마26:28 "이것은 죄 사함을 얻게 하려고 많은 사람을 위하여 흘리는 바 나의 피 곧 언약의 피니라"

160 히10:16-17 "16 주께서 이르시되 그 날 후로는 그들과 맺을 언약이 이것이라 하시고 내 법을 그들의 마음에 두고 그들의 생각에 기록하리라 하신 후에 17 또 그들의 죄와 그들의 불법을 내가 다시 기억하지 아니하리라 하셨으니"

161 삼18:4 "요나단이 자기가 입었던 겉옷을 벗어 다윗에게 주었고 자기의 군복과 칼과 활과 띠도 그리하였더라"

162 요16:14 "그가 내 영광을 나타내리니 내 것을 가지고 너희에게 알리시겠음이라"

163 요17:22 "내게 주신 영광을 내가 그들에게 주었사오니 이는 우리가 하나가 된 것 같이 그들도 하나가 되게 하려 함이니이다"

164 사61:10 "내가 여호와로 말미암아 크게 기뻐하며 내 영혼이 나의 하나님으로 말미암아 즐거워하리니 이는 그가 구원의 옷을 내게 입히시며 공의의 겉옷을 내게 더하심이 신랑이 사모를 쓰며 신부가 자기 보석으로 단장함 같게 하셨음이라"

165 눅24:49 "볼지어다 내가 내 아버지께서 약속하신 것을 너희에게 보내리니 너희는 위로부터 능력으로 입혀질 때까지 이 성에 머물라 하시니라"

166 삼상18:4 "요나단이 자기가 입었던 겉옷을 벗어 다윗에게 주었고 자기의 군복과 칼과 활과 띠도 그리하였더라"

의 검이 되는 하나님의 말씀과(엡 6:17[167]) 진리의 띠, 사랑의 띠 등을 주셨으니 우리는 이러한 견고한 띠를 띠고 좌우에 날쌘 검보다 유익한 거룩한 말씀을 예민하게 이용하여 모든 원수를 격파하기에 주저하지 말아야 한다.

결말

많은 친구를 함부로 사귀는 자는 패망을 자청하는 것이지만 형제보다 친밀한 친구도 있는 것이다(잠18:24[168]).

---

167   엡6:17 "구원의 투구와 성령의 검 곧 하나님의 말씀을 가지라"
168   잠18:24 "많은 친구를 얻는 자는 해를 당하게 되거니와 어떤 친구는 형제보다 친밀하니라"

24.
영광의 임금 솔로몬

예수님의 산상설교에 보면 자연을 칭찬하며 감탄하시면서 솔로몬의
영광을 언급하셨다(마6:29[169]). 성서의 인물 중 솔로몬과 같이 영광의 치
세를 이룬 임금은 없으며 역대 철학자 중 솔로몬과 같이 인생을 깊이 맛
본 사람은 드물 것이다. 처음에 그가 기브온에서 여호와께 번제를 드리
면서 여호와께서 무엇을 구하라고 명하셨더니 그는 뜻을 얕은데 두지
않고 통치의 큰 포부를 성취하고자 지혜를 구한 것이다. 그때에 여호와
께서 응답하셔서 지혜로운 마음을 주시며 또는 구하지 않은 부귀도 주
신 것이다. 이에서 우리가 기도의 법칙을 배워야 하며 그의 기도는 정
욕으로 구하지 않은 것이다(약4:3[170]). 어떤 신자는 어느 목사가 병 치료
라는 권능을 행하는 것을 보고 이에 하나님께 간구하거늘 나에게 성령
을 주셔서 이러한 기적을 행하게 하옵소서 하다가 마침내는 정신이상

---

169   마6:29 "그러나 내가 너희에게 말하노니 솔로몬의 모든 영광으로도 입은 것이 이 꽃 하나만 같
지 못하였느니라"

170   약4:3 "구하여도 받지 못함은 정욕으로 쓰려고 잘못 구하기 때문이라"

이 생기고 만 것이다. 이러한 기도는 그 동기가 하나님을 영화롭게 하고자 함에 있지 않고 오직 자기의 명예를 도모함에 있으니 응답받지 못할 뿐 아니라 도리어 해를 받기 쉽다. 다음에 그의 기도는 "너희는 먼저 그의 나라와 의를 구하라 또한 이 모든 것을 너희에게 더하시리니"(마 6:33)하신 예수님의 교훈을 그대로 증명하게 되었다. 우리가 나를 위하여 어떻게 먹을 것과 입을 것을 염려함으로 기도할 것이 아니라 예수님의 영광을 위하여 기도할 것이니 이에 물질의 축복도 따라오는 것을 알 것이다.

기브온의 한적한 밤에 받은 그의 지혜는 과연 세상을 놀라게 하였으며 천추의 거울이 되었도다. 그가 쓴 전도서를 읽어보면 그가 얼마나 세상의 영화를 맛보았으며 인생을 달관하였음을 알리로다. "전도자가 이르되 헛되고 헛되며 헛되고 헛되니 모든 것이 헛되도다"(전1:2)하였으니 그가 인간의 쾌락을 다 맛보고자 궁궐을 크게 짓고 과수원을 크게 만들고 연못을 파고 물을 대이며 종과 소와 양을 많이 기르며 각국으로부터 금은보화를 많이 사들였으며 술도 마시고 아내를 많이 두며 노래하는 남녀도 많이 두었으나(전3:3-11[171] 참조) 이 모든 일이 다 헛된 것을 깨달았도다. 또한 잠언을 읽어보면 그 말씀을 구구절절이 다 만고의 격언으로 되었으니 오늘까지 오히려 우리를 교훈하고 있는 것이다. 스마일

---

[171] 전3:3-11 "3 죽일 때가 있고 치료할 때가 있으며 헐 때가 있고 세울 때가 있으며 4 울 때가 있고 웃을 때가 있으며 슬퍼할 때가 있고 춤출 때가 있으며 5 돌을 던져 버릴 때가 있고 돌을 거둘 때가 있으며 안을 때가 있고 안는 일을 멀리 할 때가 있으며 6 찾을 때가 있고 잃을 때가 있으며 지킬 때가 있고 버릴 때가 있으며 7 찢을 때가 있고 꿰맬 때가 있으며 잠잠할 때가 있고 말할 때가 있으며 8 사랑할 때가 있고 미워할 때가 있으며 전쟁할 때가 있고 평화할 때가 있느니라 9 일하는 자가 그의 수고로 말미암아 무슨 이익이 있으랴 10 하나님이 인생들에게 노고를 주사 애쓰게 하신 것을 내가 보았노라 11 하나님이 모든 것을 지으시되 때를 따라 아름답게 하셨고 또 사람들에게는 영원을 사모하는 마음을 주셨느니라 그러나 하나님이 하시는 일의 시종을 사람으로 측량할 수 없게 하셨도다"

스는 그의 유명한 저서 "자조론"의 서문에 말하기를 "내가 쓴 이 글은 다 수천년전 솔로몬의 잠언 중에 기록된 것을 다만 현대용어에 맞춰서 쓴 것 뿐이라"고 한 것이다. 과연 그 지혜로운 어구는 생명이 발발하여 우리의 심장을 뛰놀게 하며 광휘가 혁혁하여 우리의 사상을 인도하도다. 또는 아가서를 읽어보면 그가 얼마나 심오한 영성을 가졌는지를 알 수 있을 것이니 이 글은 오늘까지 믿음의 가문에 최상의 만족을 주는 책이다.

솔로몬의 치세는 과연 그리스도의 천년시대의 모형이라 할 수 있다. 영광의 임금 솔로몬은 만왕의 왕, 평화의 임금이신 그리스도의 모형이다(마12:42[172], 시72:7-11[173]). 잠언, 전도서, 아가서의 문학서 외에 동식물에 관한 저술도 남겼으며(왕상4:33,34[174]) 그의 일생의 대사업은 곧 성전건축이다. 그 성전은 18만의 직공을 사용하여 7년에 거쳐 겨우 완성하였으니 굉장한 건물로서 국민으로 하여금 여호와께 경배하는 종교사상을 통일하며 모든 외국에 대하는 국위상 필요한 계획이었던 것이다. 그 성전봉헌식 당일에 여호와의 영광이 성전 안에 충만하였으며(왕상8:11[175]) 솔로몬의 봉헌식 기도는 실로 의미가 심장하였더라(왕상8:22-54[176]).

---

172 마12:42 "심판 때에 남방 여왕이 일어나 이 세대 사람을 정죄하리니 이는 그가 솔로몬의 지혜로운 말을 들으려고 땅 끝에서 왔음이거니와 솔로몬보다 더 큰 이가 여기 있느니라"
173 시72:7-11 "7 그의 날에 의인이 흥왕하여 평강의 풍성함이 달이 다할 때까지 이르리로다 8 그가 바다에서부터 바다까지와 강에서부터 땅 끝까지 다스리리니 9 광야에 사는 자는 그 앞에 굽히며 그의 원수들은 티끌을 핥을 것이며 10 다시스와 섬의 왕들이 조공을 바치며 스바와 시바 왕들이 예물을 드리로다 11 모든 왕이 그의 앞에 부복하며 모든 민족이 다 그를 섬기리로다"
174 왕상4:33-34 "33 그가 또 초목에 대하여 말하되 레바논의 백향목으로부터 담에 나는 우슬초까지 하고 그가 또 짐승과 새와 기어다니는 것과 물고기에 대하여 말한지라 34 사람들이 솔로몬의 지혜를 들으러 왔으니 이는 그의 지혜의 소문을 들은 천하 모든 왕들이 보낸 자들이더라"
175 왕상8:11 "제사장이 그 구름으로 말미암아 능히 서서 섬기지 못하였으니 이는 여호와의 영광이 여호와의 성전에 가득함이었더라"
176 왕상8:22-54 "22 솔로몬이 여호와의 제단 앞에서 이스라엘의 온 회중과 마주서서 하늘을 향하여 손을 펴고 23 이르되 이스라엘의 하나님 여호와여 위로 하늘과 아래로 땅에 주와 같은 신이 없나이다 주께서는 온 마음으로 주의 앞에서 행하는 종들에게 언약을 지키시고 은혜를 베푸시

나이다 24 주께서 주의 종 내 아버지 다윗에게 하신 말씀을 지키사 주의 입으로 말씀하신 것을 손으로 이루심이 오늘과 같으니이다 25 이스라엘의 하나님 여호와여 주께서 주의 종 내 아버지 다윗에게 말씀하시기를 네 자손이 자기 길을 삼가서 네가 내 앞에서 행한 것 같이 내 앞에서 행하기만 하면 네게서 이스라엘의 왕위에 앉을 사람이 내 앞에서 끊어지지 아니하리라 하셨사오니 이제 다윗을 위하여 그 하신 말씀을 지키시옵소서 26 그런즉 이스라엘의 하나님이여 원하건대 주는 주의 종 내 아버지 다윗에게 하신 말씀이 확실하게 하옵소서 27 하나님이 참으로 땅에 거하시리이까 하늘과 하늘들의 하늘이라도 주를 용납하지 못하겠거든 하물며 내가 건축한 이 성전이오리이까 28 그러나 내 하나님 여호와여 주의 종의 기도와 간구를 돌아보시며 이 종이 오늘 주 앞에서 부르짖음과 비는 기도를 들으시옵소서 29 주께서 전에 말씀하시기를 내 이름이 거기 있으리라 하신 곳 이 성전을 향하여 주의 눈이 주야로 보시오며 주의 종이 이 곳을 향하여 비는 기도를 들으시옵소서 30 주의 종과 주의 백성 이스라엘이 이 곳을 향하여 기도할 때에 주는 그 간구함을 들으시되 주께서 계신 곳 하늘에서 들으시고 들으시사 사하여 주옵소서 31 만일 어떤 사람이 그 이웃에게 범죄함으로 맹세시킴을 받고 그가 와서 이 성전에 있는 주의 제단 앞에서 맹세하거든 32 주는 하늘에서 들으시고 행하시되 주의 종들을 심판하사 악한 자의 죄를 정하여 그 행위대로 그 머리에 돌리시고 공의로운 자를 의롭다 하사 그의 의로 운바 대로 갚으시옵소서 33 만일 주의 백성 이스라엘이 주께 범죄하여 적국 앞에 패하게 되므로 주께로 돌아와서 주의 이름을 인정하고 이 성전에서 주께 기도하며 간구하거든 34 주는 하늘에서 들으시고 주의 백성 이스라엘의 죄를 사하시고 그들의 조상들에게 주신 땅으로 돌아오게 하옵소서 35 만일 그들이 주께 범죄함으로 말미암아 하늘이 닫히고 비가 없어서 주께 벌을 받을 때에 이 곳을 향하여 기도하며 주의 이름을 찬양하고 그들의 죄에서 떠나거든 36 주는 하늘에서 들으사 주의 종들과 주의 백성 이스라엘의 죄를 사하시고 그들이 마땅히 행할 선한 길을 가르쳐 주시오며 주의 백성에게 기업으로 주신 주의 땅에 비를 내리시옵소서 37 만일 이 땅에 기근이나 전염병이 있거나 곡식이 시들거나 깜부기가 나거나 메뚜기나 황충이 나거나 적국이 와서 성읍을 에워싸거나 무슨 재앙이나 무슨 질병이 있든지 막론하고 38 한 사람이나 혹 주의 온 백성 이스라엘이 다 각각 자기의 마음에 재앙을 깨닫고 이 성전을 향하여 손을 펴고 무슨 기도나 무슨 간구를 하거든 39 주는 계신 곳 하늘에서 들으시고 사하시며 각 사람의 마음을 아시오니 그들의 모든 행위대로 행하사 갚으소서 주만 홀로 사람의 마음을 다 아심이니이다 40 그리하시면 그들이 주께서 우리 조상들에게 주신 땅에서 사는 동안에 항상 주를 경외하리이다 41 또 주의 백성 이스라엘에 속하지 아니한 자 곧 주의 이름을 위하여 먼 지방에서 온 이방인이라도 42 그들이 주의 크신 이름과 주의 능한 손과 주의 펴신 팔의 소문을 듣고 와서 이 성전을 향하여 기도하거든 43 주는 계신 곳 하늘에서 들으시고 이방인이 주께 부르짖는 대로 이루사 땅의 만민이 주의 이름을 알고 주의 백성 이스라엘처럼 경외하게 하시오며 또 내가 건축한 이 성전을 주의 이름으로 일컫는 줄을 알게 하옵소서 44 주의 백성이 그들의 적국과 더불어 싸우고자 하여 주께서 보내신 길로 나갈 때에 그들이 주께서 택하신 성읍과 내가 주의 이름을 위하여 건축한 성전이 있는 쪽을 향하여 여호와께 기도하거든 45 주는 하늘에서 그들의 기도와 간구를 들으시고 그들의 일을 돌아보옵소서 46 범죄치 아니하는 사람이 없사오니 그들이 주께 범죄함으로 주께서 그들에게 진노하사 그들을 적국에게 넘기시매 적국이 그들을 사로잡아 원근을 막론하고 적국의 땅으로 끌어간 후에 47 그들이 사로잡혀 간 땅에서 스스로 깨닫고 그 사로잡은 자의 땅에서 돌이켜 주께 간구하기를 우리가 범죄하여 반역을 행하며 악을 지었나이다 하며 48 자기를 사로잡아 간 적국의 땅에서 온 마음과 온 뜻으로 주께 돌아와서 주께서 그들의 조상들에게 주신 땅 곧 주께서 택하신 성읍과 내가 주의 이름을 위하여 건축한 성전 있는 쪽을 향하여 주께 기도하거든 49 주는 계신 곳 하늘에서 그들의 기도와 간구를 들으시고 그들의 일을 돌아보시오며 50 주께 범죄한 백성을 용서하시며 주께 범한 그 모든 허물을 사하시고 그들을 사로잡아 간 자 앞에서 그들로 불쌍히 여김을 얻게 하사 그 사람들로 그들을 불쌍히 여기게 하옵소서 51 그들은 주께서 철 풀무 같은 애굽에서 인도하여 내신 주의 백성, 주의 소유가 됨이니이다 52 원하건대 주는 눈을 들어 종의 간구함과 주의 백성 이스라엘의 간구함을 보시고 주께 부르짖는 대로 들으시옵소서 53 주 여호와여 주께서 우리 조상을 애굽에서 인도하여 내실 때에 주의 종 모세를 통하여 말씀하심 같이 주께서 세상 만민 가운데에서 그들을

지며 만상이 다 기뻐하며 시민이 마음 편히 살았도다.

할렐루야. 세계의 평화는 인류의 영원한 이상이다. 이 이상을 어떻게 성취하며 어느 때에 실현될 것인가? 정치로인가? 외교로인가? 전쟁으로인가? 정치와 외교와 평화를 위한 전쟁을 가진 인류의 역사는 다만 불평의 비극뿐이로다.

헤이그의 만국평화회의도 비운의 한 청년의 탄환에 파괴되었으며 미국 대통령 윌슨의 14개 조항의 평화 이상도 다 헛된 것으로 돌아갔도다. 아! 인류의 영구 평화는 정치와 외교의 노력에 있지 않고 오직 그리스도의 재림으로 성취될 것이다. 성서는 이것을 말하고 있으니 "시온의 딸아 크게 기뻐할지어다 예루살렘의 딸아 즐거이 부를지어다 보라 네 왕이 네게 임하시나니 그는 공의로우시며 구원을 베푸시며 겸손하여서 나귀를 타시나니 나귀의 작은 것 곧 나귀새끼니라 내가 에브라임의 병거와 예루살렘의 말을 끊겠고 전쟁하는 활도 끊으리니 그가 이방 사람에게 화평을 전할 것이요 그의 통치는 바다에서 바다까지 이르고 유브라데 강에서 땅끝까지 이르리라"(슥9:9,10)

"2 말일에 여호와의 전의 산이 모든 산 꼭대기에 굳게 설 것이요 모든 작은 산 위에 뛰어나리니 만방이 그리로 모여들 것이라 3 많은 백성이 가며 이르기를 오라 우리가 여호와의 산에 오르며 야곱의 하나님의 전에 이르자 그가 그의 길을 우리에게 가르치실 것이라 우리가 그 길로 행하리라 하리니 이는 율법이 시온에서부터 나올 것이요 여호와의 말씀이 예루살렘에서부

구별하여 주의 기업으로 삼으셨나이다 54 솔로몬이 무릎을 꿇고 손을 펴서 하늘을 향하여 이 기도와 간구로 여호와께 아뢰기를 마치고 여호와의 제단 앞에서 일어나"

터 나올 것임이니라 4 그가 열방 사이에 판단하시며 많은 백성을 판결하시리니 무리가 그들의 칼을 쳐서 보습을 만들고 그들의 창을 쳐서 낫을 만들 것이며 이 나라와 저 나라가 다시는 칼을 들고 서로 치지 아니하며 다시는 전쟁을 연습하지 아니하리라"(사2:2-4)

이는 인류가 꿈꾸는 세계이다. 성서는 이 세계가 그리스도의 재림으로 성취될 것을 명백히 예언하고 있으니 진실로 그리 되리로다. 속히 이러한 세계가 오기를! 아멘. 그러나 그의 만년을 주의하라. 모세의 율법에 비춰보면 그에게는 세가지 오류가 있었으니 신명기 17장 16절과 17절[177]을 보면 왕된 자는 금을 많이 두지 말 것과 말을 많이 두지 말 것과 아내를 많이 두지 말 것을 가르쳤으나 그는 다시스에 금은을 구하였으며(왕상10:22[178]), 애굽에서 말을 구했으며(왕상10:28[179]) 이방에서 아내를 구했으니 곧 애굽과 모압과 암몬, 에돔, 시돈, 헷 여인들이더라(왕상11:1[180]). 금은이 더할 때에 솔로몬은 호사에 빠진 것이며 군마가 더할 때에 솔로몬은 국방을 자신하였으며 아내가 더할 때에 솔로몬은 음란에 빠지게 되었다. 또한 이방의 여자와 교제하였으므로 그들의 우상을 용납하여 국내에는 우상이 많아지게 되었더라. 모든 일이 시작보다 마지막이 어려운 것이니 옛날부터 "미불유초, 선극유종"[181]이라고 한 것이

---

177 신17:16-17 "16 그는 병마를 많이 두지 말 것이요 병마를 많이 얻으려고 그 백성을 애굽으로 돌아가게 하지 말 것이니 이는 여호와께서 너희에게 이르시기를 너희가 이 후에는 그 길로 다시 돌아가지 말 것이라 하셨음이며 17 그에게 아내를 많이 두어 그의 마음이 미혹되게 하지 말 것이며 자기를 위하여 은금을 많이 쌓지 말 것이니라"
178 왕상10:22 "왕이 바다에 다시스 배들을 두어 히람의 배와 함께 있게 하고 그 다시스 배로 삼 년에 한 번씩 금과 은과 상아와 원숭이와 공작을 실어 왔음이더라"
179 왕상10:28 "솔로몬의 말들은 애굽에서 들여왔으니 왕의 상인들이 값주고 산 것이며"
180 왕상11:1 "솔로몬 왕이 바로의 딸 외에 이방의 많은 여인을 사랑하였으니 곧 모압과 암몬과 돔과 시돈과 헷 여인이라"
181 靡不有初 鮮克有終, 처음은 누구나 노력하지만 계속하는 사람은 적다는 뜻

다. 그의 이같은 타락으로 인하여 국가는 마침내 분열되고 만 것이 어찌 그의 죄의 결과가 아닐까? "우리가 시작할 때에 확신한 것을 끝까지 견고히 잡고 있으면 그리스도와 함께 참여한 자가 되리라"(히3:14)

25.
개혁적 예언자 엘리야

엘리야는 기원전 9세기에 북이스라엘에서 활동한 예언자이다. 그는 성령충만하여 비상한 능력으로 바알숭배자들을 타파하였다. 그는 세례 요한의 예표가 되며(마11:14[182]) 예수님이 변모하셨을 때 모세와 함께 나타난 일도 있었다(마17:3[183]). 그에 관한 이야기는 열왕기상 17장–19장, 열왕기하 1장–2장을 읽어보길 바란다.

1. 그는 대담한 사람

이스라엘이 아합 왕 당시에 전국에 우상숭배가 만연되어 정치와 종교는 극도의 타락에 이르렀더라. 이에 대담한 예언자 엘리야는 아합 왕을 찾아가 여호와의 징벌로 "수년 동안 비도 이슬도 있지 아니하리

---

182 마11:14 "만일 너희가 즐겨 받을진대 오리라 한 엘리야가 곧 이 사람이니라"
183 마17:3 "그 때에 모세와 엘리야가 예수와 더불어 말하는 것이 그들에게 보이거늘"

라"(왕상17:1) 하였으며 아합이 엘리야를 볼 때에 "이스라엘을 괴롭게 하는 자여"할 때에 "내가 이스라엘을 괴롭게 한 것이 아니라 당신과 당신의 아버지의 집이 괴롭게 하였으니 이는 여호와의 명령을 버렸고 당신이 바알들을 따랐음이라"(왕상18:17-18) 하였으니 이는 대담한 전도자이다. 다윗 왕을 면책한 나단(삼하12:7[184])과 느부갓네살 왕에게 직언한 다니엘(단4:27[185]) 헤롯 왕의 비행을 책망한 세례 요한(마14:3[186])으로 이어지는 인물이다. 무릇 전도자는 이같이 대담하여야 될 터이니 강단에서나 개인으로나 죄악을 공격하며 책망하기를 두려워하지 마라.

2. 그의 은퇴

그는 왕에게 대담한 선언을 한 후에 그릿 시내에 가서 은거하였다. 그동안 그는 잔잔히 흐른 시내에 몸을 숨기고 오직 새와 더불어 친구 삼고 여호와의 명령만 기다리는 중에 있었다. 누구든지 능력의 역사를 감당하려면 이같이 조용한 곳에 숨어 묵상과 기도의 생애가 먼저 있어야 되리라. 세례 요한도 이스라엘 대중 앞에 나타날 때까지 광야에 은거하였으며(눅1:80[187]), 주 예수께서도 30년간 나사렛의 한적한 생애가 있었으며 공생애의 처음 40일간 광야에서 홀로 금식한 생애도 다 그러한 것이며 바울의 아라비아에서 3년간 은신한 것도 다 똑같이 전도자

---

184 삼하12:7 "나단이 다윗에게 이르되 당신이 그 사람이라 이스라엘의 하나님 여호와께서 이와 같이 이르시기를 내가 너를 이스라엘 왕으로 기름 붓기 위하여 너를 사울의 손에서 구원하고"
185 단4:27 "그런즉 왕이여 내가 아뢰는 것을 받으시고 공의를 행함으로 죄를 사하고 가난한 자를 긍휼히 여김으로 죄악을 사하소서 그리하시면 왕의 평안함이 혹시 장구하리이다 하니라"
186 마14:3 "전에 헤롯이 그 동생 빌립의 아내 헤로디아의 일로 요한을 잡아 결박하여 옥에 가두었으니"
187 눅1:80 "아이가 자라며 심령이 강하여지며 이스라엘에게 나타나는 날까지 빈 들에 있으니라"

가 배울 점이다. 그는 의식주의 문제에서는 초월한 사람이니 그동안 까마귀로 인하여 음식을 보전하였다(왕상17:2-7[188]). 우리도 우선 그 나라와 그 의를 구하라는 말씀을 기억하고(마6:33[189]) 모든 염려를 다 주께 맡기고 힘써 일할 것뿐이다. 엘리야의 음식과 옷에 대하여 3가지 배울 점이 있는데,

1) 까마귀로 인하여(왕상17:2-7), 이는 자연을 통해서이다.
2) 과부로 인하여(왕상17:9, 이는 곧 사람을 통해서이다.
3) 천사로 인하여(왕상19:5), 이는 곧 하나님을 통해서이다.

그런즉 우리의 주위에 있는 자연이나 인류나 영계의 천사나 다 하나님의 자녀를 위하여 있다는 사실을 깊이 배울 것이니 우리의 생활은 참으로 안전하다.

3. 그의 힘 있는 기도

그는 참으로 기도의 사람이다. 그가 바알 선지자들로 더불어 약조하고 제단에 불로 임하는 신을 참 신으로 경배하자고 했다. 이에 바알의 선지자들도 제단을 쌓고 그 신께 부르짖으며 엘리야도 무너진 여호와

---

188 왕상17:2-7 "2 여호와의 말씀이 엘리야에게 임하여 이르시되 3 너는 여기서 떠나 동쪽으로 가서 요단 앞 그릿 시냇가에 숨고 4 그 시냇물을 마시라 내가 까마귀들에게 명령하여 거기서 너를 먹이게 하리라 5 그가 여호와의 말씀과 같이 하여 곧 가서 요단 앞 그릿 시냇가에 머물매 6 까마귀들이 아침에도 떡과 고기를, 저녁에도 떡과 고기를 가져 왔고 그가 시냇물을 마셨으나 7 땅에 비가 내리지 아니하므로 얼 마 후에 그 시내가 마르니라"
189 마6:33 "너희는 먼저 그의 나라와 그의 의를 구하라 그리하면 이 모든 것을 너희에게 더하시리라"

의 제단을 쌓고 여호와께 간절히 부르짖은 것이다(왕상18:23-39[190]). 이같이 하여 이스라엘 역사에서 잊을 수 없는 사건이 일어났다.

하늘에서 불이 떨어짐

의인의 간절한 기도는 힘이 있어(약5:16-17[191]) 그 기도에 하늘로 불이 떨어져서 제단의 모든 제물을 다 태웠다. 이로 인해 우상 종교에 미혹된 백성들이 다 회개하여 여호와가 참 신 인줄 알게 된 것이다. 이러므로 우리가 모든 사람에게 하나님을 증거함에는 종교비교학이나 변증론

---

190 왕상18:23-39 "23 그런즉 송아지 둘을 우리에게 가져오게 하고 그들은 송아지 한 마리를 택하여 각을 떠서 나무 위에 놓고 불은 붙이지 말며 나도 송아지 한 마리를 잡아 나무 위에 놓고 불은 붙이지 않고 24 너희는 너희 신의 이름을 부르라 나는 여호와의 이름을 부르니 이에 불로 응답하는 신 그가 하나님이니라 백성이 다 대답하되 그 말이 옳도다 하니라 25 엘리야가 바알의 선지자들에게 이르되 너희는 많으니 먼저 송아지 한 마리를 택하여 잡고 너희 신의 이름을 부르라 그러나 불을 붙이지 말라 26 그들이 받은 송아지를 가져다가 잡고 아침부터 낮까지 바알의 이름을 불러 이르되 바알이여 우리에게 응답하소서 하나 아무 소리도 없고 아무 응답하는 자도 없으므로 그들이 그 쌓은 제단 주위에서 뛰놀더라 27 정오에 이르러는 엘리야가 그들을 조롱하여 이르되 큰 소리로 부르라 그는 신인즉 묵상하고 있는지 혹은 그가 잠깐 나갔는지 혹은 그가 길을 행하는지 혹은 그가 잠이 들어서 깨워야 할 것인지 하매 28 이에 그들이 큰 소리로 부르고 그들의 규례를 따라 피가 흐르기까지 칼과 창으로 그들의 몸을 상하게 하더라 29 이같이 하여 정오가 지났고 그들이 미친 듯이 떠들어 저녁 소제 드릴 때까지 이르렀으나 아무 소리도 없고 응답하는 자나 돌아보는 자가 아무도 없더라 30 엘리야가 모든 백성을 향하여 이르되 내게로 가까이 오라 백성이 다 그에게 가까이 가매 그가 무너진 여호와의 제단을 수축하되 31 야곱의 아들들의 지파의 수효를 따라 엘리야가 돌 열두 개를 취하니 이 야곱은 옛적에 여호와의 말씀이 임하여 이르시기를 네 이름을 이스라엘이라 하리라 하신 자더라 32 그가 여호와의 이름을 의지하여 그 돌로 제단을 쌓고 제단을 돌아가며 곡식 종자 두 세아를 둘 만한 도랑을 만들고 33 또 나무를 벌이고 송아지의 각을 떠서 나무 위에 놓고 이르되 통 넷에 물을 채워다가 번제물과 나무 위에 부으라 하고 34 또 이르되 다시 그리하라 하여 다시 그리하니 또 이르되 세 번째로 그리하라 하여 세 번째로 그리하니 35 물이 제단으로 두루 흐르고 도랑에도 물이 가득 찼더라 36 저녁 소제 드릴 때에 이르러 선지자 엘리야가 나아가서 말하되 아브라함과 이삭과 이스라엘의 하나님 여호와여 주께서 이스라엘 중에서 하나님이신 것과 내가 주의 종인 것과 내가 주의 말씀대로 이 모든 일을 행하는 것을 오늘 알게 하옵소서 37 여호와여 내게 응답하옵소서 내게 응답하옵소서 이 백성에게 주 여호와는 하나님이신 것과 주는 그들의 마음을 되돌이키심을 알게 하옵소서 하매 38 이에 여호와의 불이 내려서 번제물과 나무와 돌과 흙을 내우고 또 도랑의 물을 핥은지라 39 모든 백성이 보고 엎드려 말하되 여호와 그는 하나님이시로다 여호와 그는 하나님이시로다 하니"

191 약5:16-17 "16 그러므로 너희 죄를 서로 고백하며 병 낫기를 위하여 서로 기도하라 의인의 간구는 역사하는 힘이 큼이니라 17 엘리야는 우리와 성정이 같은 사람이로되 그가 비가 오지 않기를 간절히 기도한즉 삼 년 육 개월 동안 땅에 비가 오지 아니하고"

이 필요하지 않고 오직 능력 있는 기도로써 친히 불로 임하는 신을 보여주어야 될 것이다. 저 유대의 제사장과 학자와 백성들은 오순절에 임한 불로써 살아있는 기도를 알게 되었다. 여호와는 진실로 불로 응답하시는 분이시니 오늘의 교회에는 이 불이 제일 필요한 것이다.

비가 내림(왕상18:41-46[192])

이에 엘리야는 갈멜산에 올라가서 일곱 번이나 간구하였더니 하늘에서 구름과 바람이 일어나서 큰 비가 내리게 되었다. 3년간 가뭄으로 인하여 온 땅의 생물들이 죽어가는 지경에서 이스라엘 전체가 소성함을 얻게 되었으니 진실로 모범적 봉사인 것이다. 오늘의 교계를 살펴보라. 모든 사람의 영혼이 이단, 속화, 생활고에 시달려서 죽을 지경에 이른 것이다. 우리는 두 무릎을 꿇고 기도하여 성령의 늦은 비가 내리도록 하여야겠다. 이것이 우리의 사명이다.

4. 그의 대 개혁

그는 불의 응답을 받은 후에 거짓 선지자 850명을 기손 시내에 끌어다가 도륙하여 버렸다(왕상18:40[193]). 이는 그의 개혁 운동에서 실로 비참

---

192 왕상18:41-46 "41 엘리야가 아합에게 이르되 올라가서 먹고 마시소서 큰 비 소리가 있나이다 42 아합이 먹고 마시러 올라가니라 엘리야가 갈멜 산꼭대기로 올라가서 땅에 꿇어 엎드려 그의 얼굴을 무릎 사이에 넣고 43 그의 사환에게 이르되 올라가 바다 쪽을 바라보라 그가 올라가 바라보고 말하되 아무것도 없나이다 이르되 일곱 번까지 다시 가라 44 일곱 번째 이르러서는 그가 말하되 바다에서 사람의 손 만한 작은 구름이 일어나나이다 이르되 올라가 아합에게 말하기를 비에 막히지 아니하도록 마차를 갖추고 내려가소서 하라 하니라 45 조금 후에 구름과 바람이 일어나서 하늘이 캄캄해지며 큰 비가 내리는지라 아합이 마차를 타고 이스르엘로 가니 46 여호와의 능력이 엘리야에게 임하매 그가 허리를 동이고 이스르엘로 들어가는 곳까지 아합 앞에서 달려갔더라"
193 왕상18:40 "엘리야가 그들에게 이르되 바알의 선지자를 잡되 그들 중 하나도 도망하지 못하게

한 사적이다. 오늘의 교회에도 고등비평, 신신학 등 바알 선지자가 제법 수가 많다. 미국의 어느 지방에는 신신학 박사 300명이 있는데 그중 주님의 재림을 믿는 자가 6명만 된다 하는 말을 들었다. 실로 300명 중 294명만은 신신학이라는 바알의 선지자가 아닐까? 우리는 순복음의 기치를 높이 들어 이 같은 바알을 다 뒤엎을 사명이 있는 것이며 교회 안에 또 돈이라는 바알, 인물이라는 바알을 다 도륙하여야 되리로다! 강단에서 담대히 성서에 대한 의심을 발표하며 불교를 믿으나 유교를 믿으나 기독교를 믿으나 결국에 다 같다고 하는 거짓 교역자 즉 바알의 선지자들이 많이 있는 것이다. 그들의 마지막은 멸망이요 심판의 불이 기다리고 있는 것이다. 오! 교계의 뜻있는 순복음 투사들은 힘써 일어나서 이 같은 거짓 패거리들을 격퇴하기 위해 출전해야할 때이다.

5. 그의 승천

그는 후계자 엘리사를 얻은 후 요단강 근처에서 회오리바람을 타고 (왕하2:11[194]) 승천하였다. 그가 승천하면서 엘리사에게 겉옷을 떨어뜨려 주었으니(왕하20:14[195]) 이 겉옷은 주 예수께서 승천하신 후 우리에게 보내신 보혜사 성령의 의표가 되는 것이다(눅24:49[196], 요16:7[197]). 엘리사가

하라 하매 곧 잡은지라 엘리야가 그들을 기손 시내로 내려다가 거기서 죽이니라"

194 왕2:11 "엘리야가 그들에게 이르되 바알의 선지자를 잡고 그들 중 하나도 도망하지 못하게 하라 하매 곧 잡은지라 엘리야가 그들을 기손 시내로 내려다가 거기서 죽이니라"

195 왕하2:14 "엘리야의 몸에서 떨어진 그의 겉옷을 가지고 물을 치며 이르되 엘리야의 하나님 여호와는 어디 계시니이까 하고 그도 물을 치매 물이 이리 저리 갈라지고 엘리사가 건너니라"

196 눅24:49 "볼지어다 내가 내 아버지께서 약속하신 것을 너희에게 보내리니 너희는 위로부터 능력으로 입혀질 때까지 이 성에 머물라 하시니라"

197 요16:7 "그러하나 내가 너희에게 실상을 말하노니 내가 떠나가는 것이 너희에게 유익이라 내가 떠나가지 아니하면 보혜사가 너희에게로 오시지 아니할 것이요 가면 내가 그를 너희에게로 보내리니"

이 겉옷으로 요단강 물을 치면서 건너간 것을 배우라. 우리도 이 권능의 겉옷을 입고 굳게 서서 마귀를 대적할 것이며 앞에 닥쳐오는 모든 환난과 핍박을 이 겉옷을 휘둘러 치며 건너갈 것이다. 할렐루야.

마지막으로 그의 승천은 예수님의 재림 때에 성도의 휴거될 예표임을 생각하라. 우리는 세속에 물든 모든 교회와 교역자와 타협할 것이 아니라 힘써 진리로 싸우다가 주님 오시는 순간에 공중에 휴거될 터이니 성도의 마지막 승리가 이에 있으며 구원의 완성이 여기에 있다.

26.
엘리야의 후계자 엘리사

하나님께서 어느 시대를 막론하고 진리의 전통과 그 백성의 보전을 위하여 비록 세속에 물든 세대 중에서라도 진리의 열쇠는 계승되도록 하셨은즉, 모세의 후로 여호수아가 있었고 엘리야의 후로 엘리사가 일어난 것이다. 부패한 로마 카톨릭 교회 중에서 루터로 인하여 진리를 발휘하게 하셨으며 형식 뿐인 영국교회에서 웨슬레로 인하여 진리를 전하게 하셨다. 이같이 현대교회도 모든 이단사설로 인하여 부패 중에 있을지라도 전 세계 중에는 바알에게 무릎을 꿇지 아니한 칠천 명의 남은 자들이 있어서 진리의 직통을 계승하여 오는 것이다.

이번에는 엘리사의 사적을 살펴보고 우리의 심령에 새로운 교훈을 얻고자 하는 것이다. 그의 전기는 대부분 열왕기하 2장에서 13장에 기록되어 있다.

1. 그는 하나님이 세우신 사람

열왕기상19:16에 보면 주께서 선지자 엘리야에게 지시하심으로 엘리사를 후계자로 세우게 되었다. 이같이 모든 교역자 중에는 자기 스스로 선 사람도 있고 교파나 단체에서 세운 사람도 있고 하나님이 직접 세우신 사람도 있는 것이다. 아무리 한 단체나 교파에 속하여 여러 해 동안 역사하여 많은 업적을 가진 사람이라도 자기가 스스로 섰거나 사람이 세운 것이면 넉넉하지 못하다. 곧 하나님이 세우신 사람이라야 될 것이다. 수년 동안 교역자라는 미명의 탈을 쓰고 은밀히 잇속을 챙겨서 나중에 상당한 부자가 되는 사람도 있는데 이러한 사람들은 다 가룻 유다이며 발람의 후손들이니 가히 더불어 거론할 수 없는 무리들이다.

2. 그의 헌신

열왕기상19:19-21에 보면 그는 원래 농부이었다. 엘리야가 자기를 따라 오라 할때에 그는 곧 소 한 겨리를 잡아 백성들에게 먹게 하고 소에게 속한 기구는 다 불사르고 엘리야를 따르게 된 것이다(왕상19:1[198]). 이것은 곧 그의 완전한 헌신을 증거하는 사실이니 누구든지 주를 따르고자 하는 사람은 먼저 자기에 대하여 완전히 죽을 것이며 분리할 것이며 뿐만 아니라 모든 것을 다 버려야 능히 주의 제자가 되는 것이다(눅14:33[199]). 또는 그가 엘리야를 따라 길갈에 갔으며 벧엘에 갔으며 여리고에 갔으며 요단에 간 것이다(왕하2:1-7[200]). 여기에서도 완전한 헌신에

---

198 왕상19:1 "아합이 엘리야가 행한 모든 일과 그가 어떻게 모든 선지자를 칼로 죽였는지를 이세벨에게 말하니"
199 눅14:33 "이와 같이 너희 중의 누구든지 자기의 모든 소유를 버리지 아니하면 능히 내 제자가 되지 못하리라"
200 왕하2:1-7 "1 여호와께서 회오리 바람으로 엘리야를 하늘로 올리고자 하실 때에 엘리야가 엘리사와 더불어 길갈에서 나가더니 2 엘리야가 엘리사에게 이르되 청하건대 너는 여기 머물라 여호와께서 나를 벧엘로 보내시느니라 하니 엘리사가 이르되 여호와께서 살아 계심과 당신의 영혼이 살아 있음을 두고 맹세하노니 내가 당신을 떠나지 아니하겠나이다 하는지라 이에

나타났으니 그때에 엘리야가 처소를 옮길 때마다 "엘리사야 너는 여기에 머물라 나는 어디 어디에 가겠노라"한 것이다. 그러나 엘리사는 대답하기를 "여호와께서 살아 계심과 당신의 영혼이 살아 있음을 두고 맹세하노니 내가 당신을 떠나지 아니하겠나이다"하고 끝까지 엘리야를 따라간 것이다. 이것이 오늘 우리에게 무엇을 교훈하는가? 곧 완전한 헌신을 교훈하는 것이다. 우리는 위험한 곳이나 평탄한 곳이나 영광을 받을 때나 욕을 받을 때나 구별치 않고 복음을 위하여 충성하여야 완전한 헌신이라고 할 수 있을 것이다.

3. 그의 받은 권능

그가 엘리야를 따라서 요단강 언덕을 배회하였다. 그 때에 그는 엘리야에게 구하기를 "당신의 성령이 하시는 역사가 갑절이나 내게 있게 하소서"(왕하2:9[201]) 이에 스승의 지시대로 엘리야의 승천함을 바라볼 때에 그에게서 떨어지는 옷을 받아 가진 것이다. 이 옷은 후에 그리스도의

두 사람이 벧엘로 내려가니 3 벧엘에 있는 선지자의 제자들이 엘리사에게로 나아와 그에게 이르되 여호와께서 오늘 당신의 선생을 당신의 머리 위로 데려 가실 줄을 아시나이까 하니 이르되 나도 또한 아노니 너희는 잠잠하라 하니라 4 엘리야가 그에게 이르되 엘리사야 청하건대 너는 여기 머물라 여호와께서 나를 여리고로 보내시느니라 엘리사가 이르되 여호와께서 살아 계심과 당신의 영혼이 살아 있음을 두고 맹세하노니 내가 당신을 떠나지 아니하겠나이다 하니라 그들이 여리고에 이르매 5 여리고에 있는 선지자의 제자들이 엘리사에게 나아와 이르되 여호와께서 오늘 당신의 선생을 당신의 머리 위로 데려가실 줄을 아시나이까 하니 엘리사가 이르되 나도 아노니 너희는 잠잠하라 6 엘리야가 또 엘리사에게 이르되 청하건대 너는 여기 머물라 여호와께서 나를 요단으로 보내시느니라 하니 그가 이르되 여호와께서 살아 계심과 당신의 영혼이 살아 있음을 두고 맹세하노니 내가 당신을 떠나지 아니하겠나이다 하는지라 이에 두 사람이 가니라 7 선지자의 제자 오십 명이 가서 멀리 서서 바라보매 그 두 사람이 요단 가에 서 있더니

201 왕하2:9 "건너매 엘리야가 엘리사에게 이르되 나를 네게서 데려감을 당하기 전에 내가 네게 어떻게 할지를 구하라 엘리사가 이르되 당신의 성령이 하시는 역사가 갑절이나 내게 있게 하소서 하는지라"

승천하심으로 그를 앙모하고 기도하는 자에게 임한 성령의 의표가 되는 것이다. 엘리사가 이 옷을 가지고 요단강 물을 헤치고 건너간 것과 같이 우리들도 위로부터 권능의 옷을 받아 입고 모든 고난과 핍박을 능히 헤치며 나아갈 것이다. 그 오순절 때 120명은 동시에 이 권능의 옷을 받아 입었던 것이다. 이 성령은 목사나 전도사나 특수계급에 있는 사람에게만 주는 것이 아니라 누구든지 하나님의 자녀는 다 받을 특권이 있는 것이며(행2:38-39[202], 엡1:13[203]) 또는 주의 명령이며(행1:4[204]) 하나님의 자녀가 갖추어야할 완전한 자격이어야 할 은혜이다(롬15:6[205]).

4. 그의 말과 기도

성령을 받은 사람의 말과 기도는 참으로 능력이 있다. 그가 한 여인에게 기름의 기적을 행하였으니(왕하4:1-7[206]) 그가 말한 대로 조금 있는

---

202 행2:38-39 "38 베드로가 이르되 너희가 회개하여 각각 예수 그리스도의 이름으로 세례를 받고 죄 사함을 받으라 그리하면 성령의 선물을 받으리니 39 이 약속은 너희와 너희 자녀와 모든 먼 데 사람 곧 주 우리 하나님이 얼마든지 부르시는 자들에게 하신 것이라 하고"

203 엡1:13 "그 안에서 너희도 진리의 말씀 곧 너희의 구원의 복음을 듣고 그 안에서 또한 믿어 약속의 성령으로 인치심을 받았으니"

204 행1:4 "사도와 함께 모이사 그들에게 분부하여 이르시되 예루살렘을 떠나지 말고 내게서 들은 바 아버지께서 약속하신 것을 기다리라"

205 롬15:16 "이 은혜는 곧 나로 이방인을 위하여 그리스도 예수의 일꾼이 되어 하나님의 복음의 제사장 직분을 하게 하사 이방인을 제물로 드리는 것이 성령 안에서 거룩하게 되어 받으실 만하게 하려 하심이라"

206 왕하4:1-7 "1 선지자의 제자들의 아내 중의 한 여인이 엘리사에게 부르짖어 이르되 당신의 종 나의 남편이 이미 죽었는데 당신의 종이 여호와를 경외한 줄은 당신이 아시는 바니이다 이제 빚 준 사람이 와서 나의 두 아이를 데려가 그의 종을 삼고자 하나이다 하니 2 엘리사가 그에게 이르되 내가 너를 위하여 어떻게 하랴 네 집에 무엇이 있는지 내게 말하라 그가 이르되 계집종의 집에 기름 한 그릇 외에는 아무것도 없나이다 하니 3 이르되 너는 밖에 나가서 모든 이웃에게 그릇을 빌리라 빈 그릇을 빌리되 조금 빌리지 말고 4 너는 네 두 아들과 함께 들어가서 문을 닫고 그 모든 그릇에 기름을 부어서 차는 대로 옮겨 놓으라 하니라 5 여인이 물러가서 그의 두 아들과 함께 문을 닫은 후에 그들은 그릇을 그에게로 가져오고 그는 부었더니 6 그릇에 다 찬지라 여인이 아들에게 이르되 또 그릇을 내게로 가져오라 하니 아들이 이르되 다른 그릇이 없나이다 하니 기름이 곧 그쳤더라 7 그 여인이 하나님의 사람에게 나아가서 말하니 그가 이르되 너는 가서 기름을 팔아 빚을 갚고 남은 것으로 너와 네 두 아들이 생활하라 하였더라"

기름을 가지고 그릇에 붓는 대로 넘치었다. 이러므로 그 여인은 그 기름으로 모든 빚을 갚고도 자기의 생활을 유지하게 된 것이다. 이것은 참으로 그가 행한 말씀의 권능이니 우리에게도 이러한 권능이 함께 하여야 능히 영혼의 모든 빚을 다 갚게 될 것이다(롬1:14[207]).

또 기도의 능력을 보라. 수렙 여인의 아들이 죽은 것을 그가 기도함으로 다시 살아난 일도 있었다(왕하4:32-27[208]). 그 때에 엘리사의 몸 종 게하시는 다만 엘리사의 지팡이를 가지고 가서 그 죽은 아들의 얼굴에 올려 놓았으나 그 죽은 아들이 살아나지 못했다. 오늘의 모든 교역자들은 은혜의 경험과 능력을 받은 사실이 없이 다만 게하시의 자팡이 노릇을 하기 쉬운 것이다. 교회에서 아무리 철학이나 경제학이나 기타의 학술 강연을 많이 한다 하여도 이것은 다 게하시의 지팡이이니 죄악 중에 묻혀 있는 영혼 하나라도 살릴 수 없는 것이다. 오! 교회의 강단에 임한 자가 경성할 일이다. 그대의 눈앞에 수많은 영혼들은 그대의 지식있는 설교에서 회개하지 않는다. 여전히 해골 골짜기와 같은 것이니 우리들의 각각 기도의 능력있는 사역자가 되어야 하겠다. 한 번 기도하면 능히 뭇 영혼들을 살릴 수 있는 자가 되기 위하여 기도할 것이니라. 우리에게 있는 학식, 인격, 경험은 다 게하시의 지팡이와 같은 것이니 우리는 오직 기도함으로 주의 생명을 나타내는 사람이라야 될 것이다.

---

207 롬1:14 "헬라인이나 야만인이나 지혜 있는 자나 어리석은 자에게 다 내가 빚진 자라"
208 왕하4:32-37 "32 엘리사가 집에 들어가 보니 아이가 죽었는데 자기의 침상에 눕혔는지라 33 들어가서는 문을 닫으니 두 사람 뿐이라 엘리사가 여호와께 기도하고 34 아이 위에 올라 엎드려 자기 입을 그의 입에, 자기 눈을 그의 눈에, 자기 손을 그의 손에 대고 그의 몸에 엎드리니 아이의 살이 차차 따뜻하더라 35 엘리사가 내려서 집 안에서 한 번 이리 저리 다니고 다시 아이 위에 올라 엎드리니 아이가 일곱 번 재채기 하고 눈을 뜨는지라 36 엘리사가 게하시를 불러 저 수넴 여인을 불러오라 하니 곧 부르매 여인이 들어가니 엘리사가 이르되 네 아들을 데리고 가라 하니라 37 여인이 들어가서 엘리사의 발 앞에서 땅에 엎드려 절하고 아들을 안고 나가니라"

5. 그의 총명

성령을 받은 사람에게 또 한 가지 특이한 사실이 있는데 그것은 즉 총명이다. 사람의 음성을 들을 때에 곧 그 사람의 실리를 알게 되며 사람의 얼굴을 대할 때에 곧 그의 중심을 알게 되는 사실이다. 말을 바꾸면, 수리아의 대장 나아만이 그에게 와서 문둥병을 얻고 귀중한 예물을 드리되 엘리사가 하나도 받지 않고 되돌려 보냈다. 그 때에 그의 종 게하시가 탐욕을 내서 곧 그 뒤를 따라가다가 중간에서 말하기를 "우리 주인께서 나를 보내시며 … 은 한 달란트와 옷 두벌을 주라 하시더이다"(왕하5:22)하고 받아 가지고 온 것이다. 이에 게하시가 그의 앞에 설 때에 즉시 알고 "네가 어디서 오느냐" 물은 것이다. 이것은 그의 총명이 사람의 간계를 뚫어 봄이니 누가 이를 속이리오. 저 오순절 때에 아나니아와 삽비라도 거짓된 수단을 부리다가 즉시 베드로에게 발각되었던 것이다. 그런즉 이러한 잠언의 말씀에 마음을 가라 앉게 하라. "사람의 마음에 있는 모략은 깊은 물 같으니라 그럴지라도 명철한 사람은 그것을 길어 내느니라"(잠20:5)

과연 그러하다. 모든 사람들이 어두운 방에서 자기의 양심을 속이며 온갖 불의를 꾀할 수 있으나 세상이 모두 자기처럼 어두운 사람이 아닌 즉 오늘 교회 안에 엘리사가 있는 것을 주의하여 마땅히 양심대로 사는 사람이 될 것이다. 하나님께서는 의인의 발자취도 아시고 죄인의 걸음걸이도 주의하여 알기 때문에 형제여 자매여 스스로 속지 말라 하나님을 만홀히 여김을 받지 아니하신다.

마지막으로 그의 일생을 통하여 실로 배울 것이 많은 것이다. 그러나 이에 그의 죽음으로써 결말을 짓노니 그가 병들이 누었을 때에 요시아 왕이 위문을 와서 한 말을 보라. "내 아버지여 내 아버지여 이스라엘의 병거와 마병이여"(왕하13:14)하였다. 실로 그러하다. 그는 이스라엘의 국방이 되었다. 그가 살아 있는 동안에 전쟁이 있을 때마다 그는 적국의 모략을 알아서 왕에게 예방하도록 하였음으로 엘리사가 살아 있는 동안에는 아람이 이스라엘 경계에 들어오지 못했다(왕하6:23[209]). 이것은 우리의 모범이다. 우리도 교회에 있어 능히 마귀의 궤계를 방지하는 파수꾼의 노릇을 하여야 되겠다. 성서에 거룩하지 못한 교역자를 개라고 하였으니(사56:10[210]) 이것은 마귀의 역사를 알면서도 강단에서 능히 죄를 공격치 못하는 형편을 말한 것이다. 우리는 참으로 교회의 병거와 마병이 되어야 하겠다. 모든 이단과 사설이 교회를 틈타지 못하게 할 것이며 더러움과 죄악이 교회를 흔들지 않도록 굳세게 싸울 것이며 깊이 기도하여 주께 지혜와 총명을 받아서 뭇 영혼의 과정을 잘 살필 것이다.

---

209 왕하6:13 "왕이 이르되 너희는 가서 엘리사가 어디 있나 보라 내가 사람을 보내어 그를 잡으리라 왕에게 아뢰기를 이르되 보라 그가 도단에 있도다"
210 사56:10 "이스라엘의 파수꾼들은 맹인이요 다 무지하며 벙어리 개들이라 짖지 못하며 다 꿈꾸는 자들이요 누워 있는 자들이요 잠자기를 좋아하는 자들이니"

27.
종교적 애국자 느헤미야

느헤미야는 유다 지파에 속한 하갈리야의 아들인 오하나니의 형제이다. 그는 바벨론에서 태어났으며 페르시아의 수도인 수산에 살아 아닥사스다왕 때 벼슬을 하여 왕의 술관원이 되는 높은 지위에 이르렀다. 그는 성서에 기록된 인물 중에 극히 고결한 인물 중에 하나이다. 그가 하루는 고국에서 온 수명의 형제들에게 물어보니 포로의 손을 피하여 예루살렘에 남아 있는 자기의 동포는 대환난과 능욕을 당하고 있다 하며 더구나 예루살렘의 성곽은 훼파되고 성문은 불타 버렸다고 하였다. 이에 그는 조국의 황폐한 성벽과 환난 중에 빠진 동포를 위하여 수산에서 금식하며 여호와께 기도하여 오다가 드디어 아닥사스다왕의 허락을 받아 오랫동안 동경하고 사모하던 거룩한 성에 돌아 왔다. 그 때 그는 유다의 총독으로 임명받아 예루살렘에 도착하자 비밀스럽게 폐허를 시찰하고 부하들을 모이게 하였다. 적의 맹렬한 반대와 위협에도 불구하고 착공한지 50여일 만에 성벽의 재건축을 성취한 것이다. 계속하여 그는 종교의 개선과 정치의 혁신에 크게 노력한 진정한 애국자였다. 이번에 그의 인격과 사업에 대하여 느헤미야서 전체에서 몇가지 배우고자 한다.

1. 그는 믿음의 사람

느헤미야서를 읽어보면 그의 기도가 곳곳에 나타나 있다. 이는 그의 믿음을 증명하는 사실이니 믿음이 있고 기도하지 않는 사람이 없으며 기도하고 믿음이 없는 사람이 없는 것이다. 우선 그가 수산에서 동포의 안부를 들었을 때에 그는 금식하며 기도하여 자기와 조상의 죄를 자복한 것을 보아도 알 수 있는 것이다(느1:4-11[211]). 누구든지 국가를 사랑한다 동포를 사랑한다 함이 그 말에 있지 말고 이같이 진정으로 여호와께 기도하는 자가 되어야 하겠다. 옛날부터 성서에서 이러한 경건한 애국자를 살펴보라. 다니엘도 그렇고 이사야도 그렇고 예레미야도 그러한 사람들이다. 그들의 시대에서 동포에게 무수한 오해를 받았으나 그들은 오직 여호와의 거룩한 뜻만 받들어 그 백성에게 예언을 하였으니 그 예언은 실로 하나님 백성에게 오랫동안 빛이 되었다. 느헤미야는 성벽재건의 사업을 시작할 때 적의 방해와 조소를 무수히 받았으나 그에

---

211 느1:4-11 "4 그가 이 말을 듣고 앉아서 울고 수일 동안 슬퍼하며 하늘의 하나님 앞에 금식하며 기도하여 5 이르되 하늘의 하나님 여호와 크고 두려우신 하나님이여 주를 사랑하고 주의 계명을 지키는 자에게 언약을 지키시며 긍휼을 베푸시는 주여 간구하나이다 6 이제 종이 주의 종들인 이스라엘 자손을 위하여 주야로 기도하오며 우리 이스라엘 자손이 주께 범죄한 죄들을 자복하오니 주는 귀를 기울이시며 눈을 여시사 종의 기도를 들으시옵소서 나와 내 아버지의 집이 범죄하여 7 주를 향하여 크게 악을 행하여 주께서 주의 종 모세에게 명령하신 계명과 율례와 규례를 지키지 아니하였나이다 8 옛적에 주께서 주의 종 모세에게 명령하여 이르시되 만일 너희가 범죄하면 내가 너희를 여러 나라 가운데에 흩을 것이요 9 만일 내게로 돌아와 내 계명을 지켜 행하면 너희 쫓긴 자가 하늘 끝에 있을지라도 내가 거기서부터 그들을 모아 내 이름을 두려고 택한 곳에 돌아오게 하리라 하신 말씀을 이제 청하건대 기억하옵소서 10 이들은 주께서 일찍이 큰 권능과 강한 손으로 구속하신 주의 종들이요 주의 백성이니이다 11 주여 구하오니 귀를 기울이사 종의 기도와 주의 이름을 경외하기를 기뻐하는 종들의 기도를 들으시고 오늘 종이 형통하여 이 사람들 앞에서 은혜를 입게 하옵소서 하였나니 그 때에 내가 왕의 술 관원이 되었느니라"

게는 오직 "여호와께서 성취케 하여 주실줄 믿는 신앙"이 기초가 되었음으로(느1:9,12:8,18,4:13,14,15) 조공도 받지 않고 민중을 격려하며 진행했으니 한 마디로 그는 하나님과 동역한 사람인 것이다. 범사에 주께서 우리에게 함께 하시면 무슨 두려움이나 실패가 있을 것인가? 모든 일에 우리의 믿음이 부족한 것이 문제이니 우리는 범사에 믿음으로 나아갈 것이다. 구원의 완성도 믿음이요 사업의 성취도 믿음이니 사람은 믿음에서 떨어질 때에 곧 은혜를 잃어버리는 것이다.

2. 성곽중수(城廓重修)

그의 사업의 중심은 황폐한 성벽을 재건하는 것이다. 그가 예루살렘에 돌아왔을 때 그 거룩한 성이 황폐한 것과 적에 유린된 동포의 모습을 볼 때에 얼마나 마음이 아팠겠는가? 느헤미야서 3장을 읽으면 '중수'라는 말이 30여번 기록된 것을 보라. 오늘 교역자된 우리에게는 특히 교회의 성벽을 재건하는 대사명이 있음을 각오해야 되겠다. 거룩한 성의 성벽을 재건하는 것은 오늘 교회의 부흥으로 생각해야 되겠다. 성서에 보면 "여호와의 말씀에 내가 불로 둘러싼 성벽"(슥2:5)이라 하였은즉 현대의 교회에는 이 신령한 성벽이 다 무너졌음으로 죄악이 침입하여 속화와 이단이 침입하여 모든 사람의 영혼은 악한 마귀에게 유린되어 있는 형편인 것이다. 사마리아 사람들이 느헤미야의 이 사업을 방해함과 같이 마귀는 어느때던지 신령한 역사에 방해하는 것이니 우리는 신앙과 기도로써 이 영적인 성벽을 재건하는 일에 노력해야 되겠다. 세속에 물든 교역자들은 이같이 무너진 성벽을 보고도 다시 재건할 용기를 내지 않는 것이니 그 교회의 영혼들은 실로 가련한 것이다. 몰려오는 위험한 사조는 무엇으로 방어하며 강도와 같이 영혼을 빼앗으려고 침입하는 악마의 적진은 무엇으로 방어할 것인가? 아! 슬프다. 모든 교회의 형편이여, 기도하는 형제여, 신앙이 있는 형제들이여 일어나 이 성령의 불 성벽을 재건축하여라. 현대 교회는 이 성벽은 허물어버리고 이득이나 금전이나 교권 등으로 성벽을 쌓으므로 사탄의 대포 일격에 그 무너지는 근심이 크리로다(계18:2[212] 참조).

3. 그의 고결

> "또한 유다 땅 총독으로 세움을 받은 때 곧 아닥사스다 왕 제이십년부터 제
> 삼십이년까지 십이 년 동안은 나와 내 형제들이 총독의 녹을 먹지 아니하
> 였느니라"(느5:14)

이 말씀을 보아서 그의 인격이 얼마나 고결하였던 것을 알 수 있다. 당시의 탐관오리들은 "백성에게서 양식과 포도주와 또 은 사십 세겔을 그들에게서 빼앗"(느5:15)은 일이 있었으나 그는 공직생활 12년간 녹을 받지 아니하고 역사했으니 이것이 실로 국가와 민족을 사랑하는 모범벽인 집정자이다. 어느 세대를 물론하고 관리의 횡포가 심해지면 그 나라의 운명은 매우 위험한 것이다. 근래 각나라의 신문 보도를 보건대 뇌물의혹 사건은 비일비재이다. 이같은 관원들은 다 느헤미야에게서 배워야 되겠다. 그는 실로 고결한 인격의 소유자이로다. 또한 그에

212　계18:2 "힘찬 음성으로 외쳐 이르되 무너졌도다 무너졌도다 큰 성 바벨론이여 귀신의 처소와
　　　각종 더러운 영이 모이는 곳과 각종 더럽고 가증한 새들이 모이는 곳이 되었도다"

게서 일반 교역자들은 배워야 되겠다. 그는 자급자족의 선구적인 모범자이다. 세상에는 입고 먹기 위하여 전도자의 길을 가려는 사람들이 많은 것이다. 그의 말을 보라. "도리어 이 성벽 공사에 힘을 다하여 땅을 사지 아니하였"(느5:16)다고 했으니 그의 역사가 먹고 살기 위한 것이 아니라 조국의 거룩한 성 예루살렘과 동포를 사랑하는 순결한 동기에 있었음을 알 것이다. 혹 어떤 교역자들은 은밀히 돈을 빌려주고 생활비를 받아서 논과 밭을 사는 일로만 도모하여 나가는 일이 있는 것이다. 이는 실로 성직이라는 명예가 부끄러운 일이 아닐까? "훔치지 말고 오히려 모든 참된 신실성을 나타나게 하라"(딛2:10)한 바울의 교훈을 주의하여 생각하라. 이익을 탐하는 것과 금전을 사랑하는 그 근본정신에서 떠나지 않으면 안될 일이로다.

4. 대부흥회

당시에 민중을 수문 앞 광장에 모이게 하고 서기관 에스라를 청하여 성서강연을 하게 되었다. 이는 성서 역사상 대부흥회이니 에스라는 성서에 정통한 학자요 제사장이라. 이때에 모든 백성은 그 율법의 장중한 말씀을 들을 때 각각 아멘하여 저희의 죄와 열조의 죄를 애통하게 되었다. 이는 실로 큰 부흥회이니(느8장, 9장) 통회가 없는 곳에서 부흥이 없는 것이며 자복이 없는 곳에서 용서함도 없는 것이다. 최근에 어느 교회에서 부흥회로 모인다 하면 우스운 이야기로 설교하며 혹 고상하게 한다면 철학이나 사상 강연으로 집회를 일관하는 일이 많다. 우스운 이야기가 능히 영혼을 구원하지 못한다. 오직 모든 영혼에게 성서를 들려주어라. 그리하면 그들이 죄를 깨닫고 애통하며 자복케 되니 그곳에 부흥이 일어날 것이다. 느헤미야서의 부흥은 에스라의 성서설교로 말미암아 된 것을 우리는 기억할일이다. 오늘 교회의 목사들은 특히 성서에 정통할 것이며 성서를 설교할 것이다. "주 여호와의 말씀이니라 보라 날이 이를지라 내가 기근을 땅에 보내리니 양식이 없어 주림이 아니며 물이 없어 갈함이 아니요 여호와의 말씀을 듣지 못한 기갈이라"(암 8:11)한 말씀은 현대교회에 맞는 말씀이 아닌가? 진실로 그러하다. 현대교회에서는 실로 정확한 성서적 설교를 듣기가 어려운 것이니 이 기근에 피곤한 영혼을 여러 교회에서 만나볼 수 있다. 마지막으로 이 부흥회의 결과를 정리해보자.

1) 이방인과 분리함(느10:28[213])

2) 안식일을 엄수함(느10:31[214])

3) 성전에 받치는 것(느10:32[215])

4) 십일조 작정(느10:37[216])

5. 도비야를 축출

느헤미야가 아닥사스다왕 32년에 바벨론에 들어갔는데 그동안 제

---

[213] 느10:28 "그 남은 백성과 제사장들과 레위 사람들과 문지기들과 노래하는 자들과 느디님 사람들과 및 이방 사람과 절교하고 하나님의 율법을 준행하는 모든 자와 그들의 아내와 그들의 자녀들 곧 지식과 총명이 있는 자들은"

[214] 느10:31 "혹시 이 땅 백성이 안식일에 물품이나 온갖 곡물을 가져다가 팔려고 할지라도 우리가 안식일이나 성일에는 그들에게서 사지 않겠고 일곱째 해마다 땅을 쉬게 하고 모든 빚을 탕감하리라 하였고"

[215] 느10:32 "우리가 또 스스로 규례를 정하기를 해마다 각기 세겔의 삼분의 일을 수납하여 하나님의 전을 위하여 쓰게 하되"

[216] 느10:37 "또 처음 익은 밀의 가루와 거제물과 각종 과목의 열매와 새 포도주와 기름을 제사장들에게로 가져다가 우리 하나님의 전의 여러 방에 두고 또 우리 산물의 십일조를 레위 사람들에게 주리라 하였나니 이 레위 사람들은 우리의 모든 성읍에서 산물의 십일조를 받는 자임이며"

사장 엘리아십은 암몬 사람 도비야로 더불어 사돈을 정하고 그를 위하여 성전 뜰에 큰 방을 준비했는데 소제물과 유향과 그릇과 십일조로 주는 곡물 등을 두던 곳이라(느13:1-9). 이에 느헤미야가 예루살렘에 돌아가자 이같은 나쁜 일을 용납할 수 없음으로 이를 다 축출하고 성전 그릇과 제물들을 다시 그 방에 들인 일이 있었다. 원래 암몬 사람은 영영히 이스라엘 회중에 참예치 못할 것을 율법에 작성해 놓았다(신23:3-5[217]). 저들이 세상에 물들었으므로 이같은 이방인을 성전뜰안에 용납하여 둔 것이다. 오늘 교회안에도 이러한 도비야가 가만히 들어 앉았으니 세속적인 인물, 육에 속한 교역자, 자유주의 신학을 가르치는 학자들이 다 도비야인 것이다. 우리는 순복음의 방망이로 이를 다 몰아내야 되겠다. 한 교회의 교역자가 성결치 못하면 그 교회 안에 세속적인 인물인 도비야가 잔뜩 들어 앉을 것이며 한 교파에 총회장이나 감독이 신령한 안목이 없으면 그 교파나 단체 안에는 세속적인 도비야, 이단이라는 도비야가 꽉 자리를 잡고 말 것이다. 오! 예루살렘에서 성전을 청결케하던 예수님의 의분을 생각하여라. 형제여 자매여! 그대의 교파 안에 도비야가 없는가? 그대의 교회 안에 도비야가 없는가? 다시 더 깊이 생각하면 우리의 마음에도 도비야라는 옛사람이 없는 이것을 축출하기 전에는 성결한 심령, 성결한 교회가 되지 못할 것이다.

---

217 신23:3-5 "3 암몬 사람과 모압 사람은 여호와의 총회에 들어오지 못하리니 그들에게 속한 자는 십 대뿐 아니라 영원히 여호와의 총회에 들어오지 못하리라 4 그들은 너희가 애굽에서 나올 때에 떡과 물로 너희를 길에서 영접하지 아니하고 메소보다미아의 브돌 사람 브올의 아들 발람에게 뇌물을 주어 너희를 저주하게 하려 하였으나 5 네 하나님 여호와께서 너를 사랑하시므로 네 하나님 여호와께서 발람의 말을 듣지 아니하시고 네 하나님 여호와께서 그 저주를 변하여 복이 되게 하셨나니"

28.
애국부인 에스더

유대는 기원전 586년에 많은 사람들이 바벨론으로 포로로 끌려갔는데, 그후 536년에 페르샤가 바벨론을 정복하고 유대인 포로들을 해방한 일이 있었다. 당시 유대인 포로들 가운데 일부분은 페르샤에 남아 살게 되었다. 페르샤의 수도 수산에 한 여자가 있었으니 곧 유대인의 소생인 에스더이다. 에스더라는 이름의 뜻은 페르샤의 말로 '별'이며 그의 본이름은 히브리 말로 '하닷사'인데 '석류(石榴)'라는 뜻이다. 당시에 페르샤 왕 아하수에로가 나라의 영화와 위엄을 나타내기 위하여 각 지방의 방백들과 조정의 모든 벼슬아치들을 모으고 큰 잔치를 배설하였다. 때에 왕이 주흥을 이기지 못하여 황후 와스디로 하여금 면류관을 정제하고 뭇백성과 방백들 앞에서 그 애교를 보이라고 요구한 것이다.

그러나 황후 와스디는 이 일을 거절하였음으로 왕은 노하여 황후를 물리치고 다시 왕비를 구하는 명령을 천하에 발포하였다. 그때 에스더는 그 삼촌 모르드개 집에서 양육을 받고 있었던 중인데, 페르샤의 수많은 여자들이 다 도성 수산에 모여들어 각각 준비하고 있었다. 이러한 중

에 오직 에스더가 피택되어 황후의 영광에 오르게 되었다. 이번에 에스
더서 전체에서 그녀의 사적 몇 가지를 들어 우리에게 새 교훈을 얻고자
한다.

1. 순실(純實)한 여자

"에스더는 모르드개가 명령한 대로 그 종족과 민족을 말하지 아니하니 그
가 모르드개의 명령을 양육 받을 때와 같이 따름이더라"(에2:20)

이 말씀은 에스더가 황후가 된 후에 말이니 그녀가 과거에 삼촌 모
르드개에게 양육을 받았는데 포로민족의 한 평민 여자에서 하루아침에
대제국의 황후라는 영광스러운 보좌에 오르게 되었다. 대부분의 사람
들은 낮은 지위에 있을 때와 가난한 때와 무식한 자리에 있을 때에는 겸
손하고 순진하고 너그럽기 쉬워도 만일 높은 지위를 얻는다던가 부요
해진다던가 많은 학문을 배우게 된다면 곧 교만하고 스스로 높아져 보
통 사람은 사람으로 보이지 않기 쉬운 것이다.

그러나 에스더는 이러한 높은 자리에 올랐을지라도 조금도 자만하
지 않고 옛날과 같이 그녀의 삼촌의 말을 순종하였음을 보라. 최근에
우리 조선사회의 형편을 본다면 여자가 중등정도의 학교라도 마치면
바로 큰 사람이 된 것처럼 알며 으스대며 허영을 좇아 다니는 일이 많
은 것이다. 인격의 참 가치가 A · B · C나 아는데 있지 않고 오직 덕성
의 함양에 있는 것이다. 모든 여자들은 에스더에게 가서 좀 배워야 되
겠다.

2. 황후의 큰 영광

에스더는 그리스도의 신부된 신자의 모형이다. 그녀가 약소국가의 한낱 포로의 자녀로써 이같이 대제국의 황후가 되었다(에2:17[218]). 우리들도 본래 죄악의 포로 중 아무 보잘 것 없었지만 하나님의 은총으로 택함을 얻어 그리스도의 신부의 영광에 오르게 되었다(엡5:25~27[219]). 그녀가 황후가 되기까지 준비와 황후에 오른 후의 형편을 살펴서 우리의 교훈을 삼을 것이다.

준비

① 삼촌의 교육(에2:7). 에스더가 그만큼한 심덕과 자태를 가지게 된 것이 삼촌 모르드개의 교양이 기초가 된 것이 무릇 신자는 충실한 교역자의 지도를 따라야할 것이다.

② 몸을 정결케함(에2:9[220], 히10:22[221]).

③ 향품을 사용함(에2:9, 고후2:14[222]). 후궁에 들어감. 이는 신자의 깊은 기도의 경험이다.

---

218 에2:17 "왕이 모든 여자보다 에스더를 더 사랑하므로 그가 모든 처녀보다 왕 앞에 더 은총을 얻은지라 왕이 그의 머리에 관을 씌우고 와스디를 대신하여 왕후로 삼은 후에"

219 엡5:25~27 "25 남편들아 아내 사랑하기를 그리스도께서 교회를 사랑하시고 그 교회를 위하여 자신을 주심 같이 하라 26 이는 곧 물로 씻어 말씀으로 깨끗하게 하사 거룩하게 하시고 27 자기 앞에 영광스러운 교회로 세우사 티나 주름 잡힌 것이나 이런 것들이 없이 거룩하고 흠이 없게 하려 하심이라"

220 에2:9 "헤개가 이 처녀를 좋게 보고 은혜를 베풀어 몸을 정결하게 할 물품과 일용품을 곧 주며 또 왕궁에서 으레 주는 일곱 궁녀를 주고 에스더와 그 궁녀들을 후궁 아름다운 처소로 옮기더라"

221 히10:22 "우리가 마음에 뿌림을 받아 악한 양심으로부터 벗어나고 몸은 맑은 물로 씻음을 받았으니 참 마음과 온전한 믿음으로 하나님께 나아가자"

222 고후2:14 "항상 우리를 그리스도 안에서 이기게 하시고 우리로 말미암아 각처에서 그리스도를 아는 냄새를 나타내시는 하나님께 감사하노라"

④ 환관에게 순종함(에2:15[223]). 우리도 오직 성령께 순종하여 주님 영접할 준비에 부족함이 없어야 한다.

황후가 된 이후의 형편

① 면류관을 씌움(에2:17[224]). 우리도 공중에서 주님을 영접할 때 이러한 영광을 받을 것(벧전5:4[225], 딤후4:8[226]).

② 큰 잔치를 배설함(에2:18[227], 계19:8,9[228])

③ 상을 베풂(에2:18[229], 계14:13[230], 히11:6[231], 26[232])

시45:9 "왕이 가까이 하는 여인들 중에는 왕들의 딸이 있으며 왕후는 오빌의 금으로 꾸미고 왕의 오른쪽에 서도다"

---

223 에2:15 "모르드개의 삼촌 아비하일의 딸 곧 모르드개가 자기의 딸 같이 양육하는 에스더가 차례대로 왕에게 나아갈 때에 궁녀를 주관하는 내시 헤개가 정한 것 외에는 다른 것을 구하지 아니하였으나 모든 보는 자에게 사랑을 받더라"

224 에2:17 "왕이 모든 여자보다 에스더를 더 사랑하므로 그가 모든 처녀보다 왕 앞에 더 은총을 얻은지라 왕이 그의 머리에 관을 씌우고 와스디를 대신하여 왕후로 삼은 후에"

225 벧전5:4 "그리하면 목자장이 나타나실 때에 시들지 아니하는 영광의 관을 얻으리라"

226 딤후4:8 "이제 후로는 나를 위하여 의의 면류관이 예비되었으므로 주 곧 의로우신 재판장이 그 날에 내게 주실 것이며 내게만 아니라 주의 나타나심을 사모하는 모든 자에게로니라"

227 에2:18 "왕이 크게 잔치를 베푸니 이는 에스더를 위한 잔치라 모든 지방관과 신하들을 위하여 잔치를 베풀고 또 각 지방의 세금을 면제하고 왕의 이름으로 큰 상을 주니라"

228 계19:8,9 "8 그에게 빛나고 깨끗한 세마포 옷을 입도록 허락하셨으니 이 세마포 옷은 성도들의 옳은 행실이로다 하더라 9 천사가 내게 말하기를 기록하라 어린 양의 혼인 잔치에 청함을 받은 자들은 복이 있도다 하고 또 내게 말하되 이것은 하나님의 참되신 말씀이라 하기로"

229 에2:18 "왕이 크게 잔치를 베푸니 이는 에스더를 위한 잔치라 모든 지방관과 신하들을 위하여 잔치를 베풀고 또 각 지방의 세금을 면제하고 왕의 이름으로 큰 상을 주니라"

230 계14:13 "또 내가 들으니 하늘에서 음성이 나서 이르되 기록하라 지금 이후로 주 안에서 죽는 자들은 복이 있도다 하시매 성령이 이르시되 그러하다 그들이 수고를 그치고 쉬리니 이는 그들의 행한 일이 따름이라 하시더라"

231 히11:6 "믿음이 없이는 하나님을 기쁘시게 하지 못하나니 하나님께 나아가는 자는 반드시 그가 계신 것과 또한 그가 자기를 찾는 자들에게 상 주시는 이심을 믿어야 할지니라"

232 히11:26 "그리스도를 위하여 받는 수모를 애굽의 모든 보화보다 더 큰 재물로 여겼으니 이는 상 주심을 바라봄이라"

3. 결사적 용단

에4:16하반 "당신은 가서 수산에 있는 유다인을 다 모으고 나를 위하여 금
식하되 밤낮 삼 일을 먹지도 말고 마시지도 마소서 나도 나의 시녀와 더불
어 이렇게 금식한 후에 규례를 어기고 왕에게 나아가리니 죽으면 죽으리이
다 하니라"

당시 페르샤의 수상 하만이 조정의 모든 벼슬아치로부터 큰 영광을
받았다. 모든 신하들이 하만을 보면 꿇어 절하였다. 이런 중 오직 에스
더의 삼촌 모르드개만 하만에게 꿇지도 아니하고 절하지도 아니하였더
니 하만이 크게 분노하여 왕에게 고자질하여 천하의 모든 유대인을 다
학살하도록 일을 꾸몄다(에3장). 이러므로 모르드개는 황후 에스더에게
청하기를 "이때에 왕에게 간구하여 동포를 위기에서 구원함이 너의 책
임이라"한 것이다. 지금 에스더가 이 일을 위하여 왕에게 나아가야할터
인데 한가지 딱한 것은 페르샤의 관례에 따르면 누구든지 왕의 부름을
입지 않고는 궐 안으로 들어가지 못하는 것이다(에4:11[233]). 에스더가 이
때 부름을 입지 못한지 30일이나 되는데 만일 왕의 부름이 없이 궐 안
에 들어가면 죽임을 당할는지 모르는 일이나 그녀가 동포의 생명을 위
하여 비록 자기가 죽임을 당할지라도 들어가기로 결심할때에 그녀는
죽을 것을 각오하고 들어간 것이다. 이는 실로 역사에 길이 빛날 애국
부인의 큰 모범이다. 즉 세상을 구원하고자는 하는 결심이니 우리의 주

---

233 에4:11 "왕의 신하들과 왕의 각 지방 백성이 다 알거니와 남녀를 막론하고 부름을 받지 아니하
고 안뜰에 들어가서 왕에게 나가면 오직 죽이는 법이요 왕이 그 자에게 금 규를 내밀어야 살
것이라 이제 내가 부름을 입어 왕에게 나가지 못한 지가 이미 삼십 일이라 하라 하니라"

님 예수께서 전인류의 영혼을 위하여 세상에 강림하심으로 당신의 생명을 버려서 인류를 구원하실 각오이었다(요10:18[234], 요일3:16[235]). 우리들도 뭇사람의 영혼을 구원하는 큰 일을 성취하고자하면 반드시 생명을 희생할 각오가 없으면 될 수 없는 것이다. 에스더가 궁중의 규례를 어기고 왕께 들어갈 때에 "죽으면 죽으리이다"한 각오를 보라. 바울 사도는 "내가 달려갈 길과 주 예수께 받은 사명 곧 하나님의 은혜의 복음을 증언하는 일을 마치려 함에는 나의 생명조차 조금도 귀한 것으로 여기지 아니하노라"(행20:24)하였으니 지금의 기독교가 왕성한 것은 다 순교자의 피의 거름으로 된 일이다. 에스더가 황후가 된 것이 이러한 동포의 위급한 시간을 위하여 예비하신 하나님의 섭리가 있는 것 같이(에4:14) 주께서 우리를 먼저 구원하심이 어찌 우리가 더욱 형벌을 면하게 된 것이 만족스러울까 다시 나아가 동포의 영혼을 구원하는 일을 받들어 행함에 큰 뜻이 있는 것이다(요일3:16, 롬12:1-2[236]).

4. 하만이 죽임을 당함

에7:10 "모르드개를 매달려고 한 나무에 하만을 다니 왕의 노가 그치니라"

하만이 모르드개에게 대한 자고한 감정이 극도에 이르자 그가 그의

---

234 요10:18 "이를 내게서 빼앗는 자가 있는 것이 아니라 내가 스스로 버리노라 나는 버릴 권세도 있고 다시 얻을 권세도 있으니 이 계명은 내 아버지에게서 받았노라 하시니라"
235 요일3:16 "그가 우리를 위하여 목숨을 버리셨으니 우리가 이로써 사랑을 알고 우리도 형제들을 위하여 목숨을 버리는 것이 마땅하니라"
236 롬12:1-2 "그러므로 형제들아 내가 하나님의 모든 자비하심으로 너희를 권하노니 너희 몸을 하나님이 기뻐하시는 거룩한 산 제물로 드리라 이는 너희가 드릴 영적 예배니라 너희는 이 세대를 본받지 말고 오직 마음을 새롭게 함으로 변화를 받아 하나님의 선하시고 기뻐하시고 온전하신 뜻이 무엇인지 분별하도록 하라"

집에 높이가 50척이란 되는 나무를 만들어 세우고 모르드개를 죽이고자 하였다. 이에 에스더가 왕을 위하여 큰 연회를 베풀어 왕을 즐겁게 하는 중에 왕이 에스더의 소청을 물으니 에스더가 하만을 죽이기를 호소하였다(에7장). 왕이 이에 크게 노하여 하만을 그 나무에 달아 죽였다. 우리가 여기에서 크게 배울 것이 있다. 누구든지 남을 해하려하면 그 보응이 반드시 자기에게로 돌아갈 것을 주의할 것이다. 마귀가 예수를 십자가에 못박아 죽였지만 실제로는 예수가 죽은 것이 아니라 마귀 제 자신이 그 십자가 위에 달린 것은 참으로 신기한 일이 아닌가? 할렐루야. 하만은 자업자득이니 사람이 무엇이든지 심은대로 거두는 것이다 (갈6:7[237]). 남을 죽이고자한 화살이 자기에게로 돌아가고 만 것이다. 콩을 심었는데 팥이 날 일이 없으며 벼를 심었는데 조가 날 리가 만무하다. 우리들은 범사에 선과 의를 뿌리는 사람이 되어야 하겠다. 잠 26:27에 "함정을 파는 자는 그것에 빠질 것이요 돌을 굴리는 자는 도리어 그것에 치이리라"하였으며, 옛사람의 말에 '네게서 나온 것이 네게로 돌아간다'함이 다 이러한 사실을 증명하는 것이다. 잠19:21 "사람의 마음에는 많은 계획이 있어도 오직 여호와의 뜻만이 완전히 서리라"

5. 부림절

에9:21-22 "한 규례를 세워 해마다 아달월 십사일과 십오일을 지키라 이 달 이 날에 유다인들이 대적에게서 벗어나서 평안함을 얻어 슬픔이 변하여

---

[237] 갈6:7 "스스로 속이지 말라 하나님은 업신여김을 받지 아니하시나니 사람이 무엇으로 심든지 그대로 거두리라"

기쁨이 되고 애통이 변하여 길한 날이 되었으니 이 두 날을 지켜 잔치를 베풀고 즐기며 서로 예물을 주며 가난한 자를 구제하라 하매"

하만을 나무에 달아 죽인 후에 에스더는 다시 왕께 나아가 하만이 자기 마음대로 발포한 유대인 살해명령은 소멸시킬 뿐아니라 각 지방에 있는 유대인의 생명을 보호하라는 왕의 조서를 천하에 반포하게 되었다. 이에 에스더의 구국운동은 파죽시세로 성취하게 되어 평안을 회복하였으니 이것을 기념하는 것이 곧 부림절이다. 오늘의 그리스도인들도 역시 그러하다. 예수 그리스도로 말미암아 원수 마귀를 십자가에 못 박아 죽이고 그리스도 안에서 참 평안과 기쁨을 얻게 되었으니 이는 역시 우리에게 부림절이다. 할렐루야. 원수 마귀는 오랫동안 우리를 괴롭게하였지만 지금 어디에 있는가? 사 35:10 "여호와의 속량함을 받은 자들이 돌아오되 노래하며 시온에 이르러 그들의 머리 위에 영영한 희락을 띠고 기쁨과 즐거움을 얻으리니 슬픔과 탄식이 사라지리로다" 할렐루야.

29.
고통의 봉사자 욥

    욥을 창세기 46장 13절에 나오는 잇사갈의 아들이라고 생각하는 것은 무리가 아니다. 그는 아브라함과 같은 시대의 사람이다. 그러므로 욥기는 성서 중에 가장 오래된 문서인 동시에 세계에서 가장 오래된 역사이다. 욥기는 인생의 고통 특히 의인의 고통에 대하여 논쟁하는 방대한 글로서 "의인이 왜 고통을 받아야 하느냐?"함은 오랜 수수께끼가 되어 있다. 눈물의 예언자 예레미야도 의를 위하여 고투하면서 이렇게 탄식하며 부르짖었다. "악한 자의 길이 형통하며 패역한 자가 다 안락함은 무슨 까닭입니까?"(렘12:1)하고 주님께 질문하겠다 하였다. 과연 세상에는 이러한 일이 없지 아니하다. 사기, 횡령, 뇌물수수 등으로 배를 채워 살찐 자들이 평안히 잘 사는 것을 보게 된다.

    반면에 잘 입지 못하고 잘 먹지 못하며 의를 행함으로 즐거움을 삼는 의인에게 고통이 닥쳐오는 것을 본다. 공의의 하나님을 믿는 사람으로서 어떻게 이러한 현실에 대하여 의문이 없겠는가? 당시 욥에게 세 친구가 찾아와 자신들의 세계관으로 욥을 권면했으나 욥의 문제를 해결해 주지 못했다. 요컨대 의인에게 임하는 고통은 형벌이 아니라, 더욱 아름답게 만드시는 하나님의 징계이며 연단인 것을 알아야 한다. 이것이 고통의 깊은 뜻이다. 욥기의 사명은, 이와같은 이치를 드러내는 것이라 하겠다. 그러므로 욥은 모든 세대의 성도들에게 다시 없는 위로가 된다. 오늘 기독교 신자로서 여러 가지 고통을 당한다 해도 욥이 당한 고난보다 더 큰 고난을 당하는 자는 별로 없을 것이다. 이런 저런 어려운 일을 당할 때에 욥을 생각하고 인내하는 자에게 복이 될 것이다(약 5:11[238]). 이제 욥기 전체를 통하여 욥의 신앙에 대하여 깊이 배움과 동시에 욥의 인내가 모든 성도들에게 함께 하기를 바란다.

1. 속죄의 신앙

"아침에 일어나서 그들의 명수대로 번제를 드렸으니 이는 욥이 말하기를 혹시 내 아들들이 죄를 범하여 마음으로 하나님을 배반하였을까 함이라"(욥1:5)

이 말씀으로 미루어 욥은 참으로 철저한 기독신자라 하겠다. 여기에 번제물은 곧 미래에 십자가에서 죽으심으로 만민의 죄를 대속하실 예수 그리스도의 그림자인 것이다. 누구든지 하나님 앞에 나오는 사람은 자기의 죄인됨을 깨닫고 죄에서 속량함을 받아야 함을 깨닫지 못하면 진정한 신앙에 들어갈 수 없다.

---

238 약5:11 "보라 인내하는 자를 우리가 복되다 하나니 너희가 욥의 인내를 들었고 주께서 주신 결말을 보았거니와 주는 가장 자비하시고 긍휼히 여기시는 이시니라"

또한 기독교의 진수를 경험하지 못한다. 근세의 소위 신신학이라 함은 곧 죄를 부인하며 예수의 십자가는 일종의 희생적 봉사로만 돌리는 것이니, 이는 화가 있을 것이다(히10:29[239]). 태초에 아담의 아들인 가인과 아벨이 하나님께 제사를 드릴 때에 여호와께서 아벨의 제사만 받으시고 가인의 제사는 물리쳤으니(창4) 이는 무슨 까닭인가? 가인의 제사에는 피가 없고 아벨의 제사에는 피가 있었던 까닭이다. 다시말하면 가인은 자기의 의를 내세우는 종교가의 대표인 것이다. 오늘에 있어서도 교회 안에는 그때와 같이 이 두 흐름의 신자가 있다(눅18:9-14[240] 참조). 즉 자기의 죄를 깨닫지 못하고 주여 주여 하는 자는 다 가인의 계통에 속하는 자이며, 통회하며 그리스도의 보혈을 신뢰하는 자는 다 아벨과 같은 신자인 것이다. 많은 신학자 중에는 회개의 경험도 없고 성결의 요구도 없이 일종 종교나 도(道)로 기독교를 연구하는 자들이 많으니 이와같은 자들은 주님께서 알지 못한다 하실 것이다(마7:22-23[241])

---

239 히10:29 "하물며 하나님 아들을 짓밟고 자기를 거룩하게 한 언약의 피를 부정한 것으로 여기고 은혜의 성령을 욕되게 하는 자가 당연히 받을 형벌은 얼마나 더 무겁겠느냐 너희는 생각하라"

240 눅18:9-14 "9 또 자기를 의롭다고 믿고 다른 사람을 멸시하는 자들에게 이 비유로 말씀하시되 10 두 사람이 기도하러 성전에 올라가니 하나는 바리새인이요 하나는 세리라 11 바리새인은 서서 따로 기도하여 이르되 하나님이여 나는 다른 사람들 곧 토색, 불의, 간음을 하는 자들과 같지 아니하고 이 세리와도 같지 아니함을 감사하나이다 12 나는 이레에 두 번씩 금식하고 또 소득의 십일조를 드리나이다 하고 13 세리는 멀리 서서 감히 눈을 들어 하늘을 쳐다보지도 못하고 다만 가슴을 치며 이르되 하나님이여 불쌍히 여기소서 나는 죄인이로소이다 하였느니라 14 내가 너희에게 이르노니 이에 저 바리새인이 아니고 이 사람이 의롭다 하심을 받고 그의 집으로 내려 갔느니라 무릇 자기를 높이는 자는 낮아지고 자기를 낮추는 자는 높아지리라 하시니라"

241 마7:22-23 "22 그 날에 많은 사람이 나더러 이르되 주여 주여 우리가 주의 이름으로 선지자 노릇하며 주의 이름으로 귀신을 쫓아 내며 주의 이름으로 많은 권능을 행하지 아니하였나이까 하리니 23 그 때에 내가 저희에게 밝히 말하되 내가 너희를 도무지 알지 못하니 불법을 행하는 자들아 내게서 떠나가라 하리라"

2. 가정의 고통

"그의 아내가 그에게 이르되 당신이 그래도 자기의 온전함을 굳게 지키느냐 하나님을 욕하고 죽으라"(욥2:9)

욥은 갑작스럽게 재난을 당하여 그 자녀 10남매가 일시에 몰사하고 소유인 가옥은 다 무너지고, 만 여필의 소와 양 등 가축을 잃어버리거나 불에 타 죽기도 했다. 그런데 설상가상으로 본인은 악한 피부병이 나서 그 고통이 참으로 볼 수 없는 지경이었다(욥1, 2장). 이 때에 그에게 유일한 친구라 할 수 있는 그의 아내는 욥을 위로하기보다는 오히려 조롱하며 배교를 권했다. 이에 대하여 욥의 마음의 고통이 얼마나 심했을까? 오늘도 교역자 가정에서 그 아내나 혹 어떤 독실한 신자의 가정에서 그 아내가 밤낮으로 원망만 하여 남편들의 신앙을 반대하며 조롱하는 일이 많다. 이에 욥이 대답하기를 "그가 이르되 그대의 말이 한 어리석은 여자의 말 같도다 우리가 하나님께 복을 받았은즉 화도 받지 아니하겠느냐"(욥2:10)했다. 우리도 이러한 신앙을 나타내 보여야겠다. 그의 아내는 사랑스런 자녀들이 있을 때와 부한 목축을 가졌을 때에는 이 모두가 하나님의 축복하심이라 하여 매일 아침 아멘 할렐루야로 지냈을지도 모르겠다. 그러나 이제 그의 신앙이 어디로 갔는가? 우리에게 여기에서 깊이 배워야 할 것은 우리의 축복의 목표를 세상에 물질에 두지 말고 오직 영에 두어서 신앙으로 부요하며(약1:5[242]) 선행으로 부를 삼아

---

[242] 약1:5 "너희 중에 누구든지 지혜가 부족하거든 모든 사람에게 후히 주시고 꾸짖지 아니하시는 하나님께 구하라 그리하면 주시리라"

야 할 것이다(딤전6:18[243]). "어진 여인은 그 지아비의 면류관이나 욕을 끼치는 여인은 그 지아비의 뼈가 썩음 같게 하느니라"(잠12:4)

3. 물욕에서 죽어진 신앙

"이르되 내가 모태에서 알몸으로 나왔사온즉 또한 알몸이 그리로 돌아가올지라 주신 이도 여호와시요 거두신 이도 여호와시오니 여호와의 이름이 찬송을 받으실지니이다 하고"(욥1:21)

여기에서 우리는 모든 물욕에서 떠난 욥의 신앙을 배워야겠다. 한 사람이 두 주인을 섬길 수 없음 같이 사람이 물질과 하나님을 겸하여 섬길 수 없다. 우리는 소돔의 헛된 영화에 마음을 붙이고 있던 롯의 아내가 멸망한 것을 생각하고(눅17:32[244]), 돈과 명예 그리고 권세의 욕심을 버리지 아니하면 롯의 아내가 망한 것처럼 우리도 멸망이 기다리고 있음을 알고 크게 깨달아야할 것이다.

4. 재림의 신앙

"내가 알기에는 나의 대속자가 살아 계시니 마침내 그가 땅 위에 서실 것이라 내 가죽이 벗김을 당한 뒤에도 내가 육체 밖에서 하나님을 보리라(욥19:25-26)

---

243 딤전6:18 "선을 행하고 선한 사업을 많이 하고 나누어주기를 좋아하며 너그러운 자가 되게 하라"
244 눅17:32 "롯의 처를 생각하라"

14장에 보면 그는 모든 고통 중에서 내세에 대한 소망이 좌절되었거나 또는 내세관에 대하여 희미해진 것처럼 보이나 그에게 이같은 연단이 임하는 중에 그의 신앙은 참으로 놀라운 빛을 발하게 되었으며 깊은 사색에 들게 했던 것이다. 25절의 말씀은 당당한 재림의 신앙이며, 26절은 혁혁한 내세관이니 이것을 봐도 성서의 깊이 그리고 모든 시대에 속한 성도의 신앙이 성령의 계시로 되어 있음을 알 수가 있다. 오늘 교계에 유력한 사역자들 중에서도 속죄는 믿을지라도 재림은 믿지 아니할 뿐 아니라 일종의 꿈과 같이 여기는 자들이 꽤나 많다. 그러나 우주의 중심 문제는 요컨대 그리스도의 재림 문제에 있으며 인류의 평화 실현도 믿지 않는 자는 결국 성서를 믿지 않는 자라고 할 것이다. "보라 내가 도둑 같이 오리니 누구든지 깨어 자기 옷을 지켜 벌거벗고 다니지 아니하며 자기의 부끄러움을 보이지 아니하는 자는 복이 있도다"(계16:15)

5. 회개와 축복의 회복

"내가 주께 대하여 귀로 듣기만 하였사오나 이제는 눈으로 주를 뵈옵나이다 그러므로 내가 스스로 거두어들이고 티끌과 재 가운데에서 회개하나이다"(욥42:5-6)

"여호와께서 욥의 말년에 욥에게 처음보다 더 복을 주시니 그가 양 만 사천과 낙타 육천과 소 천 겨리와 암나귀 천을 두었고"(욥42:12)

이에서 의인에게 오는 모든 고통의 문제가 해결이 된다. 욥은 원래 주의 칭찬하심과 같이 정직하고 악에서 멀리 떠난 자이었다(욥1:8[245]).
그러므로 얼마동안 그는 자기의 의로움을 자랑하는 중에 있었으나 주
의 징계가 임하는 동시에 그는 전에 없었던 새로운 경험을 하였다. 즉
주를 친히 뵙게된 것이다. 이는 참으로 놀라운 경험이다. 오늘 우리에
게도 이와같은 주의 위엄을 보기 전에는 진정한 회개가 생기지 않는다.
믿는다 하는 모든 사람들마다 이와 같은 하나님을 뵙는 경험을 가져야
한다. 신앙이란 막연한 정식적 추상이 아니라 확실히 하나님을 뵙고 만
지는 경험이다(요일1:1) 또는 욥이 끝까지 참고 견디었으므로 영적으로
이러한 새 경험을 맛보게 되었으며 물질적으로 이전보다 배의 축복을
얻었으며, 자녀 10남매도 다시 얻게 되었으니 "시험을 받고 참는 자는
실로 복이 있도다"하신 말씀을 기억하라(약1:12[246]).

---

245 욥1:8 "여호와께서 사탄에게 이르시되 네가 내 종 욥을 주의하여 보았느냐 그와 같이 온전하고
     정직하여 하나님을 경외하며 악에서 떠난 자는 세상에 없느니라"
246 약1:12 "시험을 참는 자는 복이 있나니 이는 시련을 견디어 낸 자가 주께서 자기를 사랑하는
     자들에게 약속하신 생명의 면류관을 얻을 것이기 때문이라"

30.
정치가적 대예언자 다니엘

    다니엘서의 저자 다니엘은 유대 귀족의 후손이다. 기원전 605년 그의 나이 14세쯤에 바벨론 왕 느부갓네살의 포로가 되어(단1:3[247]) 멀리 이국 땅에 가서 70여년의 오랜 세월을 지나게 되었다. 그가 포로가 되어 끌려갈 때에 용모와 지능이 준수한 세 청년과 동행하게 되었는데 그들은 바벨론 왕궁에서 특별한 교육을 받게 되었으며 다니엘이 17,8세쯤에는 왕의 꿈을 해석함으로 등용이 되어 바벨론의 총독이 된 이후(단2:48[248]) 그는 갈대아, 매대, 파사의 세 나라의 재상을 역임하였다. 그는 가장 경건한 종교인인 동시에 정치인으로서 구약성서 중에 가장 탁월한 인물 중에 하나였다. 이번에 다니엘서 전체를 통하여 그의 신앙과 인격에 대하여 배우고자 한다. 독자 여러 형제 자매들에게 새로운 영적인 힘이 함께 하기를 바란다.

---

247 단1:3 "왕이 환관장 아스부나스에게 말하여 이스라엘 자손 중에서 왕족과 귀족 몇 사람"
248 단2:48 "왕이 이에 다니엘을 높여 귀한 것이나 선물을 많이 주며 그를 세워 바벨론 온 지방을 다스리게 하며 또 바벨론 모든 지혜자의 어른을 삼았으며"

1. 바벨론의 포로

"3 왕이 환관장 아스부나스에게 말하여 이스라엘 자손 중에서 왕족과 귀족
몇 사람 4 곧 흠이 없고 용모가 아름다우며 모든 지혜를 통찰하며 지식에
통달하며 학문에 익숙하여 왕궁에 설 만한 소년을 데려오게 하였고 그들에
게 갈대아 사람의 학문과 언어를 가르치게 하였고"(단1:3-4)

남유다 왕국이 바벨론에게 멸망당할 것은 일찍이 예언자 이사야와
예레미야가 선포한 것이다. 이는 주님께서 조상들의 악을 징계하시고
자 하시는 섭리의 채찍이었다. 바벨론은 교회에 대해 권세를 부리는 사
탄의 모형이다. 현대교회는 이단과 세속화로 충만해 있다. 살았다 하는
이름은 있으나 실상은 죽은 실정이다. 성령을 주소서 하는 부르짖음은
있으나 대부분은 사탄의 유린을 당하면서도 오히려 회개할 줄을 알지
못하며 참 부흥을 구하는 자가 심히 적도다! 느부갓네살이 유대에 가장
쓸만한 수재들을 잡아간 것과 같이 오늘 교회는 세속화되어서 교회 안
에 유망한 청년과 유력한 사역자는 잡아다가 자기의 도구로 사용하고
있다. 많은 청년들이 유물사상에 빠지고, 학문있는 교역자들은 소위 신
신학과 고등비평학에 빠지게 하는 것이다. 예레미야가 유대의 포로 신
세를 노래한 애가를 보라.

"여호와께서 이와 같이 말씀하시니라 라마에서 슬퍼하며 통곡하는 소리가
들리니 라헬이 그 자식 때문에 애곡하는 것이라 그가 자식이 없어져서 위
로 받기를 거절하는도다"(렘31:15)

이 말씀은 오늘 교회 안에 수다한 배교자들의 형편으로 마귀의 포로가 되어 끌려감이다.

2. 구별된 생애

"다니엘은 뜻을 정하여 왕의 음식과 그가 마시는 포도주로 자기를 더럽히지 아니하리라 하고 자기를 더럽히지 아니하도록 환관장에게 구하니"(단1:8)

바벨론 풍속에는 사람이 음식을 먹기 전에 먼저 우상에게 바쳤다. 이때에 왕은 다니엘을 극진히 사랑하였으므로 왕의 진미와 포도주를 마시게 하였다. 그러나 이 왕의 음식도 또한 우상에게 바쳐졌던 것으로 유일신 신앙을 가진 유대인으로는 도저히 이를 먹고 마실 수 없었다. 그러므로 그는 왕의 총애에도 불구하고 단연히 거절하였다. 신앙이란 과연 이런 것이다. "하나님 아버지 앞에서 정결하고 더러움이 없는 경건은 곧 고아와 과부를 그 환난 중에 돌아보고 또 자기를 지켜 세속에 물들지 아니하는 그것이니라"(약1:27)하신 교훈이 이를 증명한다. 성결의 체험이 없는 신자는 교회에 와서는 교리를 지키고 사회에 나가서는 사회의 풍습을 따라간다. 이러한 사람은 참으로 신앙을 가진 사람이라 할 수 없다. 기독 신자는 주로 더불어 먹고 마시는 거룩한 신부의 자격인즉 어찌 창기와 같이 마귀로 더불어 식탁을 같이하며 음식을 나눌 수 있겠는가? 다니엘은 시험으로 열흘동안 채소만 먹은 후에 왕의 진미를 먹은 소년과 비교해 보니 오히려 더욱 아름답고 윤택하였다(단1:15). 이는 주께서 그와 함께 하시는 증거이다. 세상 사람들은 말하기를 "건전한 정신은 건전한 신앙에 있다"고 말한다. 우리들은 어떤 경우라도 세속화와 타협하지 말고 오직 초연한 모습으로 구별된 생애를 살아야겠다. 진흙 가운데서 올라오는 연꽃을 보라. 털끝만치도 더러움과 상관없이 초연히 그 아름다움을 보전하니 성도의 생애도 세상에 살면서 이러해야 한다.

3. 왕의 꿈을 해석

"그 우상의 머리는 순금이요 가슴과 두 팔은 은이요 배와 넓적 다리는 놋이요 그 종아리는 철이요 그 발은 얼마는 철이요 얼마는 진흙이었나이다"(단 2:32-33)

이것은 바벨론 왕이 본 이상한 꿈이다. 그러나 왕은 이 꿈을 잊었을 뿐더러 해석할 수도 없었다. 그래서 나라 안에 모든 학박사들은 모였으나 해석하지 못했다. 그 때에 다니엘이 여호와께 기도하여 왕의 꿈을 해석하게 되었다. 이 꿈은 원대한 세계의 장래 운명을 보여 주신 것이다. 금 머리는 바벨론이요, 은 가슴과 팔은 메대와 파사요, 놋의 배와 넓적다리는 헬라요, 철의 종아리는 로마를 의미한 것이니 즉 4대 제국이 이어서 일어날 것이다. 이 때에 어디서 큰 돌을 떠와서 이 우상을 부숴뜨리니 이 큰 돌은 그리스도이시다. 4대 제국은 전 세계의 열강을 대표함이요 그리스도의 강림으로 말미암아 전 세계는 큰 심판을 받을 것을 계시하신 것이다. 이러한 심오한 예언적 계시를 해석한 자는 바벨론의 박사가 아니요 오직 여호와와 교제하는 다니엘이었다. 이에 대하여 우리는 경탄을 금할 수가 없다. 여호와를 경외하는 것이 지식의 근본이라(잠1:7)하신 말씀을 기억하자. 과연 하나님을 아는 참 지식을 얻는 것이다. 지혜있는 사람이 어디 있는가? 모든 사람이 자기의 조그마한 지식을 가지고 하나님을 헤아리려 하니 이것은 바다의 물을 작은 잔으로 헤아리려는 것과 같은 것이다. 우리는 지식의 근본이 되시는 하나님께 돌아와 겸비함으로 무릎을 꿇고 하나님의 계시를 구하자. 모든 사회관, 인생관, 세계관 등 어려운 문제가 다 해결을 얻을 것이다. "너는 내게 부르짖으라 내가 네게 응답하겠고 네가 알지 못하는 크고 은밀한 일을 네게 보이리라"(렘33:3)

4. 총독의 영광

"왕이 이에 다니엘을 높여 귀한 것이나 선물을 많이 주며 그를 세워 바벨론 온 지방을 다스리게 하며 또 바벨론 모든 지혜자의 어른을 삼았으며"(단2:48)

"6 무릇 높이는 일이 동쪽에서나 서쪽에서 말미암지 아니하며 남쪽에서도 말미암지 아니하고 7 오직 재판장이신 하나님이 이를 낮추시고 저를 높이시느니라"(시75:6,7) 하고 시편 기자는 말하였다. 다니엘은 그같이 이국 땅에서의 포로의 신분으로 지냈지만 하나님은 그를 통하여 여호와의 영광을 나타내시며 주의 이름이 높임을 받았다. 이러한 일로 인하여 하나님은 모든 계시를 그에게 보이셨으며 모든 사람에게 뛰어난 지혜와 총명을 더하셨다(단1:20[249]). 왕의 꿈을 해몽한 후에는 하루아침에 전국을 통치하는 총독의 영광스러운 자리에 오르게 되었다. 이 명

---

[249] 단1:20 "왕이 그들에게 모든 일을 묻는 중에 그 지혜와 총명이 온 나라 박수와 술객보다 십 배나 나은 줄을 아니라"

예는 왕으로 말미암은 것이 아니오 바벨론 관민의 추대로 말미암은 것도 아니오 오직 여호와로 말미암아 온 것이다. 하나님을 떠나 있는 모든 사람들은 이 명예를 위하여 급급하여 분주하게 돌아다니며 시기와 암투 그리고 결당과 암살 등을 자행한다. 그러나 이렇게 얻은 명예는 영광이 아니라 저주인 것이다. 하나님을 저버린 헤롯 왕의 영광이 돌연히 저주로 변한 사건을 기억하라(행12:21-23[250]). 하나님을 모르고 명예에 처한 자가 위태롭다. 높은 지위에 있는 자들이여! 겸손하여라! 많은 학문을 가진 자들아! 배를 내밀지 말라. 너의 지위, 너의 학문이 너를 먹은 저주의 벌레가 되는지 누가 알겠느냐? 아! 우리는 겸손히 하나님 앞에 엎드려 지내는 생애를 잃지 말 것이다.

5. 사자굴 시련

"이에 왕이 명령하매 다니엘을 끌어다가 사자 굴에 던져 넣는지라 왕이 다니엘에게 이르되 네가 항상 섬기는 너의 하나님이 너를 구원하시리라 하니라"(단6:16)

파사 왕 다리오가 방백 120명을 두어 전국을 다스리게 하고 또 감독 3인을 두어 통치할 때에 그 감독 중에 다니엘의 마음이 민첩하여 총리들과 방백들 위에 뛰어남으로 왕이 다니엘을 세워 전국을 다스리게 하였다. 이에 동료 총리들과 방백들이 이를 시기하여 다니엘을 없애고자

---

250 행12:21-23 "21 헤롯이 날을 택하여 왕복을 입고 단상에 앉아 백성에게 연설하니 22 백성들이 크게 부르되 이것은 신의 소리요 사람의 소리가 아니라 하거늘 23 헤롯이 영광을 하나님께로 돌리지 아니하므로 주의 사자가 곧 치니 벌레에게 먹혀 죽으니라"

하여 30일동안 누구든지 왕외에 다른 신을 섬기는 자는 사자굴에 던져 넣기로 하는 왕의 금령을 내리게 했다. 옛날에 정치의 역사가 이러했다. 나보다 나은 사람을 시기하며 나에게 아부하는 사람을 기뻐하는 것은 소인배들의 간악한 마음이다. 이리하여 지위가 높아가는 사람은 기어코 흔들어 떨어뜨리려는 것이 공직사회의 심리이니 이것이 곧 멸망이다. 그러나 다니엘은 왕의 금령이 내려짐을 알고도 조금도 흔들림이 없어 "자기 집에 돌아가서는 하루에 세 번씩 무릎을 꿇고 기도하며 그 하나님께 감사하였더라"(단6:10). 참으로 그의 신앙이 위대하다. 이때에 그이 나이 팔십 고령에 이르러 있었다. 드디어 다니엘은 왕의 금령을 어긴 죄로 사자굴에 던짐을 받았다. 그러나 하나님께서 함께 하시는 그를 능히 해칠 자가 없었으니 사자의 입을 막으심으로 사자굴에서 보호를 받아 나오고 그를 모함한 간신들이 도리어 죽임을 당했다.

31.
평민 예언자 아모스

아모스는 기원전 793년경에 활동하던 예언자이다. 그 시대는 유다의 웃시야 왕과 이스라엘 왕 여로보암 2세 때이다. 여로보암 시대는 이스라엘의 전성기이었지만 종교와 도덕은 극도로 타락했었다. 이런 시대의 요구에 응하여 하나님께서 통쾌히 외칠 예언자 아모스를 일으키셨다. 그는 유다 남방 드고아(예루살렘의 남쪽 120마일)에서 출생하여 사명을 받은 후 주님과 더불어 교제하며 일생을 편안히 지내고자 했을 것이다. 그러나 하나님께서 쓰시고자 하는 사람이니 어찌 전원의 풍경에서 일생을 보내게 할 것인가? 하루 아침에 그에게는 대사명이 주어졌다. 하나님께서 직접 그를 부르셨다. 이에 그는 일어나 부패하여 가는 정치계와 종교계를 향해 격렬한 설교를 했으며 쇠약해져 가는 하나님의 백성들에게 큰 희망을 주었다. 오늘의 교계에 하나님이 요구하시는 것은 이러한 평민 예언자들이 많이 일어나는 일이다. 지옥으로 향해 가는 영혼을 돌이킬 수 있는 힘은 대 신학자의 논설이 아니라 신앙의 체험을 증거하는 평범한 그리스도인의 증언인 것이다. 우리 한국교회에도 이같이 직접 사명을 받아 일어나는 예언자가 필요하다. 아모스는 철두철미 정의의 사자이다. (원하옵기는 주께서 직접 우리에게 임하시어 이와 같은 정의의 투사가 되게 하옵소서 아멘) 이제 아모스서 전체를 통하여 아모스에 대한 몇 가지 교훈을 배우고자 한다.

1. 열국의 심판을 예언

그는 예언 첫 부분에서 다메섹, 가사, 두로, 에돔, 암몬, 모압 등 열국에 대하여 큰 심판이 임할 것을 선포하였다. 어느 시대이던지 예언자의 무거운 짐이 되는 것은 백성의 죄악을 공격하며 하나님의 심판을 선포하는 일이다. 아모스라는 이름의 뜻은 '무거운 짐'이라는 뜻이니 이같이 모든 사람의 귀에 거슬리는 악담과 저주 같은 설교를 하니 누가 좋아했겠는가? 그러나 이것이 하나님의 명령이니 사람의 얼굴을 두려워하여 전하지 않는다면 도리어 화가 예언자에게 미칠 것이다(고전9:16[251], 겔3:18[252]). 그러므로 오늘의 교계에 있어서 사명있는 예언자는 죄를 대적하되 피를 흘리기까지 하여야겠다. 모든 이단, 음행, 결당, 투기, 시기, 세속화 등에 대하여 담대히 공격하는 예언자를 하나님은 원하신다. 그가 유다에 대하여 증거한 예언은 그 후 200년만에 바벨론의 공격으로 이루어졌으며(암5:5[253]) 이스라엘에 대한 예언은 그 후 60년만에 앗수르

---

[251] 고전9:16 "내가 복음을 전할지라도 자랑할 것이 없음은 내가 부득불 할 일이라 만일 복음을 전하지 아니하면 내게 화가 있을 것이로다"

[252] 겔3:18 "가령 내가 악인에게 말하기를 너는 꼭 죽으리라 할 때에 네가 깨우치지 아니하거나 말로 악인에게 일러서 그의 악한 길을 떠나 생명을 구원하게 하지 아니 하면 그 악인은 그의 죄악 중에서 죽으려니와 내가 그의 피 값을 네 손에서 찾을 것이고"

[253] 암5:5 "벧엘을 찾지 말며 길갈로 들어가지 말며 브엘세바로도 나아가지 말라 길갈은 반드시 사로잡히겠고 벧엘은 비참하게 될 것임이라 하셨나니"

의 공격으로 이루어졌다(암6:14[254]). 진실로 하나님의 말씀은 한 말씀이라도 땅에 떨어지지 않고 반드시 이루어진다(왕하10:10[255]). 그러므로 우리는 하나님의 말씀에 대한 확신을 가지고 하나님의 말씀 그대로를 전하는 사람이 되기를 바란다.

2. 형식적 예배를 공격함

"암5:21 내가 너희 절기들을 미워하여 멸시하며 너희 성회들을 기뻐하지 아니하나니 22 너희가 내게 번제나 소제를 드릴지라도 내가 받지 아니할 것이요 너희의 살진 희생의 화목제도 내가 돌아보지 아니하리라 8:5 너희가 이르기를 월삭이 언제 지나서 우리가 곡식을 팔며 안식일이 언제 지나서 우리가 밀을 내게 할꼬 에바를 작게 하고 세겔을 크게 하여 거짓 저울로 속이며"

당시의 종교상태는 오로지 형식과 조문만 남아 있었다. 백성들이 모여서 예배하며 번제를 드릴지라도 그들의 죄악을 겸하여 행하면서 주의 거룩한 이름을 부르니 이것이 화가 있을 일이며, 안식일에 형식으로 휴업을 하나 그 마음에는 장사하여 이익을 남기려는 마음 뿐이었으니 이것이 무슨 하나님을 기쁘시게 할 예배가 되겠는가? 오늘 한국교회 안에서도 어느 교회에서는 주일에 예배하다가 서로 편을 나누어 육박전

---

254 암6:14 "만군의 하나님 여호와의 말씀이니라 이스라엘 족속아 내가 한 나라를 일으켜 너희를 치리니 그들이 하맛 어귀에서부터 아라바 시내까지 너희를 학대하리라 하셨느니라"
255 왕하10:10 "그런즉 이제 너희는 알라 곧 여호와께서 아합의 집에 대하여 하신 말씀은 하나도 땅에 떨어지지 아니하리라 여호와께서 그의 종 엘리야를 통하여 하신 말씀을 이제 이루셨도다 하니라"

이 생기는 곳도 있으며 어느 교회에서는 부흥회 중에 한바탕 난투를 일으키는 일도 있어서 예배당 안에 경찰까지 동원해서 진압하며 검속하는 일이 있으니 참으로 한심한 일이다. 이것이 무슨 예배이며 무슨 부흥회인가? 마귀의 부흥회가 될 수 밖에 없다. 하나님은 이러한 곳에 함께 계시지 아니하신다. 이렇게 모이면서 스스로 구원얻는 줄로 믿으며 하나님의 일 한다고 안다면 이는 큰 착각이다. 아! 모든 교회는 열심히 회개하여 이와 같은 죄악에서 떠나 거룩한 새 덩어리가 되어야 하겠다. 예배는 형식과 조문에 있지 아니하고 오직 신령과 진정에 있는 것이다 (요4:24[256])

3. 부호를 타도함(부자와 세력가들을 공격함)

"암6:3 너희는 흉한 날이 멀다 하여 포악한 자리로 가까워지게 하고 4 상아 상에 누우며 침상에서 기지개 켜며 양 떼에서 어린 양과 우리에서 송아지를 잡아서 먹고 5 비파 소리에 맞추어 노래를 지절거리며 다윗처럼 자기를 위하여 악기를 제조하며 6 대접으로 포도주를 마시며 귀한 기름을 몸에 바르면서 요셉의 환난에 대하여는 근심하지 아니 하는 자로다"

당시는 실로 부호의 권세가 호랑이처럼 날뛰었다. 그들은 가난한 사람들의 머리에 있는 티끌까지도 탐내어 저희들의 잘먹고 잘사는 삶의 재료로 삼은 것이다(암2:7[257]). 겨울이면 추위를 피하고 여름이면 더위를

---

256 요4:24 "하나님은 영이시니 예배하는 자가 영과 진리로 예배할지니라"
257 암2:7 "힘 없는 자의 머리를 티끌 먼지 속에 발로 밟고 연약한 자의 길을 굽게 하며 아버지와 아들이 한 젊은 여인에게 다녀서 내 거룩한 이름을 더럽히며"

피할 곳에 화려한 별장을 지어 놓고 밤과 낮으로 먹고 마시며 노래하며 두들기는 일로 세월을 보낸 것이다. 이처럼 부호의 세력이 왕성하면 그 국가의 종교와 정치와 도덕은 반드시 무너지게 되는 것이다. 오늘 교회 안에서도 무엇으로 세속화가 들어오며 교역자의 타락도 무엇으로 말미암아 오는가? 곧 부호로 말미암아 온다. 어떤 교회에는 돈 목사, 돈 장로, 돈 집사가 있다. 이 사람들에게 영적인 것이 없어도 돈만 있으면 교역자도 머리를 숙이며 그의 잘못함이 있을지라도 감히 책망하지도 못하는 것이다. 이것은 멸망받을 일이다. 황금에 머리 숙이는 교역자와 신자들은 시내산에서 금송아지 우상에 절하며 뛰놀던 아론과 이스라엘 무리와 다를 바가 없다. 부호로 사치가 생기며 안일이 생기며 따라서 음행이 생기는 것이다. 이러한 곳에 하나님의 진노가 임한다. "들으라 부한 자들아 너희에게 임할 고생을 인하여 울고 통곡하라... 너희가 말세에 재물을 쌓았도다"(약5:1-3). 부자여! 그 보물을 하늘에 쌓는 일을 행하면 복이 있을 것이다.

4. 하나님 말씀의 기근에 대하여

"암8:11 주 여호와의 말씀이니라 보라 날이 이를지라 내가 기근을 땅에 보내리니 양식이 없어 주림이 아니며 물이 없어 갈함이 아니요 여호와의 말씀을 듣지 못한 기갈이라"

이 말씀은 오늘의 교회를 향한 것이다. 현대 교회에서는 신학적 철학적 사상 문제의 강연으로 일을 삼고 정확한 성서적 설교는 듣기가 어렵게 되었다. 우리 한국교회에서도 세월을 따라 점점 이러한 경향에 빠져

가고 있다. 벌써 어떤 교회에서는 순수한 성서의 복음 설교는 폐지된 형편에 있다. 중생이 무엇인지 성령세례가 무엇인지 신앙이 무엇인지 회개가 무엇인지 알지 못하고 체험도 없는 무리들이 강단에서 팔을 걸어 올리고 외치고 있으니 참으로 지금은 하나님 말씀의 기근이 이 땅에 찾아온 것이다. 모든 영혼의 피폐를 무엇으로 채울 수 있을 것인가? 교회 부흥은 어느 시대나 성서의 부흥에 있는 것이다. 루터, 웨슬레, 무디의 부흥은 다 성서의 부흥이었으며 요시아 왕의 부흥 에스라의 부흥도 성서의 부흥이다. 우리는 무엇보다도 이 성서를 읽으며 이 성서대로 가르치기를 힘써야 할 것이다.

5. 성지의 회복에 대하여

"암9:11 그 날에 내가 다윗의 무너진 장막을 일으키고 그것들의 틈을 막으며 그 허물어진 것을 일으켜서 옛적과 같이 세우고 12 그들이 에돔의 남은 자와 내 이름으로 일컫는 만국을 기업으로 얻게 하리라 이 일을 행하시는 여호와의 말씀이니라 13 여호와의 말씀이니라 보라 날이 이를지라 그 때에 파종하는 자가 곡식 추수하는 자의 뒤를 이으며 포도를 밟는 자가 씨 뿌리는 자의 뒤를 이으며 산들은 단 포도주를 흘리며 작은 산들은 녹으리라 14 내가 내 백성 이스라엘이 사로잡힌 것을 돌이키리니 그들이 황폐한 성읍을 건축하여 거주하며 포도원들을 가꾸고 그 포도주를 마시며 과원들을 만들고 그 열매를 먹으리라15 내가 그들을 그들의 땅에 심으리니 그들이 내가 준 땅에서 다시 뽑히지 아니하리라 네 하나님 여호와의 말씀이니라"

이는 참으로 귀중한 약속이다. 아모스는 유다와 이스라엘의 심판을 선고하는 동시에 그는 또한 원대한 희망을 말하였다. AD 70년에 예루살렘이 로마 대군에게 진멸된 이래 유대인은 세계로 흩어지게 되었으며 성지 팔레스타인은 황량한 폐허를 이루고 말았다. 그러나 성서는 변치 않을 것이니 이 성지의 회복에 대하여 예언하고 있는 것이다. 유대인은 세계에 흩어졌을지라도 이 약속을 굳게 믿고 있다. 최근 팔레스타인의 정황은 이 약속의 성취에 싹을 보이고 있다. 그것은 성지의 개간이 시작되어 각국에 유대인이 해마다 이주하게 되며 예루살렘에는 히브리 대학이 건설되었는데 그 대학에는 종교학과가 있어 옛날 구약의 법대로 24반열로 조직되어 있다 하며 AD 70년 멸망 후에는 이슬이 내리지 않던 것이 최근에는 옛날 축복의 때와 같이 이슬이 흡족히 내림으로 경작도 풍성하게 된다고 한다. 이는 다 성지 회복의 전조이며 주의 재림이 절박한 이 때인 것을 주의할 것이다.

32.
눈물의 예언자 예레미야

1. 명백한 소명

예레미야는 참으로 모범적인 교역자의 모델이다. 가장 우선적인 원동력은 그에게 명백한 소명의식이 있었다는 것이다.

"너를 성별하였고 너를 여러 나라의 선지자로 세웠노라"(렘1:5하반절,7,10,17-19[258])

---

258 렘1:7 "여호와께서 내게 이르시되 너는 아이라 말하지 말고 내가 너를 누구에게 보내든지 너는 가며 내가 네게 무엇을 명령하든지 너는 말할지니라 / 렘1:10 "보라 내가 오늘 너를 여러 나라와 여러 왕국 위에 세워 네가 그것들을 뽑고 파괴하며 파멸하고 넘어뜨리며 건설하고 심게 하였느니라 하시니라 / 렘1:17-19 "17 그러므로 너는 네 허리를 동이고 일어나 내가 네게 명령한 바를 다 그들에게 말하라 그들 때문에 두려워하지 말라 네가 그들 앞에서 두려움을 당하지 않게 하리라 18 보라 내가 오늘 너를 그 온 땅과 유다 왕들과 그 지도자들과 그 제사장들과 그 땅 백성 앞에 견고한 성읍, 쇠기둥, 놋성벽이 되게 하였은즉 19 그들이 너를 치나 너를 이기지 못하리니 이는 내가 너와 함께 하여 너를 구원할 것임이니라 여호와의 말이니라"

과연 하나님의 사랑이란 하나님께서 직접 보내신 것이다. 누구든지 하나님이 보내셨다는 명백한 자각이 없으면 복음을 담대하게 전할 수 없다. 예레미야는 원래 성품이 소담하며 예민한 사람이지만 그 성질과는 전혀 다른 가혹한 예언을 하였다. 그는 타락한 종교와 정치사회를 향하여 하나님의 심판을 준엄하게 전했다. 오늘의 기독교계는 이와같은 용감한 사역자를 기다린다. 강단에서 어름어름하면서 청중의 지위 혹은 학식에 눌려 감히 회개하라는 경책의 설교를 하지 못하고 새로 나온 단어나 학설이나 소개하며 재미있는 이야기나 하고 만다. 어떤 교회에서는 사경회를 하려면 제일 구수하고 우스운 이야기 잘하는 강사를 초청해서 한주간 실컷 웃고 지낸다. 이렇게 웃고 구원을 얻는다면 매일 희극장에 나가면 좋지 않을까? 아! 우리는 회개의 도리를 철저히 전할 것이며 지옥의 심판을 분명히 말할 것이다. 지옥은 과연 신학 박사라도 목사라도 장로라도 황제나 대통령이라도 죄가 있으면 삼키기를 사양치 않는다. 예레미야의 당시에 타락한 예언자들이 많이 있었다. 그들은 우선 하나님께서 보내시지 않은 자, 즉 소명의식이 없는 자이며(렘23:32[259]) 철저한 회개를 전하지 않으며 백성을 완전한 구원으로 인도하지 않았다. "그들이 딸 내 백성의 상처를 가볍게 여기면서 말하기를 평강하다, 평강하다 하나 평강이 없도다"(렘8:11)하심이 그 말이다. 모든 교역자들은 반드시 소명을 위하여 할 것이다. 만일 명백한 소명의 자각이 없이 교역한다면 이는 품팔이꾼이요 직업적인 전도자이다. 발람의 길을 가는 자이다.

---

259 렘23:32 "여호와의 말씀이니라 보라 거짓 꿈을 예언하여 이르며 거짓과 헛된 자만으로 내 백성을 미혹하게 하는 자를 내가 치리라 내가 그들을 보내지 아니하였으며 명령하지 아니하였나니 그들은 이 백성에게 아무 유익이 없느니라 여호와의 말씀이니라"

2. 눈물의 사람

구약성서에서 가장 예수님과 닮은 인물은 예레미야이다. 그는 과연 정서적이며 항상 정의감에 충만했다. 예수님께서 슬퍼하셨던 것도 역시 정서적인 인물이었던 까닭이었다. 혹시 예수님을 본 사람들이 예레미야를 생각한 것도 크게 잘못된 것이 아니었다. 예언자는 도성의 황폐를 바라보면서 정의감의 눈물을 흘렸다.

렘9:1 "어찌하면 내 머리는 물이 되고 내 눈은 눈물 근원이 될꼬 죽임을 당한 딸 내 백성을 위하여 주야로 울리로다"

그 백성이 오직 여호와를 의뢰하지 아니하고 강대국을 의뢰하며 모든 산림 속에서 우상을 섬기는 그 형편은 얼마나 예언자의 가슴을 태웠겠는가? 오래지 않아 바벨론 대군의 약탈로 인해 성전의 무너짐과 자녀의 죽음과 논과 밭이 황폐해지는 것을 생각하며 바라보니 마음이 아프고 눈물을 흘릴 수 밖에 없었던 것이다.

애1:4 "시온의 도로들이 슬퍼함이여 절기를 지키려 나아가는 사람이 없음이로다 모든 성문들이 적막하며 제사장들이 탄식하며 처녀들이 근심하며 시온도 곤고를 받았도다"

아! 우리에게도 이런 눈물이 있어야겠다. 모든 사람의 영혼이 지옥을 향하여 주저함없이 달려가는 형편이 아닌가? 오! 주여 눈물을 주시옵소서 아멘.

우리 예수님께서도 감람산 아래로 내려오시다가 성에 가까이 이르렀을 때에 예루살렘성을 내려다보시면서 크게 우셨다(눅19:41[260]). 예루살렘 주민들이 그리스도에게 순종치 아니하고 십자가에 못박음으로 장차 잔혹한 로마군에게 유린당할 형편을 내다 보셨기 때문이다. 굉장한 성전과 곳곳에 우뚝 솟은 회당과 거리에 삼삼오오 짝지어 거니는 젊은 남녀들과 도포를 입고 점잖게 양반 걸음을 하는 종교가들, 그들의 운명을 생각할 때에 주님의 가슴에서는 안타까움의 긴 한숨이 복받치며 두 눈에서 뜨거운 눈물을 흘리시게 되었다. 아! 우리에게도 동족의 영혼들을 위하여 이러한 눈물이 있어야겠다.

3. 성령의 불세례

앞에서 말한 것 같이 교역자의 원동력은 소명의식인 동시에 성령의 불세례이다. 가령, 소명의식을 말하면 열차의 기관사와 같고 성령의 불세례는 기관의 불과 같다. 기관사가 있는 동시에 불이 있으면 열차 순조롭게 운행이 될 것이다. 이제 우리 속에 소명의식이라는 기관사가 있고 성령의 불이 있으면 우리의 일생이 순조롭게 운행될 것이다. 20여년 동안 소아시아와 유럽을 분주히 달리며 복음을 전파한 바울의 일생은 이 두 요소가 겸비한 까닭이었다. 누구든지 교역자의 자격을 갖추려면 이 불세례가 있어야 한다. 저 유명한 무디는 성령세례를 받기 전에도 상당한 활동을 하였으나 한계를 느끼고 그 이상의 능력충만을 받기 원했다. 그러던 중 어느 두 부인의 증거로 이 은혜를 깨닫고 기도하여 드

---

260 눅19:41 "가까이 오사 성을 보시고 우시며"

디어 권능의 불세례를 받게 되었다. 그 후부터 그의 역사는 현저한 능력을 나타냈다. 그의 증거에 의하면 같은 제목으로 설교했지만 이 은혜를 받은 후에는 현저한 능력이 나타났다고 하였다.

> 렘20:9 "내가 다시는 여호와를 선포하지 아니하며 그의 이름으로 말하지 아니하리라 하면 나의 마음이 불붙는 것 같아서 골수에 사무치며 답답하여 견딜 수 없나이다"

이 말씀은 예레미야 속에 불세례가 있음을 증거하는 것이다. 누구든지 이러한 불이 마음 속에 있어야 모든 영혼에 대하여 책임을 지고 전도하게 된다.

4. 말씀을 묵상하는 사람

> 렘15:16 "만군의 하나님 여호와시여 나는 주의 이름으로 일컬음을 받는 자라 내가 주의 말씀을 얻어 먹었사오니 주의 말씀은 내게 기쁨과 내 마음의 즐거움이오나"

이 구절은 예레미야가 그 얼마나 말씀에 대한 취미와 묵상을 가졌는가를 알 수 있게 해준다. 과연 성도의 생애를 뿌리깊게 하고 윤택하게 하며 능력있게 하는 것은 말씀의 충만함에 있다.

> 시1:2 "오직 여호와의 율법을 즐거워하여 그의 율법을 주야로 묵상하는도다"

또한 시편 119편을 정독해보면 옛 성도들이 얼마나 그 말씀에 대하여 취미를 가졌으며 학문과 지식이 깊었는지를 알 수가 있다. 무디 선생은 말하기를 말씀충만은 곧 성령의 충만이라고 하였다. 엡5:18-21[261]과 골3:16-17[262]에 말씀을 비교해보면 성령충만과 말씀충만의 결과가 동일하다.

현대 교역자들은 성서연구를 매우 등한히 하고 있다. 교역자 양성기관인 신학교에서도 역사, 철학, 어학 등 시간을 빼면 사실 성경 배우는 시간은 몇 시간이 못된다. 또한 설교할 때에도 참신한 성구를 인용하기보다도 유명한 사람들의 격언 등을 인용하는 것을 더 좋게 여긴다. 교역자가 되어 성서를 모르는 것이 수치이지 철학과 과학 등을 잘 모르는 것이 무슨 큰 수치란 말인가? 가령 의사가 되었으면 의학을 모르는 것이 큰 수치이며 변호사가 되었으면 법학을 잘 모르는 것이 큰 수치일 것이다. 영혼의 의사가 된 우리 교역자는 반드시 성서에 정통해야할 것이다.

예레미야 속에 있는 말씀은 곧 불이 되었다(렘5:14[263]). 하나님께서는 이 성서에 친근하며 정통한 사람을 반드시 들어쓰신다. 현대 교역자들이 다 성서연구에 등한시하고 다른 학문으로 자기의 능력을 삼고자 하는 것은 진정한 생수의 근원을 버리고 나일강 물을 마시려고 애굽 길로

---

261 엡15:18-21 "18 술 취하지 말라 이는 방탕한 것이니 오직 성령으로 충만을 받으라 19 시와 찬송과 신령한 노래들로 서로 화답하며 너희의 마음으로 주께 노래하며 찬송하며 20 범사에 우리 주 예수 그리스도의 이름으로 항상 아버지 하나님께 감사하며 21 그리스도를 경외함으로 피차 복종하라"
262 골3:16-17 "16 그리스도의 말씀이 너희 속에 풍성히 거하여 모든 지혜로 피차 가르치며 권면하고 시와 찬송과 신령한 노래를 부르며 감사하는 마음으로 하나님을 찬양하고 17 또 무엇을 하든지 말에나 일에나 다 주 예수의 이름으로 하고 그를 힘입어 하나님 아버지께 감사하라"
263 렘5:14 "그러므로 만군의 하나님 여호와께서 이와 같이 말씀하시니라 너희가 이 말을 하였은즉 볼지어다 내가 네 입에 있는 나의 말을 불이 되게 하고 이 백성을 나무가 되게 하여 불사르리라"

가는 모양이다(렘2:13[264],18[265]). 과연 성서는 무궁한 생명수요 인간의 학문은 다 나일강 물과 같은 것이다. 그런즉 우리는 예레미야에게 있었던 명백한 소명의식과 동족의 운명을 위하여 흘린 눈물과 성령세례와 말씀충만을 가지고 추락해가는 교계의 대세를 영적인 방향으로 돌아서게 하자. 아멘.

264 렘2:13 "내 백성이 두 가지 악을 행하였나니 곧 그들이 생수의 근원되는 나를 버린 것과 스스로 웅덩이를 판 것인데 그것은 그 물을 가두지 못할 터진 웅덩이들이니라"
265 렘2:18 "네가 시홀의 물을 마시려고 애굽으로 가는 길에 있음은 어찌 됨이며 또 네가 그 강물을 마시려고 앗수르로 가는 길에 있음은 어찌 됨이냐"

33.
물고기 뱃속의 요나

예언자 요나는 갈릴리 북쪽 가드헤벨 사람 아밋대의 아들이다(왕하 14:25[266]). 그는 이스라엘의 예언자로서 호세아, 아모스, 이사야 등과 서로 연계가 되어 활동을 하였는데, 여로보암 2세가 다스리던 때이다. 전해져 오는 말에 의하면 그는 엘리야 예언자가 살려준 사렙다 과부의 아들이라고 한다. 그가 기록한 요나서는 예언서 중에 가장 먼저 된 것으로 생각된다. 기원전 830년경에 예언한 것이다.

하나님께서 요나에게 니느웨로 가서 전도하라고 명령하셨지만 그는 그곳에 가기가 싫어서 다시스로 도망하다가 바다에서 폭풍을 만나 뱃사람들에 의해 바다에 던져진다. 마침 하나님께서 예비하신 큰 물고기에 삼켜져 그 뱃속에서 3일을 지내다가 다시 육지로 토해져서는 바로 니느웨로 가서 전도한 일을 기록한 것이 요나서이다. 본서를 통하여 주

---

266 왕하14:25 "이스라엘의 하나님 여호와께서 그의 종 가드헤벨 아밋대의 아들 선지자 요나를 통하여 하신 말씀과 같이 여로보암이 이스라엘 영토를 회복하되 하맛 어귀에서부터 아라바 바다까지 하였으니"

시는 교훈을 받고자 한다.

다시스로 가는 길

니느웨로 가라고 명하신 주님의 사명에 불복하고 다시스로 피하여 가려고 한 것은 아마도 그의 생각에 니느웨는 이스라엘의 원수가 되는 앗수르의 수도이기 때문에 만일 그들이 자기의 전도로 인해 회개한다면 이는 도리어 원수를 축복하는 일이라는 편협한 애국심에서 비롯된 것인 줄 안다(욘4:1-2[267] 참조). 다시말하면 원수의 망하는 것을 기뻐하는 정신이다. 이는 신약성서의 사상에 비추어보면 그 얼마나 유치하며 편협한 것인가? 하나님은 유대인의 하나님만이 아니요 이방인의 하나님도 되신다(롬3:29[268]). 그리스도인의 정신은 박애의 정신이니 그리스도의 복음에는 국가나 인종의 차별이 없는 것이다(고전3:11, 갈3:28).

다시스는 유대의 서쪽 스페인 해안의 땅이며 니느웨는 유대의 동쪽 앗수르의 수도이니 요나가 피하여 가는 길은 주님의 명령과는 정반대 방향이었다. 이것은 모든 인류가 걷는 걸음을 대표한다. 인류는 에덴에서 쫓겨난 이후부터 하나님을 반대하는 근성이 생겼으며(롬8:7[269]) 그 가는 길은 하나님 나라와 정반대되는 지옥의 길이다. 그러므로 성서에는 회개를 권고하며 "돌아오라"는 말씀을 기록하고 있다(행3:19, 렘 3:17,19,22, 4:1, 눅15장 등 참조).

---

267 욘4:1-2 "1 요나가 매우 싫어하고 성내며 2 여호와께 기도하여 이르되 여호와여 내가 고국에 있을 때에 이러하겠다고 말씀하지 아니하였나이까 그러므로 내가 빨리 다시스로 도망하였사오니 주께서는 은혜로우시며 자비로우시며 노하기를 더디하시며 인애가 크시사 뜻을 돌이켜 재앙을 내리지 아니하시는 하나님이신 줄을 내가 알았음이니이다"

268 롬3:29 "하나님은 다만 유대인의 하나님이시냐 또한 이방인의 하나님은 아니시냐 진실로 이방인의 하나님도 되시느니라"

269 롬8:7 "육신의 생각은 하나님과 원수가 되나니 이는 하나님의 법에 굴복하지 아니할 뿐 아니라 할 수도 없음이라"

요나로 인하여 큰 폭풍이 일어났음으로 사람들은 모두 큰 두려움과 불안에 쌓이게 되었다. 이는 한 사람 요나의 불순종으로 인한 것인 것처럼 아담 한 사람의 불순종으로 죄와 사망이 전 인류에게 미치게 된 사실과 같다(롬5:17,19[270]). 이로 보건대 하나님께 불순종하는 일이 비록 한 사람의 작은 일이라 해도 그 결과는 크게 미치게 되는 것임을 알 수 있다. 그러므로 우리는 작은 일에 불충성함으로 큰 심판을 받지 말 것이며, 나 한 사람의 불순종으로 인하여 교우 전체의 영적인 피폐를 가져오지 말아야 할 것이다. 작은 일에 충성한데 대한 보응과 한 사람이 그리스도에게 순종한 결과를 하나하나 생각해 보아야 한다(마25:21, 롬5:19 참조).

물고기 뱃속에서의 3일

요나는 자기로 인하여 배에 탄 모든 사람이 불안에 빠지게 된 것을 깨닫고(욘1:12[271]) 자원하여 바다에 던져졌다. 때에 섭리의 하나님께서는 큰 물고기를 예비하셨다가 그를 삼키게 하셨다. 불순종의 길은 이처럼 불안에 불안을 위험에 위험만을 거듭하게 한다. 세상에는 하늘 아버지의 자녀 중 이같이 불순종의 길을 가다가 결국에는 패망하는 가련한 영혼이 적지 않다(눅15장의 형편을 참작), 악인의 길은 형통치 못한 것이다.

요나는 여호와의 낯을 피한 결과 폭풍의 위험을 만났으며 폭풍의 위

---

270 롬5:17-19 "17 한 사람의 범죄로 말미암아 사망이 그 한 사람을 통하여 왕 노릇 하였은즉 더욱 은혜와 의의 선물을 넘치게 받는 자들은 한 분 예수 그리스도를 통하여 생명 안에서 왕노릇 하리로다 18 그런즉 한 범죄로 많은 사람이 정죄에 이른 것 같이 한 의로운 행위로 말미암아 많은 사람이 의롭다 하심을 받아 생명에 이르렀느니라 19 한 사람이 순종하지 아니함으로 많은 사람이 죄인 된 것 같이 한 사람이 순종하심으로 많은 사람이 의인이 되리라"

271 욘1:12 "그가 대답하되 나를 들어 바다에 던지라 그리하면 바다가 너희를 위하여 잔잔하리라 너희가 이 큰 폭풍을 만난 것이 나 때문인 줄을 내가 아노라 하니라"

험을 피하여 물고기 뱃속으로 삼킴이 되었다. 이는 사자를 피하여 도망하다가 곰을 만나거나 혹 집안으로 피하여 손을 벽을 의지하다가 뱀에게 물림과 같은 일이다(암5:19[272]). 악인의 가는 길은 동에 가도 패망이요, 서에 가도 패망이요, 남에 가도 북에 가도 패망일 뿐이다. 그러나 주께서는 사랑하시는 자를 책망하여 징계하신다(계3:19[273]). 요나의 불순종의 길에 폭풍을 예비하시고 큰 물고기를 예비하심은 그로 하여금 그 불순종을 징계하시고자 하시는 주님의 사랑을 나타내심이다. 만일 그에게 이러한 징계가 없었다면 그는 사생자요 버림을 받은 자신에 불과하였음을 것이다. 할렐루야! 징계는 성도를 온전케 하시는 하늘 아버지의 도구이다(히12:5,6[274]).

요나서 2장을 보면 그가 물고기 뱃속에서 그 심령이 얼마나 새롭게 되었는가를 볼 수 있다. 2장은 전체가 그의 기도이다. 사람마다 이처럼 징계의 도가니에 들어가야 진정으로 겸손하여져 하늘 아버지께 부르짖게 된다. 그의 기도 내용을 총괄하여 보면 ① 확신(2:2 내 음성을 들으셨나이다) ② 부활의 소망(2:4,6) ③ 완전한 헌신(2:9 주께 제사를 드리며) ④ 은혜의 종교를 깨달음(구원은 여호와께 속하였나이다)이었다. 참으로 우리가 구원을 얻는 것은 하나님의 전권과 온전한 사랑으로 됨이요 우리의 의나 공적으로 됨은 결코 아니다(엡2:8). 이 물고기 뱃속은 요나에게 진정한 신학교였으니 그가 여기서 주를 만나 뵈었음으로 완전히 순종하는 심

---

272 암5:19 "마치 사람이 사자를 피하다가 곰을 만나거나 혹은 집에 들어가서 손을 벽에 대었다가 뱀에게 물림 같도다"
273 계3:19 "무릇 내가 사랑하는 자를 책망하여 징계하노니 그러므로 네가 열심을 내라 회개하라"
274 히12:5-6 "5 또 아들들에게 권하는 것 같이 너희에게 권면하신 말씀도 잊었도다 일렀으되 내 아들아 주의 징계하심을 경히 여기지 말며 그에게 꾸지람을 받을 때에 낙심하지 말라 6 주께서 그 사랑하시는 자를 징계하시고 그가 받아들이시는 아들마다 채찍질하심이라 하였으니"

령을 갖게 된 것이다.

니느웨의 대부흥

주의 명령으로 물고기가 요나를 토하여 육지에 내어 보냈다. 이와같이 주님께 온전한 순종함이 없는 동안에는 주의 징계가 끝나지 않을 것이다. 이에 주님의 사명이 다시 한번 임할 때 그는 두말없이 순종하여 니느웨로 가서 외친 것이다(욘3:1-4[275]). 이 성은 인구가 노인과 어린이를 합하여 약 백만을 헤아리며, 성 둘레는 3일 길이나 되는 성이다. 요나의 전도를 들을 때에 임금으로부터 서민, 가축까지 모두가 굵은 베옷을 입고 여호와께 부르짖어 회개하였음으로 온 성이 구원을 얻는 큰 부흥이 일어났다. 할렐루야! 요나의 사적은 예수님의 부활하심으로 이방인의 기약이라는 것이 있는데(눅21:24), 오늘은 참으로 이방인의 부흥기이다. 예수님의 재림은 이 때를 기다리나니, 이때는 참으로 기도하며 전도할 때이다.

니느웨에서 부흥이 일어난 원인에는 두 가지 요소가 있다. 그 하나는 요나의 솔직한 설교이다. 그는 외치되 하나님의 말씀 그대로 가감없이 (40일 후면 니느웨가 반드시 무너지리라) 선포하였다. 이때 요나의 설교는 참으로 지옥을 보고 온 사람의 말과 같이 그 백성들에게 들렸을 것이다. 오늘의 강단에서도 이러한 권능의 설교자가 요청된다. 둘째는 그들의 회개이다. 니느웨 성에 임금과 백성 전체는 요나의 설교를 곧 하나님의

---

[275] 욘3:1-4 "1 여호와의 말씀이 두 번째로 요나에게 임하니라 이르시되 2 일어나 저 큰 성읍 니느웨로 가서 내가 네게 명한 바를 그들에게 선포하라 하신지라 3 요나가 여호와의 말씀대로 일어나서 니느웨로 가니라 니느웨는 사흘 동안 걸을 만큼 하나님 앞에 큰 성읍이더라 4 요나가 그 성읍에 들어가서 하루 동안 다니며 외쳐 이르되 사십 일이 지나면 니느웨가 무너지리라 하였더니"

말씀으로 받은 것이다(살전2:13[276] 참조). 모두가 회개하였다. 부흥은 이러한 곳에서 일어나는 법이다. 오늘의 교회에서 부흥회를 하는데 목사나 장로는 회개할 것을 회개하지 아니하고 다만 평신도들에게만 회개를 권하는 일이 많이 있다. 주님께서 이러한 곳에 은혜를 베풀지 않으신다. 특히 한국교회여, 부흥을 원하거든 니느웨 성 군왕의 겸손함을 배워서 교역자로부터 회개해야 하겠다. 이것이 근본적인 방침이다. 지방회나 총회에서 서로 질투하며 권력을 위해 싸우는 교권주의자들이 주관하는 교회에 무슨 부흥이 있을 것인가?

박 넝쿨의 교훈

니느웨의 부흥을 보고 요나가 화가나서 성 동편에 나아가 앉았을 때에 여호와께서 박 넝쿨을 예비하셔서 그를 교훈하셨다(욘4:1-6[277]). 요나가 이 박 넝쿨이 무성하여 자기를 가리워 줄 때에 심히 기뻐하였다. 슬프다. 인생의 부귀영화여. 이 박 넝쿨에 지나지 아니하다. 요나가 조금 후에 이 박 넝쿨이 시들해지자 마음으로 크게 비탄하였다. 모든 사람들이 금전 혹은 명예라는 박 넝쿨을 쓰고 매우 기뻐하나 그것이 능히 지옥

---

276 살전2:13 "이러므로 우리가 하나님께 끊임없이 감사함은 너희가 우리에게 들은 바 하나님의 말씀을 받을 때에 사람의 말로 받지 아니하고 하나님의 말씀으로 받음이니 진실로 그러하도다 이 말씀이 또한 너희 믿는 자 가운데서 역사하느니라"

277 욘4:1-6 "1 요나가 매우 싫어하고 성내며 2 여호와께 기도하여 이르되 여호와여 내가 고국에 있을 때에 이러하겠다고 말씀하지 아니하였나이까 그러므로 내가 빨리 다시스로 도망하였사오니 주께서는 은혜로우시며 자비로우시며 노하기를 더디하시며 인애가 크시사 뜻을 돌이켜 재앙을 내리지 아니하시는 하나님이신 줄을 내가 알았음이니이다 3 여호와여 원하건대 이제 내 생명을 거두어 가소서 사는 것보다 죽는 것이 내게 나음이니이다 하니 4 여호와께서 이르시되 네가 성내는 것이 옳으냐 하시니라 5 요나가 성읍에서 나가서 그 성읍 동쪽에 앉아 거기서 자기를 위하여 초막을 짓고 그 성읍에 무슨 일이 일어나는가를 보려고 그 그늘 아래에 앉았더라 6 하나님 여호와께서 박넝쿨을 예비하사 요나를 가리게 하셨으니 이는 그의 머리를 위하여 그늘이 지게 하며 그의 괴로움을 면하게 하려 하심이었더라 요나가 박넝쿨로 말미암아 크게 기뻐하였더니"

의 뜨거운 불을 가리우지 못할 것이다. 그가 일개 박 넝쿨의 시들해지는 것을 슬퍼함으로 주께서 큰 성 니느웨의 생명에 대한 사랑을 교훈을 하셨으니, 한 박넝쿨과 백만의 생명의 경중이여!

주님께서 이와같이 인생에게 실물 교훈을 하시되 인생은 이를 너무도 깨닫지 못한다. 우주만물은 다 하나님께서 인류에게 주신 유력한 유신론적 설교가 아닌가!(롬1:19,20) 이런 요나의 정신은 누가복음 15장의 큰 아들의 정신과 흡사하다. 그 큰 아들은 회개한 동생으로 기뻐하며 잔치를 베푼 아버지께 대하여 불평을 품은 것이다. 이는 하늘 아버지의 사랑을 깊이 알지 못하는 편협함이다. 한 사람도 멸망치 않는 것이 주님의 거룩하신 뜻이다.

하권
신약시대

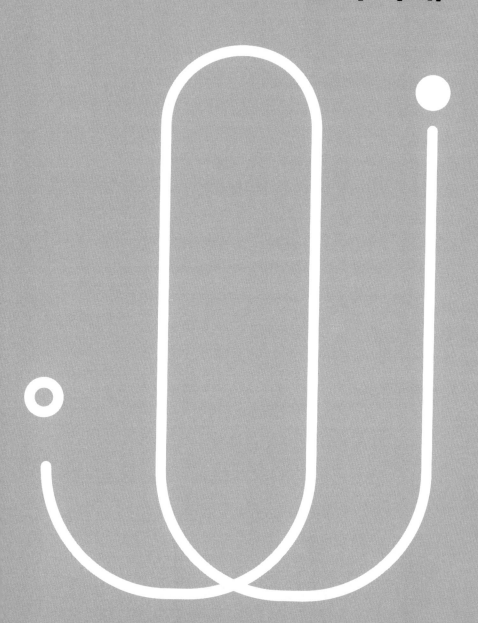

34.
예수의 부모 요셉과 마리아

요셉

요셉은 예수의 양아버지이다. 유대인이 대망하는 메시야는 다윗의 후손에서 나온다고 구약성서에 명백히 기록되어 있다(삼하7:12,13,16[278]). 예수의 양아버지인 요셉은 역시 다윗의 자손이다(눅2:4[279]).

1. 그는 의인

"그 남편 요셉은 의로운 사람이라"(마1:19)

---

278 삼하7:12-16 "12 네 수한이 차서 네 조상들과 함께 누울 때에 내가 네 몸에서 날 네 씨를 네 뒤에 세워 그의 나라를 견고하게 하리라 13 그는 내 이름을 위하여 집을 건축할 것이요 나는 그의 나라 왕위를 영원히 견고하게 하리라 14 나는 그에게 아버지가 되고 그는 내게 아들이 되리니 그가 만일 죄를 범하면 내가 사람의 매와 인생의 채찍으로 징계하려니와 15 내가 네 앞에서 물러나게 한 사울에게서 내 은총을 빼앗은 것처럼 그에게서 빼앗지는 아니하리라 16 네 집과 네 나라가 내 앞에서 영원히 보전되고 네 왕위가 영원히 견고하리라 하셨다 하라"
279 눅2:4 "요셉도 다윗의 집 족속이므로 갈릴리 나사렛 동네에서 유대를 향하여 베들레헴이라 하는 다윗의 동네로"

그는 모세의 율법을 준수하여 희생의 피를 힘입어 여호와를 경외하는 사람이다. 이같은 사람은 세상에 드물다. 일찍이 아브라함이 천사에게 소돔과 고모라의 심판의 예고를 들었을 때에 그는 여호와께 말씀을 드릴 때에 의인 열 사람이 있으면 이 성을 용서하시겠습니까 할 때에 주의 말씀이 의인 열 사람을 인하여 내가 이 성을 멸하지 아니하리라(창18:32) 말씀을 하셨다.

이같이 하나님 앞에서 의인은 귀하다. 이렇게 율법에 경건한 요셉에게 메시야의 양육을 위탁하심이 주의 심상치 않은 섭리인 것을 알아야 한다. 그는 예수의 유아시절부터 히브리식 교육을 받게 하였다. 예수의 지혜가 점점 자라서 모든 사람에게 사랑을 받게 된 것이 어찌 그의 가정교육의 공로가 없다 하겠는가?(신6:5-9[280])

2. 그는 사랑의 사람

"그는 드러내지 아니하고 가만히 끊고자 하여"(마1:19 하반)

그는 자기와 약혼한 여자 마리아가 잉태하였다함을 들었을 때에, 이는 유대인의 율법에 용납되지 않는 죄인줄 알았다(신22:22-24[281]). 그러

---

280 신6:5-9 "5 너는 마음을 다하고 뜻을 다하고 힘을 다하여 네 하나님 여호와를 사랑하라 6 오늘 내가 네게 명하신 이 말씀을 너는 마음에 새기고 7 네 자녀에게 부지런히 가르치며 집에 앉았을 때에든지 길을 갈 때에든지 누워 있을 때에든지 일어날 때에든지 말씀을 강론할 것이며 8 너는 또 그것을 네 손목에 매어 기호를 삼으며 네 미간에 붙여 표로 삼고 9 또 네 집 문설주와 바깥 문에 기록할지니라"

281 신22:22-24 "22 어떤 남자가 유부녀와 동침한 것이 드러나거든 그 동침한 남자와 그 여자를 둘 다 죽여 이스라엘 중에 악을 제할지니라 23 처녀인 여자가 남자와 약혼한 후에 어떤 남자가 그를 성읍 중에서 만나 동침하면 24 너희는 그들을 둘 다 성읍 문으로 끌어내고 그들을 돌로 쳐죽일 것이니 그 처녀는 성안에 있으면서도 소리 지르지 아니하였음이요 그 남자는 그 이웃의 아내를 욕보였음이라 너는 이같이 하여 너희 가운데에서 악을 제할지니라"

나 이것을 드러내지 않고 조용히 끊으려 하였으니 이것이 그가 사랑의 인격을 가진 표징이다. "사랑은 허다한 허물을 가리운다"(벧전4:8)는 것이 성서의 교훈이다. 일찍이 알렉산더 대왕이 유명한 화가에게 자기의 초상을 그려 달라고 하였을 때에, 대왕은 어느 전쟁에서 그 오른편 이마에 칼의 상처를 당하였다. 화가는 어떻게나 대왕의 오른편 이마에 있는 상처를 숨기기 위하여 대왕으로 하여금 오른손으로 그 이마를 짚게 하고 그 형상을 그려서 훌륭한 초상화를 그렸다고 한다. 이 화가가 알렉산더 대왕의 흉터를 가리워 주고자 하는 것과 같은 정신으로 우리들은 형제의 죄와 허물을 드러내며 비방하지 말고 가리워 주어야 하나님의 율법을 이루는 사람이 될 것이다. 우리의 주님께서는 그 십자가에서 흘리신 보혈로 우리의 모든 죄를 가리워 주셨다(잠17:9[282], 롬13:10[283], 3:25[284]).

3. 그는 영의 교제가 있는 사람

"주의 사자가 현몽하여 이르되"(마1:20 상반)

이 말씀을 생각해보면, 그는 평소에 깊은 영교가 있었던 사람인 것을 알 수가 있다. 우리에게도 때때로 이러한 묵시가 있어야 한다. "묵시가 없으면 백성이 방자히 행하거니와"(잠29:16)하였다. 그러므로 묵시가 없

---

282 잠17:9 "허물을 덮어 주는 자는 사랑을 구하는 자요 그것을 거듭 말하는 자는 친한 벗을 이간하는 자니라"
283 롬13:10 "사랑은 이웃에게 악을 행하지 아니하나니 그러므로 사랑은 율법의 완성이니라"
284 롬3:25 "이 예수를 하나님이 그의 피로써 믿음으로 말미암아 화목제물로 세우셨으니 이는 하나님께서 길이 참으시는 중에 전에 지은 죄를 간과하심으로 자기의 의로우심을 나타내려 하심이니"

는 개인의 신앙은 빈 껍데기 뿐이며, 묵시가 없는 국가의 정치는 망할 것 뿐이다. 하나님께서 영교에 깊었던 아브라함에게 소돔과 고모라에 대한 심판을 숨기지 아니 하셨다(창18:17[285], 20-23[286]). 에녹은 영교 중에서 주와 300년간 동행하였음은, 그가 그 세대에 대한 묵시를 받았기 때문이다(유1:14[287]). 심판의 대환난이 반드시 임할 징조를 미리 보고 있었다. 그러므로 그 시대가 아무리 상공업으로, 문화 예술로 문명을 자랑하고 있었을지라도, 그의 심령에는 날마다 하늘의 음성이 심판의 소식을 울리고 있었다. 우리의 생애가 어떠한가? 원하고 바라기는 시대의 기운을 알고자 신문지에 주목하는 것보다 오직 아브라함의 하나님, 에녹의 하나님께 나아가 영교의 깊은 생애를 보내며, 영원한 세계에 대한 묵시의 밝은 빛에 도취해보기를 바란다.

4. 그는 순종의 사람

"주의 사자의 분부대로 행하여 그의 아내를 데려왔으나"(마1:24)

요셉은 묵시를 받았을 때에[288] 아무런 의심없이 즉시 그 아내를 데려왔다. 이것이 참된 신앙을 가진 증거이다. 순종이 없는 신앙은 신앙이

---

285 창18:17 "여호와께서 이르시되 내가 하려는 것을 아브라함에게 숨기겠느냐"
286 창18:20-23 "20 여호와께서 또 이르시되 소돔과 고모라에 대한 부르짖음이 크고 그 죄악이 심히 무거우니 21 내가 이제 내려가서 그 모든 행한 것이 과연 내게 들린 부르짖음과 같은지 그렇지 않은지 내가 보고 알려 하노라 22 그 사람들이 거기서 떠나 소돔으로 향하여 가고 아브라함은 여호와 앞에 그대로 섰더니 23 아브라함이 가까이 나아가 이르되 주께서 의인을 악인과 함께 멸하려 하시나이까"
287 유1:14 "아담의 칠대 손 에녹이 이 사람들에 대하여도 예언하여 이르되 보라 주께서 그 수만의 거룩한 자와 함께 임하셨나니"
288 마1:20 "이 일을 생각할 때에 주의 사자가 현몽하여 이르되 다윗의 자손 요셉아 네 아내 마리아 데려오기를 무서워하지 말라 그에게 잉태된 자는 성령으로 된 것이라"

아니다. 아브라함은 믿음으로 순종하였으므로 모든 사람들의 신앙의 조상이 되었다. 그가 처음 하나님의 부르심을 입었을 때에 아무런 의심 없이 그의 고향 우르를 떠났으며(히11:8[289]) 또 그에게 그 외아들 이삭을 잡아 번제로 드리라 하실 때에도 그는 주저하지 않고 곧 순종하였다(창 22:1-3[290], 히11:17,18[291]). 그러므로 우리에게 주의 지시가 임할 때에, 우리는 이에 반론하지 말고, 주저하지 말고, 즉시 순종함으로 받을 축복을 잃어버리지 말아야 한다. 사울은 순종하지 않다가 결국 은혜에서 떨어지고 말았다(삼상15:22[292]). 순종이란 하나님과 인간의 연결고리가 되는 것이며 모든 축복의 뿌리가 되는 것이다. 한 사람 아담의 불순종으로 온 우주는 죄와 사망 아래 놓이게 되었으며 한 사람 그리스도의 순종으로 온 우주가 다시 의와 생명으로 회복하게 되었다. 그러므로 주의 일생에는 하나님께 대하여 "예"할 뿐이고 "아니라"함은 없었다(고후 1:19-20[293]). 우리도 모든 일에 "예"할 것 뿐이다. 이 말씀을 보면 그는 참으로 성적으로도 정결한 사람이다. 사도 바울은 교훈하기를 "각각 거룩함과 존귀함으로 자기의 아내 대할 줄을 알고 하나님을 모르는 이방인

---

289 히11:8 "믿음으로 아브라함은 부르심을 받았을 때에 순종하여 장래의 유업으로 받을 땅에 나아갈새 갈 바를 알지 못하고 나아갔으며"

290 창22:1-3 "1 그 일 후에 하나님이 아브라함을 시험하시려고 그를 부르시되 아브라함아 하시니 그가 이르되 내가 여기 있나이다 2 여호와께서 이르시되 네 아들 네 사랑하는 독자 이삭을 데리고 모리아 땅으로 가서 내가 네게 일러 준 한 산 거기서 그를 번제로 드리라 3 아브라함이 아침에 일찍이 일어나 나귀에 안장을 지우고 두 종과 그의 아들 이삭을 데리고 번제에 쓸 나무를 쪼개어 가지고 떠나 하나님이 자기에게 일러주신 곳으로 가더니"

291 히11:17-18 "17 아브라함은 시험을 받을 때에 믿음으로 이삭을 드렸으니 그는 약속들을 받은 자로되 그 외아들을 드렸느니라 18 그에게 이미 말씀하시기를 네 자손이라 칭할 자는 이삭으로 말미암으리라 하셨으니"

292 삼상15:22 "사무엘이 이르되 여호와께서 번제와 다른 제사를 그의 목소리를 청종하는 것을 좋아하심 같이 좋아하시겠나이까 순종이 제사 보다 낫고 듣는 것이 숫양의 기름보다 나으니"

293 고후1:19-20 "19 우리 곧 나와 실루아노와 디모데로 말미암아 너희 가운데 전파된 하나님의 아들 예수 그리스도는 예 하고 아니라 함이 되지 아니하셨으니 그에게는 예만 되었느니라 20 하나님의 약속은 얼마든지 그리스도 안에서 예가 되니 그런즉 그로 말미암아 우리가 아멘 하여 하나님께 영광을 돌리게 되느니라"

과 같이 색욕을 따르지 말고"(살전4:4,5)하였으니 그는 참으로 이러한 교훈에 부합되는 인격을 가진 사람이었다. 무릇 혼인의 거룩함이 어디에 있는가? 남녀 이성이 서로 사랑하고 서로 도와주는데 있는 것이다. 결혼은 다만 성욕관계로만 본다면 이는 짐승과 같은 야비함에서 벗어나지 아니하는 자들이 갖는 사상이다. 부부 사랑의 거룩함은 그리스도와 교회의 관계를 가장 대표적으로 나타내준다(엡5:25[294], 창2:18[295]).

신약의 요셉도 이와같이 성적 성결을 가진 사람이었음을 보는 동시에 구약의 요셉을 떠올리지 않을 수 없다. 그도 역시 남녀 교제에 있어 퍽 근신한 청년이었다(창3:6–11[296]). 오늘 모든 청년 남녀들은 소위 연애라는 그물에 걸려서 말할 수 없는 추악한 행동을 자행하고 있다. 이른바 교회라는 곳에 "은혜를 변하여 색욕을 일삼는 일"(벧후2:2[297], 유1:4[298])이 얼마나 많은가? 남녀가 서로 화려한 의복을 입고 얼굴에 분을 바르며 머리에 기름을 바르고 서로를 향하여 애교를 부리니 저들의 눈에는 음욕이 충만하다. 쓸데없이 편지하며 또는 예물을 주고받는 물건연애

---

294 엡5:25 "남편들아 아내 사랑하기를 그리스도께서 교회를 사랑하시고 그 교회를 위하여 자신을 주심 같이 하라"

295 창2:18 "여호와 하나님이 이르시되 사람이 혼자 사는 것이 좋지 아니하니 내가 그를 위하여 돕는 배필을 지으리라 하시니라"

296 창39:6–11 "6 주인이 그의 소유를 다 요셉의 손에 위탁하고 자기가 먹는 음식 외에는 간섭하지 아니하였더라 요셉은 용모가 빼어나고 아름다웠더라 7 그 후에 그의 주인의 아내가 요셉에게 눈짓하다가 동침하기를 청하니 8 요셉이 거절하며 자기 주인의 아내에게 이르되 내 주인이 집안의 모든 소유를 간섭하지 아니하고 다 내 손에 위탁하였으니 9 이 집에는 나보다 큰 이가 없으며 주인이 아무 것도 내게 금하지 아니하였어도 금한 것은 당신뿐이니 당신은 그의 아내임이라 그런즉 내가 어찌 이 큰 악을 행하여 하나님께 죄를 지으리이까 10 여인이 날마다 요셉에게 청하였으나 요셉이 듣지 아니하여 동침하지 아니할뿐더러 함께 있지도 아니하니라 11 그러할 때에 요셉이 그의 일을 하러 그 집에 들어갔더니 그 집사람들은 하나도 거기에 없었더라"

297 벧후2:2 "여럿이 그들의 호색하는 것을 따르리니 이로 말미암아 진리의 도가 비방을 받을 것이요"

298 유1:4 "이는 가만히 들어온 사람 몇이 있음이라 그들은 옛적부터 이 판결을 받기로 미리 기록된 자니 경건하지 아니하여 우리 하나님의 은혜를 도리어 방탕한 것으로 바꾸고 홀로 하나이신 주재 곧 우리 주 예수 그리스도를 부인하는 자니라"

와 또는 의남매 등의 행위는 다 음행이다. 이러한 자리에서 일어나며 속히 그 길에서 돌아서라. 멸망이 갑자기 그 머리 위에 임할까 두려워하라! 깨닫고 회개하라!

마리아

예수의 어머니 마리아는 참으로 이상적 여성이다. 그녀에게 여러 가지 아름다운 덕이 갖추어져 있었다.

1) 그녀는 겸손한 사람(눅2:48)

2) 신앙의 사람(눅2;49)

3) 주와 함께 한 사람(눅2:28)

4) 깊이 생각하며 주를 대한 사람(눅2:19,50)

5) 성서적 신앙이 깊었던 사람(눅2:46–52)[299]

---

299 눅2:19–55 "19 마리아는 이 모든 말을 마음에 새기어 생각하니라 20 목자들은 자기들에게 이르던 바와 같이 듣고 본 그 모든 것으로 인하여 하나님께 영광을 돌리고 찬송하며 돌아가니라 21 할례할 팔 일이 되매 그 이름을 예수라 하니 곧 잉태하기 전에 천사가 일컬은 바러라 22 모세의 법대로 정결예식의 날이 차매 아기를 데리고 예루살렘에 올라가니 23 이는 주의 율법에 쓴 바 첫 태에 처음 난 남자마다 주의 거룩한 자라 하리라 한 대로 아기를 주께 드리고 24 또 주의 율법에 말씀하신 대로 산비둘기 한 쌍이나 혹은 어린 집비둘기 둘로 제사하려 함이더라 25 예루살렘에 시므온이라 하는 사람이 있으니 이 사람은 의롭고 경건하여 이스라엘의 위로를 기다리는 자라 성령이 그 위에 계시더라 26 그가 주의 그리스도를 보기 전에는 죽지 아니하리라 하는 성령의 지시를 받았더니 27 성령의 감동으로 성전에 들어가매 마침 부모가 율법의 관례대로 행하고자 하여 그 아기 예수를 데리고 오는지라 28 시므온이 아기를 안고 하나님을 찬송하여 이르되 29 주재여 이제는 말씀하신 대로 종을 평안히 놓아 주시는도다 30 내 눈이 주의 구원을 보았사오니 31 이는 만민 앞에 예비하신 것이요 32 이방을 비추는 빛이요 주의 백성 이스라엘의 영광이니이다 하니 33 그의 부모가 그에 대한 말들을 놀랍게 여기더라 34 시므온이 그들에게 축복하고 그의 어머니 마리아에게 말하여 이르되 보라 이는 이스라엘 중 많은 사람을 패하거나 흥하게 하며 비방을 받는 표적이 되기 위하여 세움을 받았고 35 또 칼이 네 마음을 찌르듯 하리니 이는 여러 사람의 마음의 생각을 드러내려 함이니라 하더라 36 또 아셀 지파 바누엘의 딸 안나라 하는 선지자가 있어 나이가 매우 많았더라 그가 결혼한 후 일곱 해 동안 남편과 함께 살다가 37 과부가 되고 팔십사 세가 되었더라 이 사람이 성전을 떠나지 아니하고 주야로 금식하며 기도함으로 섬기더니 38 마침 이 때에 나아와서 하나님께 감사하고 예루살렘의 속량을 바라는 모든 사람에게 그에 대하여 말하니라 39 주의 율법을 따라 모든 일을 마치고 갈릴리로 돌아가 본 동네 나사렛에 이르니라 40 아기가 자라며 강하여지고 지혜가 충만하

이와같이 종교적으로 도덕적으로 준비된 그녀에게 구세주 탄생이 위탁되었음은 결코 보통 일이 아니었음을 알아야 한다.

마지막으로 우리가 경계하지 아니하면 안되는 것이 있다. 그것은 곧 천주교 마리아 숭배이다. 지금은 그녀가 일종의 우상이 되어 버렸다. 이것은 참으로 큰 오류이다. 무릇 이 우주의 인간에게 예배를 받으실 분은 오직 삼위일체이신 하나님 외에 없는 것인데, 마리아가 어찌 예배를 받을 수 있겠는가? 이는 그녀가 원한 것이 아닌데도 후세의 사람들이 그녀를 우상으로 만들어 버린 것이다. 그녀도 우리와 같이 주님의 구원을 받아야할 사람이다. 천사의 인사에 그녀가 두려워한 것도 역시 죄인된 증거이며(눅1:30[300]) 오순절 기도회에 그녀도 역시 참여 하였으니(행1:14[301]) 은혜를 받아야할 사람일 뿐이다. 눅11:27,28[302]의 말씀에는 마리아 숭배에 대한 경고를 미리 해주고 있다.

며 하나님의 은혜가 그의 위에 있더라 41 그의 부모가 해마다 유월절이 되면 예루살렘으로 가더니 42 예수께서 열두 살 되었을 때에 그들이 이 절기의 관례를 따라 올라 갔다가 43 그 날들을 마치고 돌아갈 때에 아이 예수는 예루살렘에 머무셨더라 그 부모는 이를 알지 못하고 44 동행 중에 있는 줄로 생각하고 하룻길을 간 후 친족과 아는 자 중에서 찾되 45 만나지 못하매 찾으면서 예루살렘에 돌아갔더니 46 사흘 후에 성전에서 만난즉 그가 선생들 중에 앉으사 그들에게 듣기도 하시며 묻기도 하시니 47 듣는 자가 다 그 지혜와 대답을 놀랍게 여기더라 48 그의 부모가 보고 놀라며 그의 어머니는 이르되 아이야 어찌하여 우리에게 이렇게 하였느냐 보라 네 아버지와 내가 근심하여 너를 찾았노라 49 예수께서 이르시되 어찌하여 나를 찾으셨나이까 내가 내 아버지 집에 있어야 될 줄을 알지 못하셨나이까 하시니 50 그 부모가 그가 하신 말씀을 깨닫지 못하더라 51 예수께서 함께 내려가사 나사렛에 이르러 순종하여 받드시더라 그 어머니는 이 모든 말을 마음에 두니라 52 예수는 지혜와 키가 자라가며 하나님과 사람에게 더욱 사랑스러워 가시더라

300 눅1:30 "천사가 이르되 마리아여 무서워하지 말라 네가 하나님께 은혜를 입었느니라"

301 행1:14 "여자들과 예수의 어머니 마리아와 예수의 아우들과 더불어 마음을 같이하여 오로지 기도에 힘쓰더라"

302 눅11:27-28 "27 이 말씀을 하실 때에 무리 중에서 한 여자가 음성을 높여 이르되 당신을 밴 태와 당신을 먹인 젖이 복이 있나이다 하니 28 예수께서 이르시되 오히려 하나님의 말씀을 듣고 지키는 자가 복이 있느니라 하시니라"

35.
신약시대를 여는 세례 요한

예수님의 공생애가 시작되기 직전에 유대 광야에 특이한 인물이 나타났다. 그의 의복은 검소하며 약대털을 입었으며 허리에는 가죽띠를 둘러 매었으며 음식은 단순하여 메뚜기와 석청이었다. 그 외치는 소리는 매우 준엄하여 "회개하라 천국이 가까이 왔다"고 외쳤다. 말라기 예언자 이후 400여년이나 예언자가 나타나지 않았던 유대의 종교계는 눈과 귀가 뒤집히게 되었다. "독사의 자식들아" 하는 격노한 설교는 아브라함이 우리 조상이라 하여 선택받은 백성이라는 교만을 가지고 스스로 그 의로움을 믿던 모든 종교지도자들에게 청천벽력이 된 것이다. 그의 위풍은 실로 속물이 된 교역자와 같지 아니하여 엄하고 권위가 있었다. 그 외치는 소리에 잠자던 영혼들이 크게 부흥되어 요단을 중심으로 사방에서 모여들어 각각 자기의 죄를 자복하였다. 그들 중에는 부자, 관리, 군인 등 각계각층의 사람들이었다. 이같이 신약시대의 선구자이며 유대의 새로운 종교운동에 도화선이 된 이 사람은 과연 누구인가? 그는 곧 제사장 사가랴의 아들 세례 요한이었다. 이 사람은 모태로부터 성령이 충만한 사람이다. 그의 인격에 대하여 배울 것이 많지만 몇가지만 들어 배우고자 한다. 이는 과연 모범이 되는 교역자이다.

1. 그는 겸손한 사람이다.

그의 사명은 구원자 예수의 길을 예비하는 것이다. 그의 외치는 소리로 많은 사람들이 도전을 받고 그를 추종하게 되었다. 그러나 그는 자기를 드러내지 않고 오직 자기 뒤에 오실 예수님만을 위해 증거했다. 모든 사람들이 요한을 그리스도인가 생각하였더니 그는 겸손하게 말하기를 "내 뒤에 오시는 분은 능력이 나보다 많으니 나는 그의 신을 들기도 감당치 못하겠노라"하였다. 영에 속한 교역자와 육에 속한 교역자의 구별이 이러한 경우에 나타나는 것이다. 육에 속한 교역자는 평소에 자기의 명예가 높아지는 것만 좋아하여 자기를 드러내며 모든 일에 내가 어떻고 저떻고 자랑한다. 그러나 영에 속한 사람은 그렇지 않다.

"오직 겸손한 마음으로 각각 남을 자기보다 낮게 여기라"(빌2:3)

일찍이 영국의 플레쳐 선생에게 한 청년이 와서 묻기를 "선생님 내가 어찌하면 영국에서 제일 유력한 교역자가 되겠습니까?"했다. 선생은 대답하기를 "형제가 이 나라에서 부족한 사람이라고 생각할 수 있다면 유력한 교역자가 되겠소" 했다. 과연 그러하다. 겸손은 존귀의 길잡이이다(잠18:12[303]). 우리 기독교의 모든 덕의 중심은 겸손이다. 이스라엘

---

303 잠언18:12 "사람의 마음의 교만은 멸망의 선봉이요 겸손은 존귀의 앞잡이니라"

지도자 모세는 천하에 겸손한 사람이며(민12:3[304]) 예수님께서도 "나는 온유하고 겸손하다"(마11:29)하셨다. 하나님께서는 교만한 사람은 낮추시고 겸손한 사람을 높이신다. 교만은 멸망의 선봉이다. 이러한 겸손이 없고는 아무리 학문과 재주와 지혜를 가졌다 해도 하나님의 쓰시는 사람이 되기 어려운 것이다.

2. 담대한 사람이다.

요한은 과연 담대한 사람이다. 유대의 종교사회를 향해 죄를 지적하여 경책하기를 조금도 움츠리거나 두려워하지 않았다. 그는 죄를 대적하되 피를 흘리기까지 한 것이다. 헤롯 왕이 그 동생 빌립의 아내와 불륜을 행하자 그는 이 일은 절대 있어서는 안될 것으로 담대하게 책망한 것이다. 보통 교역자들은 청중의 지위와 학문과 금전의 세력에 그 마음이 눌려서 감히 회개의 설교를 하지 못하는 일이 많다. 그러나 요한을 보고 우리는 배워야 한다. 과거에 다윗 왕이 범죄했을 때에 선지자 나단이 왕께 와서 담대히 그 죄를 지적해 다윗은 회개하게 된 것이다. 시골의 한 보잘 것 없는 남자로 어찌 제왕의 앞에 그 죄를 경책할 수 있었을까? 이러한 일은 과연 성령의 권능을 받지 아니하면 불가능한 것이다. 우리가 성령충만하면 비겁한 것은 사라지고 오직 침범하지 못하는 권위로 충만케 된다. 우리가 설교하려고 강단에 올라가 잠깐 기도하고 영의 충만함으로 청중을 대해 설 때에는 그 기개가 천군만마 호령하는 장군의 기세와 같은 느낌을 가지는 것이다. 이런 때 외치는 그 설교는

304　민12:3 "이 사람 모세는 온유함이 지면의 모든 사람보다 더하더라"

실로 폭탄과 같은 것이다. 능히 청중의 마음에 있는 죄악의 암덩어리를 깨뜨리게 되는 것이다.

3. 교파심이 없는 사람이다.

요한이 애논에서 세례를 베풀 때에 예수님께서도 전도하시며 세례를 베푸셨다. 그 때 요한의 제자가 요한에게 와서 일종의 교파심으로 그 일을 말했다. 이 때 요한의 마음에는 아주 작은 정도의 야심도 없음을 볼 것이다. 그는 겸손하게 예수님의 사업을 축하하고 자기는 그의 앞길을 예비하기 위하여 보냄을 받은 사람임을 말했다. 이는 전혀 교파를 세우려는 마음에서 떠나 오직 하나님을 중심으로 삼는 성도의 일이라 할 수 있다. 우리가 이러한 태도를 잘배워야 할 것이다. 나는 장로교이니 나는 감리교이니 나는 성결교회니 나는 침례교이니 하여 교파 이기주의를 갖는 것은 위험하다. 여기에서 반목질시하는 폐해가 적지 않은 것이다. 교파라 하는 것이 없을 수는 없으나 교파는 하나님이 허락하시는 범위 안에서만 가능한 것이다. 그러나 교파 이기주의는 죄가 아닐 수 없다. 무릇 교파의 동기와 성립이 물론 이단에서 비롯한 것도 적지 않다. 지금의 개신교 안에 600여 교파가 된다고 한다. 그것이 다 정통신앙파라고 할 수 없고 그 안에는 이단파가 반 수 이상일 것이다. 그러나 이 이단은 물론하고 원래 교파가 생기는 것은 각 사람의 신앙이란 것이 많고 적은 특색이 있음으로, 이 계통을 따라 믿는 사람이 신앙의 동일점에서 만나게 되니 이것이 한 교파일 것이다. 가령 사도시대를 말하면 같은 그리스도 안에서 바울, 요한, 베드로는 각각 그 신앙의 특색이 있음을 볼 수 있다. 바울의 특색은 신앙, 요한의 특색은 사랑, 베드로의 특색은 소망이다. 루터파의 특색은 '믿음으로 의롭다함'을 얻는 진리를 강조하는 것이며, 웨슬레파의 특색은 '믿음으로 성결함'을 얻는 진리를 강조하는 것이다. 지금의 정통신앙에 속한 각 교파를 보면 각각 그 특색과 사명이 있음을 볼 수 있다. 이렇게 같은 신앙을 가진 사람들이 모여서 같이 예배하며 같이 기도함으로 점점 확장되면 자연스런 결과로 천주교회에서 분열되어 나간 교회라는 한 단체가 설립될 것이다. 로마카톨릭 교회에서는 루터의 개혁으로 시작된 개신교를 열교[305]라고 말한다. 그러나 개신교의 설립은 필연적인 사실일 수 밖에 없다. 분리하지 않고는 안될 사실이었다. 지금도 세상에 물든 교회 중에서 순복음의 설교를 용납하지 않는 일이 많기 때문에 진리를 증거하기 위하여 진리를 보존하기 위해 어쩔 수 없이 분리하게 되는 것이다.

그런까닭에 우리는 각각 교파 이기주의를 버리고 각 교파가 그 특징을 발휘하여 그리스도의 몸된 교회를 이루어가야할 것이다. 예수 그리스도는 교회의 머리요 우리 각 교파는 그의 지체됨을 기억해야할 것이다. 모세의 진중에 엘닷과 메닷이라는 사람이 있어 성령의 감동으로 예언을 하기로 몇 사람이 모세에게 보고하니 눈의 아들 여호수아가 모세에게 청하여 이를 금지하라고 했다. 그 때에 모세는 관대한 마음으로 "네가 나를 두고 시기하느냐 여호와께서 그의 영을 그의 모든 백성에게 주사 다 선지자가 되게 하시기를 원하노라"(민11:26-29) 이것은 모세에게 교파심이 없음을 보인 것이다. 무디 선생이 영국에 전도하러 갔을 때에 어떤 사람들이 묻기를 "당신은 어느 파에 속한 사람이요?" 할 때에 무디는 곧 대답하기를 "예, 나는 성공회, 조합파, 감리파, 장로파 등 모

---

305 裂教(갈라진 교회라는 뜻으로 천주교 쪽에선 개신교를 부르는 말)

든 교파에 속한 전도사이올시다"했고 또 묻기를 "당신의 신조는 무엇이요?"하니 "예, 이사야 53장이올시다"하였다. 이것은 무디의 도량이 커서 아무런 교파의식이 없음을 보인 것이다.

그런까닭에 우리는 차라리 진리에는 고집스러울지언정 교파주의에 빠지지 말아야 한다. 새 예루살렘에 속한 그리스도의 신부는 전 세계 교파 중에 흩어져 있는 것이다. 진리에 거슬리는데 타협하는 태도는 취할 수 없거니와 교파가 다른 까닭에 서로 도와줄 수 없다고 하는 것은 째째한 일이다.

36.
신앙의 여인 안나(눅2:36-38[306])

안나라는 이름은 "은혜"라는 뜻으로, 구약성서의 한나를 헬라어로 번역한 것이다. 그녀는 출가한지 7년만에 과부가 되어 84년간을 지냈다고 했으니, 14세에 결혼을 했다 해도 예수가 탄생하실 때에는 벌써 105세의 노인이었다. 그녀의 생애에 대해서 눅2:26-38에 간략히 기록되어 있다. 그녀의 신앙과 인격에 대하여 몇가지 교훈을 받고자 한다.

정절(貞節)의 사람

안나는 과부로 84년동안 정절의 생애를 보냈다. 영적인 의미로 우리 성도의 생애도 이와같아야 한다. 우리의 신랑되시는 예수는 베다니 건너편에서 손을 높이 들어 축복하시고 바람과 같이 승천하신 후 교회는

---

306 눅2:36-38 "36 또 아셀 지파 바누엘의 딸 안나라 하는 선지자가 있어 나이가 매우 많았더라 그가 결혼한 후 일곱 해 동안 남편과 함께 살다가 37 과부가 되고 팔십사 세가 되었더라 이 사람이 성전을 떠나지 아니하고 주야로 금식하며 기도함으로 섬기더니 38 마침 이 때에 나아와서 하나님께 감사하고 예루살렘의 속량을 바라는 모든 사람에게 그에 대하여 말하니라"

영적인 과부의 처지가 된 것이다(눅18:3[307], 7[308], 마9:15[309]). 그러므로 별세한 남편을 위하여 평생을 수절하고 지낸 안나의 생애는 참으로 교회의 모범이다. 우리들은 무화과 나무의 때를 언약하시고 떠나신 신랑 예수의 다시 오심을 바라면서 정결한 생애를 보내야 한다. 미망인의 생애란 그 남편과 이별함이 육신이오 마음은 아니다. 외롭고 쓸쓸한 그의 마음 속에는 세상을 떠난 사랑하는 사람의 모습이 불현듯이 오고 가는 것이다. 그러므로 그의 정신과 육체는 오직 그를 위해서만 사는 것이다. 그가 만일 그 마음을 다른 사람에게 옮기는 그 때에는 벌써 정조를 잃어버린 사람이다. 그에게는 별별 유혹이 다가 오지만, 그의 굳센 정절은 그 누구도 빼앗을 수 없는 것이다. 이와같이 오늘의 성도들이 가져야할 처세도 이러해야 한다. 마귀는 여러 가지로 유혹하여 그리스도를 향하는 우리의 정조를 빼앗고자 밤낮으로 기회를 엿보고 있다. 유혹하는 자가 우리에게 황금으로 오던지 명예로 오던지 그 무엇으로 올지라도 우리들은 굳게 서서 신앙의 정조를 지켜야 하겠다. 요한은 그의 계시록에 시온에 오른 자들을 보니 정절이 있는 자라 하였다(계14:4[310]). 오늘 교회가 세상에 물들어 가며 교역자들이 세상과 결탁하여 어름 어름하는 것은 다 음행하는 여인의 행위와 같은 것이다(약4:4[311])

---

307 눅18:3 "그 도시에 한 과부가 있어 자주 그에게 가서 내 원수에 대한 나의 원한을 풀어 주소서 하되"

308 눅18:7 "하물며 하나님께서 그 밤낮 부르짖는 택하신 자들의 원한을 풀어 주지 아니하시겠느냐 그들에게 오래 참으시겠느냐"

309 마9:15 "예수께서 그들에게 이르시되 혼인집 손님들이 신랑과 함께 있을 동안에 슬퍼할 수 있느냐 그러나 신랑을 빼앗길 날이 이르리니 그 때에는 금식할 것이니라"

310 계14:4 "이 사람들은 여자와 더불어 더럽히지 아니하고 순결한 자라 어린 양이 어디로 인도하든지 따라가는 자며 사람 가운데에서 속량함을 받아 처음 익은 열매로 하나님과 어린 양에게 속한 자들이니"

311 약4:4 "간음한 여인들아 세상과 벗된 것이 하나님과 원수됨을 알지 못하느냐 그런즉 누구든지 세상과 벗이 되고자 하는 자는 스스로 하나님과 원수 되는 것이니라"

성별(聖別)의 사람

"이 사람이 성전을 떠나지 아니하고"하였음은 그녀의 일생이 참으로 경건하고 성별된 생애였음을 말해준다. 우리의 영혼도 이와같이 지성소의 생활을 하여야 하겠다. 언제나 예수 그리스도안에서 성령으로 교제하는 생애를 지속하기를 원하는 바이다. 시편84:1-2에 시인의 노래를 들어보라. "만군의 여호와여 주의 장막이 어찌 그리 사랑스러운지요 내 영혼이 여호와의 궁전을 사모하여 쇠약함이여 내 마음과 육체가 생존하시는 하나님께 부르짖나이다." 이처럼 우리들은 항상 주안에서만 살아가기를 힘쓸 것이다. 우리의 영혼이 그리스도의 깊으신 품속에 안길 때 그로 말미암아 지혜와 지식의 모든 것을 풍성히 받게 되는 것이며 그의 기묘한 영광을 누리게 될 것이다. 그안에 기쁨이 있으며 그안에 능력이 있으며 그안에는 아직 우리에게 알려지지 않은 비밀이 쌓이고 쌓여 있다. 바라기는 나의 사랑하는 주님은 나를 끌어 "그의 후궁으로 들어가게"(아가서1:4) 해주시기를 기도한다. 우리들은 언제 어디에서나 주님 계신 곳에서 먹고 마시며 잠자며 일하기를 원하는 것이다. 우리가 만일 한 순간이라도 주안에서 벗어난다면 곧 죄인이 될 뿐이며(롬8:1[312]) 아무 일에도 성공할 수가 없다.

봉사의 사람

"주야에 금식하며 기도함으로 섬기더니", 그녀는 헌신의 생애로 일관하였다. 우리가 구원을 받은 표적은 곧 이것이니 우리가 우리를 위하여 살지 않고 오직 주를 위하여 사는 것이다. 진실로 성도의 생애이다.

---

312   롬8:1 "그러므로 이제 그리스도 예수 안에 있는 자에게는 결코 정죄함이 없나니"

"너희 몸을 하나님이 기뻐하시는 거룩한 산 제사로 드리라 이는 너희의 드릴 영적 예배니라"(롬12:1)하였다. 무릇 그리스도인의 생애란 봉사의 생애가 되어야 한다. 교회를 위하여 봉사하며, 복음을 위하여 힘써 봉사하라. 그 사람의 생애가 실로 형통하리라. 주께서 세상에 온 것은 섬김을 받으려 함이 아니라 오히려 섬기러 오셨다고 하셨다(막10:45) 말씀하신 것 같이 그는 세상에 계실 때에 때로는 제자의 발을 씻기시기까지 겸손함으로 봉사의 정신을 가르치셨다. 섬김을 받으려는 정신은 교만한 자의 행태이며 게으른 자의 행태이다. 한국에서 양반이라는 사람들은 교회에 올때에 성경책을 하인에게 들리고 인력거나 자동차를 타고 오는 등 아직까지도 부패한 안일의 정신과 교만한 정신이 사라지지 않았으니 어찌 예수가 그 마음에 거하실 것인가? 이는 다 스스로 속이는 사람들이다. 예수께서는 근본 하나님의 형체이시나 종의 형체를 취하여 죽기까지 사람을 위하여 자기를 바치신 일을 우리는 깊이 배워야 한다.

간증의 사람

"모든 사람에게 이 아기에 대하여 말하니라", 그녀는 간증의 사람이었다. 주를 믿는 사람마다 다 전도할 책임이 있다. 그 받은 은혜를 간증해야 한다. "듣지도 못한 이를 어찌 믿으리요 전파하는 자가 없이 어찌 들으리요"(롬10:14). 우리의 생애에 기도의 깊은 신비적 면이 있는 동시에 복음전파에 노력하는 활동적 면도 있어야 한다. 전도가 없는 기도는 중세시대의 기독교이니, 즉 신비와 사색에만 치우치기 쉽다. 기도가 없는 전도는 소위 근대주의 기독교이니 즉 일종 사업적으로 치우치는 것이다. 그러나 안나의 생애는 참으로 이상적 기독교인의 생활이다. 그녀는 기도하여 신비를 함양하며 널리 간증하여 복음을 드러내는 생애였다. "성령이 너희에게 임하시면 권능을 받고 예루살렘과 유다와 사마리아와 땅끝까지 이르러 나의 증인이 되리라"(행1:8)한 말씀대로 우리들은 각각 책임을 지고 전도해야 하겠다. 안드레의 전도로 그의 형 시몬이 주께로 돌아왔으며 수가성 우물가에 나타났던 여인의 간증으로 사마리아 성에 큰 부흥이 일어나지 아니하였던가? 그러므로 오늘도 복음을 널리 전파해야 한다. 현대교회의 현저한 결함은 일반 교인에게 전도의 열기가 식어졌다는 것이다. 지식계급에 속한다는 교역자들은 주야로 독서에만 열중하며 전도의 열기가 식어졌다는 것이다. 모든 영혼들이 지옥으로 향하여 달음질치는 것을 그들은 보지 못한다. 어떤 훈장이 글에 미치다시피하여 하루는 강가에 나아갔는데 고등어를 지고가는 장사가 물을 건너다가 빠졌다. 그때 훈장은 물에 빠진 사람을 건질 생각은 하지 않고 글을 짓기를 "고등어 장수 깊이 용궁에 들어가는구나!"는 좋은 시를 지었다 그러나 그동안에 그 사람은 벌써 물에 빠져 죽어버렸던 것이다. 이와같이 오늘 교계는 소위 신학적 여러 변증과 조직에만 힘쓰며 연구하며 이론하는 문약함에 빠져 있다. 이와같이 연구하고 있는 동안 죄악 중에서 헤매는 뭇영혼들은 수없이 지옥으로 빠져 들어가니 참으로 통탄할 일이다. 바라기는 오늘 교회에 직접전도자가 많이 일어나야 한다.

37.
소망의 사도 베드로

　예수의 사도들은 각각 나름대로 그 특색이 있다. 바울은 신앙의 사도, 요한은 사랑의 사도이며, 이제 말하려는 베드로는 그의 쓴 글들을 읽어보면 소망의 사도임을 알 수 있다. 그의 작품인 베드로전후서를 읽으면 누구든지 넘치는 소망을 접하게 된다. "산 소망" "하늘에 감추인 기업" "영광으로 나타나실 때" "영광의 면류관" "새하늘과 새땅" 등 소망이 넘치는 말들로써 그는 박해 중에 있는 성도들을 위로하였다.

　그는 주님의 수제자였다. 신약성서에 제자들의 이름이 네 곳에 기록되어 있는데(마10:2-4, 막3:13-19, 눅6:14-16, 행1:13) 한결같이 베드로의 이름이 첫 번째로 기록되어 있다. 그의 본명은 "시몬"(히브리말로 듣는다는 뜻)이요, 게바(수리아어)와 베드로(헬라어)는 다 같은 뜻인데 바위(반석)이라는 뜻이다. 그는 타고난 성품이 용감하여 급격하며 솔직하다. 이러한 성품에 주님의 은혜를 담아 가지고 복음을 위하여 참으로 심한 바람과 번개처럼 빠르게 역사를 하였다. 그의 생애를 통하여 주시는 교훈을 받고자 한다.

그의 직업

그는 갈릴리 바다에서 고기잡는 이름없는 어부였다(마4:18[313]). 주께서 제자를 부르실 때에 당시 명성있는 학자나 종교가를 택하지 않으신 것을 참으로 사람의 방법과 다르신 하나님의 경륜을 볼 수가 있다. "하나님께서 세상의 미련한 것들을 택하사 지혜 있는 자들을 부끄럽게 하려 하시고 세상의 약한 것들을 택하사 강한 것들을 부끄럽게 하려 하시며 하나님께서 세상의 천한 것들과 멸시 받는 것들과 없는 것들을 택하사 있는 것들을 폐하려"(고전1:27-28) 하시는 역사인 것이다. 인간의 자연성은 무엇이든지 하나님을 기쁘시게 못한다. 오직 하나님의 주시는 은혜로써 능히 하나님을 영화롭게 할 수 있다.

바울은 베냐민 지파요 히브리인 중에 히브리인이요 책망할 것이 없는 율법학자였지만 바울이 가진 이 자연성에 속한 모든 것은 오직 하나님을 욕되게 한 것 뿐이며 그리스도와 원수가 되었던 것이다. 인간의 의, 도덕, 수단, 지혜라 하는 것은 다 육적인 것이다. 누구든지 하나님께서 주신 말씀으로서 능히 하나님을 영화롭게 할 것이며 하나님께서 주신 힘으로써 능히 하나님을 영화롭게 할 것이다. 예로부터 위대한 인물의 자취를 살펴보면 궁벽한 시골에서 나온 사람들이 많다. 이스라엘 첫 번째 왕 사울은 농부였으며 다윗은 양을 먹이는 목동이었으며 엘리사도 밭갈던 사람이며 아모스도 목축과 재배를 업으로 하던 사람이었다. 그런즉 이러한 사람들의 정치와 사상과 권능이 한 세대를 휩쓸었음은 그들에게서 나온 것이 아니라 오직 하나님께로부터 오는 능력을 받

---

313 막4:18 "갈릴리 해변에 다니시다가 두 형제 곧 베드로라 하는 시몬과 그의 형제 안드레가 바다에 그물 던지는 것을 보시니 그들은 어부라"

아 이룬 것이다. 우리는 이러한 일에 주의하여 자기를 온전히 주께 드려 하나님의 기적을 일으키는 그릇이 되어야 한다.

그의 신앙고백

예수께서 가이샤라 빌립보에 가셨을 때에 4,5천명의 군중이 그 뒤를 따랐다. 그때에 군중들이 예수를 이해하는 것이 형형색색이었다. 혹은 세례요한이라고 하며 혹은 엘리야라고도 하였다. 그때에 베드로는 주님의 물음에 "주는 그리스도시오 살아계신 하나님의 아들이시니이다"(마16:13-16)라는 신앙고백을 하였다. 이것은 베드로의 지식으로 한 것이 아니요 오직 성령의 계시하심으로 된 것이다. 과연 믿음이란 인간이 만든 작품이 아니라 오직 하나님의 계시에 의한 것이다. 믿음이란 기적이요 권능이다. 만일 인간의 이성과 지식으로 예수를 안다면 기독교는 학박사의 전유물이 되고 말 것이다.

그러나 예수를 그리스도로 바로 알고 믿게됨은 오직 성령의 역사로만 되는 것이다(고전12:3). 믿음이 의지나 사상이나 이성과 지식에 기초한다면 참 믿음이 아니다. 오직 하나님의 계시에 근거하며 그의 권능에 기초하여야 변하지 않는다. 요동하지 않는다. 할렐루야! 베드로의 신앙고백 위에 내 교회를 세우시겠다고 선언하셨다(마16:18[314]). 누구든지 이 신앙을 고백하는 자가 그리스도인이며 이런 신앙을 고백하는 자가 천국에 들어간다.

현대교회에서는 그리스도에 대한 견해가 가이샤라 빌립보에 모였던

---

[314] 마16:18 "또 내가 네게 이르노니 너는 베드로라 내가 이 반석 위에 내 교회를 세우리니 음부의 권세가 이기지 못하리라"

군중의 견해를 가진 자들이 많다. 예수를 세계의 성인들 중에 한분으로 만 아는 것이 보통이며, 혹 철학자 혹 사상가나 사회개혁자 심지어 사회주의자라고까지 하는 자들이 있다. 그러나 이러한 것은 다 육적인 것일 뿐이다. 예수는 그리스도시요 살아계신 하나님의 아들이시다.

그의 변화산 경험

"엿새 후에 예수께서 베드로와 야고보와 그 형제 요한을 데리시고 따로 높은 산에 올라 가셨더니 그들 앞에서 변형되사 그 얼굴이 해 같이 빛나며 옷이 빛과 같이 희어졌더라"(마17:1-2)

이것은 베드로의 일생에 있어 잊을 수 없는 참으로 장엄한 경험이었다. 그는 말년에 이 사실을 일반 성도들에게 간증하여 경계하기까지 하였다(벧후1:18[315]). 헬몬산 위에서 나타내 보이신 주님의 영광과 위엄은 참으로 숭고하였다. 예수님의 신적 현현이었다. 그는 그때에 그 영광에 사로 잡힌 바 되었다. 이 사실은 공중 재림의 모형이다. 여기에 모세와 엘리야가 나타났으니 모세는 장차 공중에 모일 부활한 성도들의 대표이며 엘리야는 살아서 들림을 받을 성도들의 대표가 된 것이다. 아! 우리도 주와 함께 높은 산에 올라가는 경험이 있어야 능히 주님의 영광을 보게될 것이다. 올라가고 또 올라가라! 우리의 영혼이 주님의 놀라운 영광에 접촉하게될 것이다. 시내산 꼭대기에 올라간 모세도 하나님의 영광을 보았으며 갈멜산 꼭대기에 올라간 엘리야도 하나님의 영광을 보았다. 요한은 "우리가 그 영광을 보니 아버지의 독생자의 영광이

---

315 벧후1:18 "이 소리는 우리가 그와 함께 거룩한 산에 있을 때에 하늘로부터 난 것을 들은 것이라"

요"(요1:14)라고 증거하였다. 우리가 바라고 동경하기는 이와같은 주님의 영광의 빛 가운데서 사는 것이다.

그의 실패와 통회

"이에 베드로가 예수의 말씀에 닭 울기 전에 네가 세 번 나를 부인하리라 하심이 생각나서 밖에 나가서 심히 통곡하니라"(마26:75)

이 역사는 그의 일생에 잊을 수 없는 참회의 사실일 것이다. 그의 성격은 원래 솔직하고 과감한 사람이다. 떡 다섯 개와 물고기 두 마리로 오천명을 먹이시는 기적을 행하신 후 주님의 생명의 떡에 관한 설교를 들은 군중들이 다 주를 떠나갔을 때 그는 "주여 영생의 말씀이 주께 있사오니 우리가 누구에게로 가오리이까"(요6:68)하여 주님의 마음에 위로를 주었으며 조금 전에 그는 "주와 함께 죽을지언정 주를 부인하지 않겠나이다"(마26:35) 호언장담을 했지만 이제 가야바의 법정 문밖에서 주님을 저주하면서 모른다 했으니 너무도 비겁해 보인다. 그러나 그가 예수를 부인한 것은 그의 충심이 아니었다. 그는 충직한 사람이다.

이에서 우리는 인간의 약점을 보게된다. 타락한 인간에게는 도덕적 자유가 없다. 누구든지 선을 원하되 악을 벗어날 수 없음은 인간의 자연성이 가져오는 필연적인 관계이다(롬7:14[316], 17-18[317]). 베드로가 그렇게 한 것이 아니라 그 속에 거하는 죄성이며 육성이 그렇게 한 것이다. 그러나 그에게 가상한 것은 통회하는 마음이다. 사람이 누구나 허물이

---

316 "우리가 율법은 신령한 줄 알거니와 나는 육신에 속하여 죄 아래에 팔렸도다"(롬7:14)
317 "이제는 그것을 행하는 자가 내가 아니요 내 속에 거하는 죄니라 내 속 곧 내 육신에 선한 것이 거하지 아니하는 줄을 아노니 원함은 내게 있으나 선을 행하는 것은 없노라"(롬7:17-18)

나 죄가 없겠는가? 그러나 회개하는 것이 귀한 일이다. 여호와의 구하시는 제사는 오직 상한 심령이니 주님께 통회하는 마음을 부흥케 하신다(시51:17[318]). 다윗의 죄가 사울의 죄보다 가벼운 것이 아니었으나 사울은 버림을 받고 다윗은 용서함을 받았으니 이것은 사울에게는 참 회개가 없었고 다윗에게는 진정한 통회가 있었기 때문이다. 전설에 따르면 베드로는 일평생 밤에 닭이 우는 소리를 들을 때마가 눈물을 흘렸다고 한다.

그의 오순절 부흥

"그들이 이 말을 듣고 마음에 찔려 베드로와 다른 사도들에게 물어 이르되 형제들아 우리가 어찌 할꼬 하거늘"(행2:37)

"베드로와 요한이 대답하여 이르되 하나님 앞에서 너희의 말을 듣는 것이 하나님의 말씀을 듣는 것보다 옳은가 판단하라"(행4:19)

그처럼 비겁하던 베드로로 하여금 많은 대적들 앞에서 사자와 같이 부르짖게 한 그의 담력이 어디에서부터 온 것인가? 누구나 놀라지 않을 수 없다. 한 계집 종 앞에서 주를 모른다고하던 그가 이제는 공회 앞에서 대담하게 질책하며 설교하게 되었으며 그는 최후에는 로마에서 십자가에 거꾸로 십자가에 달려 죽음으로 영광의 순교를 하였다. 그의 심령에 일대변화가 일어난 것은 오순절(행2:1-4[319])에 성령세례를 받았기

---

318 시51:17 "하나님께서 구하시는 제사는 상한 심령이라 하나님이여 상하고 통회하는 마음을 주께서 멸시하지 아니하시리이다"

319 행2:1-4 "오순절 날이 이미 이르매 그들이 다같이 한 곳에 모였더니 홀연히 하늘로부터 급하고 강한 바람 같은 소리가 있어 그들이 앉은 온 집에 가득하며 마치 불의 혀처럼 갈라지는 것들이 그들에게 보여 각 사람 위에 하나씩 임하여 있더니 그들이 다 성령의 충만함을 받고 성령이 말하게 하심을 따라 다른 언어들로 말하기를 시작하니라"

때문이다. 이에 승리로운 그의 생애의 비결을 발견하게 된다. 우리도 모든 비겁함에서 떠나 권능의 봉사를 하기 위해서는 오직 성령세례를 받아야 한다.

38.
세리장 삭개오

　예수께서 여리고 지방을 지나실 때에 많은 무리가 그를 에워싸고 따르고 있었다. 그때에 여리고 세무서 세리장이요 부자인 삭개오라는 사람이 예수를 뵙고자 하였으나 그는 키가 작은 사람이라, 다른 사람들이 많이 둘러 서 있어서 어떻게 뵐 수가 없어 뽕나무에 올라가서 예수를 뵙게 되었다. 그때에 예수께서 삭개오의 영혼의 필요를 아시고 곧 그에게 다가 가서서 구원의 은혜를 베풀어 주셨다. 누가복음19:1-10[320]을 읽고 삭개오에 대한 몇가지 교훈을 생각하고자 한다.

---

[320]　눅19:1-10 "1 예수께서 여리고로 들어가 나가시더라 2 삭개오라 이름하는 자가 있으니 세리장이요 또한 부자라 3 그가 예수께서 어떠한 사람인가 하여 보고자 하되 키가 작고 사람이 많아 할 수 없어4 앞으로 달려가서 보기 위하여 돌무화과나무에 올라가니 이는 예수께서 그리로 지나가시게 됨이러라5 예수께서 그 곳에 이르사 쳐다보시고 이르시되 삭개오야 속히 내려오라 내가 오늘 네 집에 유하여야 하겠다 하시니 6 급히 내려와 즐거워하며 영접하거늘 7 뭇 사람이 보고 수군거려 이르되 저가 죄인의 집에 유하러 들어갔도다 하더라 8 삭개오가 서서 주께 여짜오되 주여 보시옵소서 내 소유의 절반을 가난한 자들에게 주겠사오며 만일 누구의 것을 빼앗은 일이 있으면 네 갑절이나 갚겠나이다 9 예수께서 이르시되 오늘 구원이 이 집에 이르렀으니 이 사람도 아브라함의 자손임이로다 10 인자가 온 것은 잃어버린 자를 찾아 구원하려 함이니라"

그의 심령의 고통

그때에 삭개오의 심령 상태를 상상해볼 때 그는 남모르게 죄의 고통을 가지고 있는 사람이었음을 알 수가 있다. 그의 직업은 그의 심령에 큰 고통을 주었을 것이라고 생각된다. 당시 세리는 로마정부의 세무서 관리였다. 세리는 유대인들에게 극히 배척을 받으며 싫어하는 직업이었다. 유대의 동요에 "산중에 사자가 있고 성 안에는 세리가 있다"하여 극히 미워하며 배척하는 직업이었다. 이처럼 모든 사람이 미워하며 배척하는 직업으로서 그의 심령에는 언제나 사회의 압박을 느끼면서 의에 대한 갈망이 있었을 것이다.

주님께서 찾으시는 사람은 이처럼 죄의 번민을 가지고 그 마음에 참된 위로를 요구하는 사람이었던 것이다. 그에게 많은 재물도 참 위로가 되지 못하였고 세리장이라는 높은 직분도 참 위로를 주지는 못하였다. 그의 영혼의 깊은 요구는 그도 다 알지 못하였다. 그 영혼의 깊고 깊은 요구는 오직 하나님 앞에 의롭다하심을 얻는 길밖에는 만족할 수 없는 것이었다. 하나님이 원하시는 제사는 상한 심령이니(시34:18[321]) 세상에는 이처럼 남모르는 번민을 가진 사람이 많이 있다. 이러한 영혼마다 주님을 만나야 한다. 기독교는 학박사의 것이 아니라 그 마음에 죄의 고통을 가진 사람을 위하여 있는 것이다. 주님께서 그의 집에 하룻밤을 지내셨다. 이처럼 죄인의 집에 지내시기를 원하신다. 우리들도 삭개오와 같이 죄에 대한 심각한 참회로 주님을 영접할 것이다.

---

321 시34:18 "여호와는 마음이 상한 자를 가까이 하시고 충심으로 통회하는 자를 구원하시는도다"

주님께 대한 갈망

그가 주님을 사모하여 뽕나무에 올라간 것은 어떤 호기심에서가 아니라 그의 마음 깊은 곳에서 일어나는 충동에서였다. 그는 평소 사회로부터 압박과 자기 양심의 가책으로 인하여 그의 심령에 소외감이 있었다. "사람의 영혼은 여호와의 등불이니 사람의 배 속 깊은 것을 살핀다"(잠20:27)는 말씀과 같이 우리의 진정한 요구는 우리의 영이라야 알 수 있는 것이다. 예수 그리스도를 만나야 함을 삭개오의 영은 알고 있었던 것이다. 그러므로 그는 당시 사람들이 소문에 끌려 주님을 따랐던 것과는 달리 그처럼 주님을 사모한 것은 예수를 이용하여 무슨 세상 허영을 낚아 보려는 것이 아니었다. 오직 그의 양심에 참 평안과 영의 참 만족을 요구하는 충동에서였다고 하겠다. 그것은 5절에 "예수께서 그 곳에 이르사 우러러 보시고 이르시되 삭개오야 속히 내려오라 내가 오늘 네 집에 유하여야 하겠다"하신 말씀에서 알 수 있다.

주님께서 니고데모에게 중생의 도를 말씀하심은 주님께서 그의 영적 상태를 드려다 보시고 말씀하심이었다. 그처럼 주님께서 삭개오의 심령을 드려다 보시고 그의 요구인 영적인 평안을 말씀하시게 된 것이다. "의에 주리고 목마른 자는 복이 있나니 저희가 배부를 것임이요"(마5:6)하신 말씀 그대로 삭개오는 주님을 갈망하였음으로 주님의 큰 구원을 받게된 것이다. 이는 "값진 진주 하나를 구하는 사람"(마13:46)과 같으니 주님은 이처럼 사모하는 자의 마음에 임하시는 것이다. 구하는 자마다 얻을 것이며 찾는 자마다 만날 것이니 우리들에게 주님께 대한 갈망이 더욱 깊어지기를 바라는 것이다.

"하나님이여 사슴이 시냇물을 찾기에 갈급함 같이 내 영혼이 주를 찾기에

갈급하나이다"(시42:1)

그의 순수함

그가 많은 무리 가운데서 자기를 숨기지 않고 세리장의 모습 그대로 나무 꼭대기에 올라갔음은 마치 어린아이와 같은 순수함을 볼 수 있다. 이처럼 주님을 만나 뵙기 위해서는 겸허하고 순수한 마음이라야 한다. 그가 체면 불구하고 나무에 기어 올라가는 그 모습을 상상해보라. 얼마나 순수한가? 예수님의 말씀에 "진실로 너희에게 이르노니 너희가 돌이켜 어린아이들과 같이 되지 아니하면 결단코 천국에 들어가지 못하리라"(마18:3)하셨다. 삭개오는 참으로 어린아이와 같이 되었다. 하나님께서는 교만한 자는 물리치시고 겸손한 자에게 은혜를 베푸신다. 누구든지 하나님 앞에서는 다 어린아이가 되어야 한다.

우리의 회개나 간증도 순수해야 한다. 눅18:9-14[322]에 성전에서 기도하던 바리새인과 세리를 비교해보라. 바리새인은 자기를 내세우며 기도하였으나 세리는 자기의 상태 그대로 "나를 불쌍히 여겨달라"고 부르짖어 기도하였다. 하나님 앞에 나아오는 자는 이처럼 자기 모습 그대로 나아가야 한다. 화있을 것은 외식하는 자이며 교만한 자이다.

아나니아와 삽비라 부부를 보라. 그들은 자기를 꾸며가지고 주님 앞

---

[322] 눅18:9-14 "9 또 자기를 의롭다고 믿고 다른 사람을 멸시하는 자들에게 이 비유로 말씀하시되 10 두 사람이 기도하러 성전에 올라가니 하나는 바리새인이요 하나는 세리라 11 바리새인은 서서 따로 기도하여 이르되 하나님이여 나는 다른 사람들 곧 토색, 불의, 간음을 하는 자들과 같지 아니하고 이 세리와도 같지 아니함을 감사하나이다 12 나는 이레에 두 번씩 금식하고 또 소득의 십일조를 드리나이다 하고 13 세리는 멀리 서서 감히 눈을 들어 하늘을 쳐다보지도 못하고 다만 가슴을 치며 이르되 하나님이여 불쌍히 여기소서 나는 죄인이로소이다 하였느니라 14 내가 너희에게 이르노니 이에 저 바리새인이 아니고 이 사람이 의롭다 하심을 받고 그의 집으로 내려 갔느니라 무릇 자기를 높이는 자는 낮아지고 자기를 낮추는 자는 높아지리라 하시니라"

에 나왔다가 화를 불렀다(행5:1-10[323]). 아론의 아들들은 여호와 앞에 거짓 불을 드리다가 화를 불렀다. 그러므로 하나님 앞에 나오는 자는 겸손하며 또 순수하게 꾸밈없이 나가야 한다. 은혜에 충만한 다윗은 여호와의 법궤를 모실 때에 너무 기뻐서 춤을 추었다(삼하6:14[324]). 이를 지켜보던 미갈은 다윗을 업신여기며 비방하였다(삼하6:16[325], 20[326]). 오늘에도 육에 속한 신자들은 은혜 받은 사람이 기뻐하며 춤을 추며 손뼉을 치는 것을 보고 경건치 않다고 비방하며 비웃는 일이 많다. 그러나 우리들은 주님 앞에서 항상 순수하며 겸손하기를 힘써야 할 것이다.

그의 철저한 회개

8절에 "삭개오가 서서 주께 여짜오되 주여 보시옵소서 내 소유의 절반을 가난한 자들에게 주겠사오며 만일 누구의 것을 빼앗은 일이 있으면 네 곱절이나 갚겠나이다"하였다. 이것은 곧 그의 철저한 회개를 증명한다. 회개는 이와 같이 열매가 있어야 한다. 어떤 형제는 어느 상점

---

323 행5:1-10 "1 아나니아라 하는 사람이 그의 아내 삽비라와 더불어 소유를 팔아 2 그 값에서 얼마를 감추매 그 아내도 알더라 얼마만 가져다가 사도들의 발 앞에 두니 3 베드로가 이르되 아나니아야 어찌하여 사탄이 네 마음에 가득하여 네가 성령을 속이고 땅 값 얼마를 감추었느냐 4 땅이 그대로 있을 때에는 네 땅이 아니며 판 후에도 네 마음대로 할 수가 없더냐 어찌하여 이 일을 네 마음에 두었느냐 사람에게 거짓말한 것이 아니요 하나님께로다 5 아나니아가 이 말을 듣고 엎드러져 혼이 떠나니 이 일을 듣는 사람이 다 크게 두려워하더라 6 젊은 사람들이 일어나 시신을 싸서 메고 나가 장사하니라 7 세 시간쯤 지나 그의 아내가 그 일어난 일을 알지 못하고 들어오니 8 베드로가 이르되 그 땅 판 값이 이것뿐이냐 내게 말하라 하니 이르되 예 이것뿐이라 하더라 9 베드로가 이르되 너희가 어찌 함께 꾀하여 주의 영을 시험하려 하느냐 보라 네 남편을 장사하고 오는 사람들의 발이 문 앞에 이르렀으니 또 너를 메어 내가리라 하니 10 곧 그가 베드로의 발 앞에 엎드러져 혼이 떠나는지라 젊은 사람들이 들어와 죽은 것을 보고 메어다가 그의 남편 곁에 장사하니"
324 삼하6:14 "다윗이 여호와 앞에서 힘을 다하여 춤을 추는데 그 때에 다윗이 베 에봇을 입었더라"
325 삼하6:16 "여호와의 궤가 다윗 성으로 들어올 때에 사울의 딸 미갈이 창으로 내다보다가 다윗 왕이 여호와 앞에서 뛰놀며 춤추는 것을 보고 심중에 그를 업신여기니라"
326 삼하6:20 "다윗이 자기의 가족에게 축복하러 돌아오매 사울의 딸 미갈이 나와서 다윗을 맞으며 이르되 이스라엘 왕이 오늘 어떻게 영화로우신지 방탕한 자가 염치 없이 자기의 몸을 드러내는 것처럼 오늘 그의 신복의 계집종의 눈앞에서 몸을 드러내셨도다 하니"

에서 일하면서 그 주인의 눈을 속여 가면서 많은 돈을 소비하였다. 그가 회개하는 날에 그 주인에게 이 일을 자백하고 그 돈을 갚았다. 이것이 곧 열매있는 참된 회개의 실례이다. 어떤 형제는 어느 도서관에 출입하며 공부하다 그 도서관 책을 몰래 훔쳐다가 자기 소유로 삼았다. 그러나 그가 회개하는 날에 이 책을 그 도서관에 돌려주었다. 또 어떤 형제는 기차로 왕래하면서 교묘히 역무원을 속여 왕래하더니 회개하는 날에 철도국에 그 차비를 계산하여 갚았다. 또 어떤 자매는 평생을 몸치장을 하는 일에 돈을 많이 소비하더니 그가 회개하는 날에 아주 검소한 생활을 하며 그 몸치장하던 화장품 값으로 교회에 헌금을 하게 되었다. 그러므로 모든 신자의 회개가 이처럼 철저하여야 넉넉히 천국에 들어갈 것이다.

그의 구원의 확증

9절에 "예수께서 이르시되 오늘 구원이 이 집에 이르렀으니 이 사람도 아브라함의 자손임이로다"라고 삭개오의 구원을 선포하셨다. 오늘에도 회개하고 주님을 믿는 자의 심령에 이와 같은 성령의 음성이 임하는 것이다. "성령이 친히 우리 영으로 더불어 우리가 하나님의 자녀인 것을 증거하시니라"(롬8:16)하신 말씀은 곧 이러한 경험을 가르치는 것이다. 우리의 구원이 이처럼 명백하여야할 것이다. 사죄와 성결에 대하여 성령의 확증을 가져야 한다. 어떤 사람에게 혹 심령상 경험을 물으면 내가 이제 죽어 보아야 죄 사함을 받았는지 천국에 들어갈지 알게 될 것이라 한다. 그러한 애매한 말은 심히 위험하다. 우리의 거듭남이나 성결은 현세에서 가지는 경험이요 결코 죽은 후에 받을 은혜가 아닌 것이다. 현세에서 중생의 경험을 가진 자가 천국에 들어갈 것이며 현세에서 성결의 은혜를 받은 자라야 장래의 천국을 기업으로 받을 것이다(엡 1:13,[327] 고후1:22[328]). 그러므로 우리들은 우리 주 예수 그리스도로 말미암아 넉넉히 천국에 들어간다는 확신을 가져야할 것이다(엡3:12[329]). 아멘

327 엡1:13 "그 안에서 너희도 진리의 말씀 곧 너희의 구원의 복음을 듣고 그 안에서 또한 믿어 약속의 성령으로 인치심을 받았으니"
328 고후1:22 "그가 또한 우리에게 인치시고 보증으로 우리 마음에 성령을 주셨느니라.
329 엡3:12 "우리가 그 안에서 그를 믿음으로 말미암아 담대함과 확신을 가지고 하나님께 나아감을 얻느니라"

39.
사랑의 사도 요한

    사도 요한은 갈릴리 벳새다 출신으로 어머니는 살로메요 아버지는
세대배이다. 그의 직업은 어부이다(마4:21-22[330]). 처음에는 세례 요한의
제자였으나 어느날 "세상 죄를 지고 가는 하나님의 어린 양을 보라"(요
1:29)하는 세례 요한의 증거를 듣고 비로소 예수를 믿고 따르게 되었다.

    그가 처음 믿을 때에 들은대로 "하나님의 어린 양"이라는 말씀은 참
으로 그가 가장 사랑하고 사모하는 이름이 되었다. 그러므로 그의 책
계시록에는 이름을 20여회나 쓰고 있다. 그는 사도시대의 교회에서 베
드로 그리고 야고보와 함께 세 기둥이었다(갈2:9[331]). 그가 당시 대제사
장을 알아서 그의 집에 들어간 사실(요18:15[332])을 미루어 생각하면 상당

---

330 마4:21-22 "21 거기서 더 가시다가 다른 두 형제 곧 세베대의 아들 야고보와 그의 형제 요한이
     그의 아버지 세베대와 함께 배에서 그물 깁는 것을 보시고 부르시니 22 그들이 곧 배와 아버지
     를 버려 두고 예수를 따르니라"
331 갈2:9 "또 기둥같이 여기는 야고보와 게바와 요한도 내게 주신 은혜를 알므로 나와 바나바에게
     친교의 악수를 하였으니 우리는 이방인에게로, 그들은 할례자에게로 가게 하려 함이라"
332 요18:15 "시몬 베드로와 또 다른 제자 한 사람이 예수를 따르니 이 제자는 대제사장과 아는 사
     람이라 예수와 함께 대제사장의 집 뜰에 들어가고"

히 여유있는 집안의 자녀였던 것 같다.

예수님께서 12제자를 세우실 때에 그와 그 형 야고보에게 '보아너게'(우뢰의 아들)라는 별명을 주셨는데 이는 그의 성격을 말씀하신 것으로 그 성격이 열정적이며 또한 적극적이었음을 알 수 있다. 그는 열혈남아였던 것이다. 한번은 예수님께서 제자들과 사마리아를 지나가시다가 그 곳 사람들이 예수님을 받아들이지 않자 그가 곧 예수님께 말씀드리기를 "주여 우리가 불을 명하여 하늘로 좇아내려 저희를 멸하려 하기를 원하시나이까"(눅9:54)하였다. 그러나 이러한 심성은 다 성령세례받기 이전의 것이니, 즉 혈기이며 복수의 정신이다. 그는 거룩한 예수님을 따르면서도 이와같은 혈기의 심성을 가지고 있었다.

오늘 신자라는 사람들 중에도 성경도 잘 알고 찬송도 잘 부르면서 그 마음에는 서로 원망하며 복수심을 가지고 있는 경우들이 많다. 어느 교회의 경우는 교우들끼리 칼을 품고 다니며 서로 죽일 기회를 찾다가 부흥회 때에 회개하는 것도 보았다. 중생한 사람의 마음에라도 이런 악독이 여전히 남아 있는 것을 발견할 수 있다. 성결의 은혜 즉 성령의 불세례를 받아야 이러한 악독이 소멸되고 오직 하나님의 사랑으로만 채워지게 되는 것이다.

아! 복수의 정신, 이는 참으로 무서운 죄악이다. 이 마음은 곧 지옥이다. 교회에서 목사와 장로 간에, 장로와 집사 간에 서로 원수를 맺고 적대행위를 하는 무리들은 다 지옥에서 슬피우는 자와 같이 될 수 밖에 없을 것이다. 죽어 지옥에 가기 전에 이미 지옥에 앉아 있는 자일 것이다.

이런 복수의 정신을 가지고 자기를 대접하지 않는 사람들에게 멸망이 임하기를 원하던 요한은 오순절에 임하신 성령의 은혜로 변화를 받아 사랑의 사도가 되어 이제는 원수를 위하여 복을 빌 수 있는 하나님의 사랑으로 충만한 사람이 되었다. 그가 기록한 요한 1,2,3서를 읽어보면 그 주제가 사랑인 것을 알 수 있다. 요한1서에만 사랑이란 단어가 60여 회나 사용되고 있다. 그의 말이 사랑이요 마음이 사랑이요 행동이 사랑이다. 그의 전인격이 사랑이다. 이는 참으로 놀라운 변화이다.

"사랑하는 자들아 우리가 서로 사랑하자 사랑은 하나님께 속한 것이니 사랑하는 자마다 하나님으로부터 나서 하나님을 알고 사랑하지 아니하는 자는 하나님을 알지 못하나니 이는 하나님은 사랑이심이라"(요일4:7-8)하신 말씀을 기록하여 그 사랑이 넘치는 성경구절을 다 들어 말할 수가 없다. 그는 기독교는 곧 사랑의 종교임을 확실히 체험하였다(요13:34 참조). 참으로 사랑을 가진 자가 하나님을 보는 것이다.

그는 또한 깊은 영적 신비를 체험한 신앙인이다. 최후 만찬의 자리에서 유독 예수님의 품에 의지하여 앉은 제자가 곧 그였다(요13:23[333]). 그는 예수님의 품에 기대어 만민을 위하여 끓는 사랑으로 뛰노는 예수님의 심장 고동을 들었다. 이 사실을 다만 육체적으로만 볼 것이 아니다. 그가 예수님의 마음을 알아내는 예수님과의 깊은 교제를 가졌음을 알 수 있다. 그는 예수님의 심장 고동을 친히 들어서 반포한 사람이다. 예수님의 품에서 사는 생애이기에 마지막 계시록의 광경까지 보게된 것이다.

"하나님이 세상을 이처럼 사랑하사 독생자를 주셨으니 이는 저를 믿는 자마다 멸망치 않고 영생을 얻으리라"(요3:16)한 성구를 기록한 이가 곧 요한이다. 그는 예수님과 더불어 깊은 교제를 통해(요일1:3) 예수님의 가슴에서 사랑의 뜨거운 피가 뛰노는 그 소리를 듣고 있는 것이다. 요

---

333 요13:23 "예수의 제자 중 하나 곧 그가 사랑하시는 자가 예수의 품에 의지하여 누웠는지라"

한복음 3장 16절 말씀은 참으로 후세의 수억만의 사람들을 구원으로 인도한 성구이다. 루터는 이 말씀을 '성경의 축소 또는 소복음서'라 하였으며, 무디는 '만일 성경이 다 불탈지라도 이 구절만 있으면 우리가 구원얻기에 넉넉하다'고 까지 말하였다.

다시 오순절 이전의 그를 생각해보면 그는 야망으로 가득한 사람이었다. 하루는 그의 형 야고보와 함께 주께 나아와 구하기를 "주께서 영광으로 계실 때에 자기들을 좌우편에 앉게 해달라"(막10:35-37)고 말한 적이 있다. 이것은 전적으로 세상을 사랑하고 허영을 따르는 육에 속한 성질로 말미암은 것이다. 그의 사랑이 얼마나 유치한 것이었나를 알 수 있다.

메시아의 거룩한 역사에 대해서도 그 견해가 희미하다. 영광의 메시아를 맞기 전에 고난의 메시아를 맞아야 할 일에 대하여도 철저한 깨달음이 없다. 다만 예수님을 이용하여 자기의 행세를 높이고자 함에 불과하다. 대개 성결치 못한 자의 마음에는 언제나 자기 과장을 위하여 명예와 권리 그리고 지위를 탐하는 정신이 떠나지 않는 것이다.

오순절에 임한 성령의 불세례로 그의 심령은 성결해졌다. 후에 증거하기를 "이 세상이나 세상에 있는 것들을 사랑치 말라"(요일2:15)하였다. 이는 그의 성결 체험을 통해 알 수 있다. 그는 분명히 육신의 정욕, 안목의 정욕, 이생의 자랑등을 다 십자가에 못박아 버렸고 그의 마음에는 오직 예수님을 사랑하는 거룩한 사랑 이외에 아무 것도 없었다. 그가 후에 오순절 전 자기의 상태를 회고하였을 때에 스스로 부끄러움을 금치 못하였을 것이라 추측된다.

그는 참으로 자기가 말한 것처럼 예수님의 사랑받는 제자였다. 또한 그에게는 인내와 용기가 있었다. 예수님께서 십자가의 고난을 예고하실 때에 베드로는 "내가 죽을지언정 예수님을 버리지 않겠노라"고 호언장담하였다. 그러나 예수님께서 십자가에 달리시는 당일에 그처럼 호언장담하던 베드로는 그 종적을 감추었다. 예수님의 십자가 아래까지 따라간 사람은 이 요한과 몇몇 여인들 밖에 없었다(요19:26[334]). 그는 참으로 예수님을 사랑했으며 예수님께서도 그를 사랑하시고 미쁘게 여기셨다.

예수님께서는 마지막 십자가 위에서 그 어머니의 봉양을 이 사랑하는 제자 요한에게 부탁하셨다(요19:27[335]). 이것은 예수님께서 그를 친동생같이 신임하셨던 것을 증명하는 것이다. 전해져오는 말에 의하면 그는 마리아를 모시고 에베소에 가서 종신토록 봉양하였다 한다.

마지막으로 그에게 배울 것은 그의 진리에 대한 가치가 선명하였던 사실이다. 요한2서 1:10-11에 보면 이단자에 대하여는 교제까지 끊으라고 하였다. 과연 전도자는 이처럼 진리에 대한 태도가 분명하여야 한다.

> "누구든지 이 교훈을 가지지 않고 너희에게 나아가거든 그를 집에 들이지도 말고 인사도 하지 말라 그에게 인사하는 자는 그 악한 일에 참여하는 자임이라"(요이1:10-11)

오늘에 이교도와 타협하는 등 애매한 태도를 가진 교역자나 신자들이 많다. 이것은 곧 바벨론이다. 어떤 교역자는 말하기를 어떤 종교를

---

[334] 요19:26 "예수께서 자기의 어머니와 사랑하시는 제자가 곁에 서 있는 것을 보시고 자기 어머니께 말씀하시되 여자여 보소서 아들이니이다 하시고"
[335] 요19:27 "또 그 제자에게 이르시되 보라 네 어머니라 하신대 그 때부터 그 제자가 자기 집에 모시니라"

믿으나 그 궁극은 다 같다고 가르친다. 그러나 이는 바벨론의 음행의 술에 취한 자의 행위요 결코 기독교의 진리를 가진 자의 말이 아니다.

우리들은 진리의 가치를 선명히 드러내야 한다. 이단과 속화에 대하여는 절대 용납할 수 없는 것이다. "그러나 우리나 혹 하늘로부터 온 천사라도 우리가 너희에게 전한 복음 외에 다른 복음을 전하면 저주를 받을지어다"(갈1:8)한 바울의 증거를 보라. 진리에 대하여는 이처럼 굳세고 그 가치를 선명히 하여야 되겠다.

40.
지옥의 사람 가룻 유다

성육신하신 예수님 밑에서 3년 동안이나 교훈을 받은 가룻 유다의 운명을 보면 실로 참담하다. 주님이 승천하신 후에 제자들이 다 예루살 렘의 한 곳에 모였을 때에 유다의 빈자리를 택할 때 유다는 자기 갈 길로 갔다 했다(행1:25[336]). 과연 그가 간 곳은 지옥이었다. 아깝도다! 예수님의 친구에서 제자의 직분과 회계의 임무까지 받았던 사람, 어찌 나중에 지옥의 원혼이 될 줄 알았으랴? 우리가 유다를 거울삼아서 오늘 교회의 직분이나 평신도 중에 이러한 운명에 빠질 사람이 있을까 두렵다. 주님의 말씀에 의하면 과연 그런 사람이 있을 것을 알 수 있다. "그 날에 많은 사람이 나더러 주여 주여 우리가 주의 이름으로 선지자 노릇하며 주의 이름으로 귀신을 쫓아내며 주의 이름으로 많은 권능을 행하지 아니하였나이까 하리니"(마7:22-23) 하였으나 주님께서는 이런 사람을 다

---

[336] 행1:25 "봉사와 및 사도의 직무를 대신할 자인지를 보이시옵소서 유다는 이 직무를 버리고 제 곳으로 갔나이다 하고"

물러가라고 하셨다. 교역자이건 세례교인이건 성찬을 먹는 사람이건 모든 은사를 가졌던 이런 것들이 구원의 조건이 되지 않는다. 유다를 보라 직분도 있고 병 고치는 은사도 있었다. 그러나 마침내는 지옥이 그의 영원한 기업이 되고 말았다. 이러므로 유다는 배교한 신자와 교역자의 반면교사이다. 12제자로 모인 소공동체는 후세 기독교의 새끼꼴이다. 예수님께서 이 유다를 가르쳐 말씀하시기를 "이는 처음부터 믿지 않는 자라"(요6:64)하셨다. 과연 많은 교회의 신자들 중에도 이러한 심리를 가진 자들이 많은 것이다. 자기 욕심과 방편을 따라 출입을 하나 예수님을 믿지 않는다. 또한 목사나 전도사의 직분을 행세로 삼고 생활비만 받아먹는 삯꾼 교역자도 있는 것이다. 아! 슬프도다. 유다의 영혼을 위해서 아파할 일이다. 예수님의 제자로 어찌 지옥의 자식이 되었단 말인가? 훌륭한 명성이 후세에 길이 전해지지는 못할망정 악취가 나는 이름을 세세토록 남기다니 이 무슨 일이란 말인가?

"아! 슬프다."

이 사람이 나지 않았더라면 좋았을 뻔하도다. 골고다에서 슬피 우는 울음소리가 유다를 문상하는도다. 아겔다마의 핏소리는 유다 너를 부르는도다.

"오! 아깝도다."

겟세마네 동산에서 밤을 지새울 때 친구 같은 사랑의 음성을 왜 거절하였느냐? 네가 자결한 후에 네 어미가 얼마나 후회하며 탄식하였을까?

1. 그는 돈을 탐내는 사람이다

유다로 하여금 지옥에 가게한 제일의 원인이 어디 있느냐? 곧 그가 돈을 탐내는 것이 그 원인이었다. 무릇 돈이라는 것이 인생에 없어서는 안 될 물질이다. 그러나 이를 탐하는 정도에 이르러서는 크게 위험한 일이다. 성경에 "돈을 사랑함이 일만 악의 뿌리"(딤전6:10)라 하였다. 유다는 은 삼십에 유혹을 받아서 스승을 팔아 버렸다. 사람이 어찌 이러한 죄를 행할 수 있단 말인가? 아! 우리는 크게 경성할 일이다. 교역자나 신자가 밤낮으로 어찌하면 돈을 모으고 살까하는 생각만 가지면 이 사람도 반드시 돈이라는 악마의 미끼를 먹고 예수님을 파는 낚시에 걸리고 말 것이다. 돈이란 마음의 성결을 시험하는 물건이다. 돈을 사용하는 마음을 보면 그 사람의 마음 상태를 짐작할 수 있을 것이다. 삼가 탐심을 물리치라 탐심은 우상숭배이다.

2. 간사한 사람이다

한 번은 예수님께서 베다니 나사로의 집에 계실 때에 마리아라는 여인이 아주 귀한 향료 한 근을 예수님의 발에 붓고 머리털로 씻을 때에 가룻 유다가 바라보고 있다가 이삼백냥 어치나 되는 향료를 팔아서 가난한 사람을 구제할 것인데 공연히 허비한다고 했다. 이때에 유다는 가장 자선가인체 했으나 실상은 그가 도적의 마음을 가지고 이렇게 위선을 부린 것이다. 이런 요사스럽고 굽은 마음이 어떠 있을까? 지옥의 자격이 넉넉하다.

3. 배은망덕한 사람이다

유다는 배은망덕한 사람이다. 공생애 3년 동안 가르치시며 인도하시며 위하여 기도하시며 애를 쓰시는 선생님을 이같이 팔아먹은 것이 그 얼마나 악한 일인가?

4. 거짓으로 회개한 자이다

예수님께서 결박당하여 심문을 받는 형편을 보니 그 일이 적은 일로 끝날 줄 알고 받았던 은 삼십냥을 제사장과 장로들에게 돌려주며 후회하였다. 어떤 사람들은 이것을 보고 유다가 회개한 줄로 생각한다면 큰 오해일 것이다. 과연 저의 참회는 구원에 이르는 후회가 아니다. 하나님께 죄를 범했다가 경외하는 마음으로 하는 후회가 아니다. 무릇 "하나님의 뜻대로 하는 근심은 회개를 이루어 구원을 얻게 하며 후회할 것이 없지만 세상 근심은 죽은 것을 이루느니라"(고후7:10)한 말씀을 이 유다의 회개와 같은 것을 말함이니 곧 세상 근심에 지나지 않은 회개이다. 진정한 회개라 하는 것은 지옥의 형벌을 두려워하는 동시에 하나님의 자비를 깨달아 그 은혜로 죄 사함을 받을 줄 믿는 성령의 지혜로 말미암는 것이다. 그런 까닭에 자기의 죄를 깊이 깨달아 기뻐하시는 하나님의 사랑에 자기를 위탁하는 신앙인 것이다. 과연 하나님은 한없이 깊은 웅덩이에 빠졌을지라도 오직 신앙을 가지고 부르짖는 사람을 기꺼이 구원하시는 아버지이시다(시30편). 인자하심이 주께 있으며 구원하심이 주께 있다. 아! 우리는 죄 가운데서 유다와 같이 자포자기 하지 않은 것이다. "나에게 오는 사람은 결단코 버리지 아니하시리라"(요6:27)

하셨다. 이때에 유다는 다만 자기의 죄가 자기의 인격과 신분을 망하게 한 것만 수치로 알고 그 죄가 하나님의 가슴을 찌르는 것임을 몰랐다. 그러므로 그가 후회한 것은 자기본위에서 나왔다. 곧 "나로 말하면 유대 종교운동의 큰 집단인 예수의 집단에서 감독의 직분을 가지고 상당히 역할을 했다는 것을 모든 사람이 다 알고 있다"하여 내가 이제 선생을 팔았으니 어찌 유대 사회에 출입에 면목이 있으랴 하는 자기본위로 이루어진 후회인 것이다. 그런 까닭에 차라리 이 세상을 떠나서 그 수치를 면하고자 하여 궁색하게 도망친다는 것이 자살이라는 최후의 운명을 이루게 된 것이다. 자살이란 타락자의 말로인 것이다. 사울의 회개를 보라, 아말렉과 전쟁할 때에 예언자 사무엘이 가르치기를 아말렉 왕도 죽이고 소와 양 등 일절을 가져 오지 말라 하였으나 사울이 소와 양의 일부를 가져온 것이다. 이때에 사무엘이 그 불순종한 일을 견책하니 사울이 "내가 여호와께 죄를 범하였으니 청컨대 내 백성의 장로와 이스라엘 앞에서 나를 높여 주사 나로 더불어 돌아가서 당신의 하나님 여호와께 경배하게 하소서"삼상15:30) 이는 사울이 하나님의 명령을 불순종한 것을 원통히 여기는 것은 없고 단지 자기의 지위를 보존하려고 사무엘에게 자복하였다. 이것이 역시 거짓 회개이니 유다의 회개도 이러한 자기본위에서 나온 후회라고 할 것이다. 만일 유다가 이때에 진정으로 통회하고 주의 자비를 쳐다보았다면 용서를 받았을 줄 믿는 것이다. 그러나 자살이라는 그 영혼을 죽인 죄에까지 이르렀다. 어느 교회 신자가 생활고에 시달려 번민하다가 나중에 자살하기로 결심하고 그 가부를 믿을만한 선생에게 물으니 생활고로 자살하는 것이야 무슨 죄가 되겠느냐고 한 까닭에 그 사람은 꼭 자살하기로 결심했다가 부흥회 때에 회개한 일이 있다. 요새는 자살이 유행처럼 번지고 있다. 어느 유명한 시인, 어느 학자도 자살함으로 이런 일이 마치 무슨 문명의 산물로 알고 있다. 아! 자살을 남모르게 계획하고 있는 사람은 회개해야 한다. 우리가 목회현장에서 많은 사람들을 인도해보면 이러한 위험한 마음을 품고 있는 사람들을 만날 수 있다. 어떠한 젊은이들은 연애의 추태가 탄로 나자 세상 사람들의 보는 눈이 너무 많아 그 양심을 압박해 나중에는 동반자살을 해서 그 수치를 면하고자 한다. 아! 그러나 세상에서는 잠깐의 수치이지만 한번 죽은 후에는 영원한 수치를 알지 못하는 자들의 소행이다. 아! 유다는 나지 않았더라면 좋을 뻔하였다. 유다의 첫 번째 죽음은 두 번째 죽음보다 가볍다. 모든 수치를 행하고 회개하지 않는 자, 지옥의 영원한 가책의 생애야 참으로 견디기 어렵다. 오호통재라! 유다의 원혼이여!

41.
신앙의 사도 바울

바울 사도의 생애에 관한 기록들은 세상에 많이 있다. 그러나 신약성서에 근거하여 바울의 생애에서 가장 중요한 몇 가지만 추려서 교훈을 삼고자 한다.

바울은 기독교의 개척자이며 세계의 위대한 개척자, 탐험가들 중에 한 사람이다. 그는 모든 세대의 사표가 되었다. 우리가 사도행전 9장과 13장 이하를 읽어보면 그의 회심과 전도기행문이 나온다. 로마서를 비롯한 13개 서신을 살펴보면 그의 심오한 영적 경험과 충만한 영적 지혜를 볼 수 있다. 앞부분은 그의 외적 부분이고 뒷부분은 그의 내적 부분이다.

바울은 베냐민 지파의 유대인으로 바리새파에 속했으며 길리기아 다소의 출생이다. 그는 회심 전에 당시 예루살렘의 석학 가말리엘의 문하에서 수학하여 율법에 정통했으며 헬라어와 문학에 능통하였다. 그의 설교 중에 스토아학파의 유명한 시인인 아라닷스와 그레안데스의 말들을 인용한 것을 보아서도 알 수 있다(행17:28[337]).

하나님의 권능은 무식한 자를 들어 유식한 자를 능가하는 역사도 하시며 유식한 자를 복종시켜 그 거룩한 뜻을 성취하는 도구를 삼으시기도 하신다. 그의 회심 전의 수양은 다 훗날에 이방인의 전도자로서의 준비가 되었다.

그의 열렬한 종교심

그의 종교생활은 그 뿌리가 깊었다. 그 스스로 증거한 말과 같이 그는 바리새인의 아들이다(행23:6[338]). 그는 하나님 앞에 의로운 사람이 되기 위하여 전심전력으로 수양한 사람이다. 그는 30세 이전부터 예루살렘에서 학문에 열심하여 율법을 배우며 지켰다(갈1:14[339]). 그는 진실로 거짓없이 율법에 의하여 하나님 앞에 의인이 되고자 힘쓰고 힘썼다. 그러나 그가 율법에서 실패한 것은 로마서 7장을 보아서 알 수가 있다. 그가 얼마나 내심의 고민을 가졌으며 속에 거하는 죄의 세력을 이기기 위하여 얼마나 고민하였는가를 알 수 있다. 후세의 루터나 웨슬레와 같은 이들도 이러한 고투를 하였음을 볼 수 있다. 그는 참으로 의를 사모하기를 주리고 목마름 같이 한 사람이다. 주님께서 십자가의 의를 저에게 보여 주셨음이 결코 보통으로 된 일이 아닌 것이다.

---

337 행17:28 "우리가 그를 힘입어 살며 기동하며 존재하느니라 너희 시인 중 어떤 사람들의 말과 같이 우리가 그의 소생이라 하니"
338 행23:6 "바울이 그 중 일부는 사두개인이요 다른 일부는 바리새인인 줄 알고 공회에서 외쳐 이르되 여러분 형제들아 나는 바리새인이요 또 바리새인의 아들이라 죽은 자의 소망 곧 부활로 말미암아 내가 심문을 받노라"
339 갈1:14 "내가 내 동족 중 여러 연갑자보다 유대교를 지나치게 믿어 내 조상의 전통에 대하여 더욱 열심이 있었으나"

그의 다메섹 경험

다메섹은 그의 일생에 잊을 수 없는 일대 전환기를 이룬 곳이다. 반기독교운동에 선봉자가 되어 다메섹 성도들을 잡으러 갈 때 홀연히 공중에서 "사울아! 사울아! 네가 어찌하여 나를 핍박하느냐?"하시는 주님의 음성을 듣게 되었다. 이때 그는 사람이 형용할 수 없는 영광의 빛이 비쳐진 것을 경험했다. 이제 그는 주님 앞에 무릎을 꿇었다. 이것이 그가 회심하는 경험이었다. 반기독교운동의 괴수가 불과 며칠만에 "예수는 하나님의 아들"이라고 증거한 것은 참으로 놀라운 변화이다. 그의 회심은 돌변적이며 순간적이었다. 복음은 참으로 하늘로부터 내려오는 폭탄이다. 이 폭탄에 한번 맞은 사람은 회심하지 않을 수 없으며 그의 심령이 안 부서질 수 없다.

누구든지 한번은 다메섹 경험을 겪어야 기독교를 이해하게 된다. 다시말하면 철저한 통회가 없는 사람은 그 신앙도 미지근하여 중생인지 성결인지 그 경험이 도무지 분명하지가 않다. 사랑하는 독자들이여 우리의 다메섹은 어느 때이며 어디인가? 회심이 확실한가? 거듭남이 분명한가?

아라비아 3년

바울의 개종은 AD35년(당시 그의 연령도 30세이상)이다. 갈1:17[340]에 보면 그가 다메섹에서 주님을 만나뵌 후 즉시 아라비아로 갔다고 한다. 그후 3년만에 예루살렘을 방문했다 했으니 그동안 주로 아라비아에서

---

340 갈1:17 "또 나보다 먼저 사도 된 자들을 만나려고 예루살렘으로 가지 아니하고 오직 아라비아로 갔다가 다시 다메섹으로 돌아갔노라"

지냈을 것이다. 그는 의외의 돌연한 경험을 통하여 그 완고한 마음이 부스러졌으며 그렇게 고집하던 율법주의에서 완전히 돌아서게 되었다. 그러므로 그는 그 받은 바 새 종교에 대하여 더 깊은 사색과 명상과 기도로써 그 신앙을 굳게 할 필요가 있었던 것이다. 이와같은 수양을 하기 위하여 종교의 중심지인 예루살렘으로 가지 아니하고 바로 광야로 갔다. 그는 이 광야 3년간에 주의 영으로 직접 교제하여 그 심령은 묵시의 오묘함에 함양되었으며 그 담력과 지략은 사명의 완성을 이루었을 것이다. 오늘 우리에게도 이러한 광야의 경험이 필요하다. 고적한 곳에서 기도와 묵상으로 신앙을 굳게하며 사상의 깊이를 더해야 할 것이다.

전투의 30년

바울은 그의 서신들에서 누누이 경주의 비유를 들어 말한 것과 같이 개종 후 30여년은 참으로 신앙의 마라톤이었다. 그리스도의 복음을 전하고자 하는 열정에 몰려서 나아가고 나아갔다. 예루살렘의 선배들의 후원도 요구하지 아니하고 다만 다메섹에서 받은 계시의 복음 그대로를 전하기에 주력하였다. 바울은 실로 위대한 개척자였다. 고후11:23-27[341]에 그가 당한 고난 목록이 기록되어 있다. 무수한 핍박과 환난과 기근과 위험을 겪었다.

바울은 참으로 큰 사람이다. 오늘 우리들은 사도의 가장 작은 부분

---

[341] 고후11:23-27 "23 그들이 그리스도의 일꾼이냐 정신없는 말을 하거니와 나는 더욱 그러하도다 내가 수고를 넘치도록 하고 옥에 갇히기도 더 많이 하고 매도 수없이 맞고 여러 번 죽을 뻔하였으니 24 유대인들에게 사십에서 하나 감한 매를 다섯 번 맞았으며 25 세 번 태장으로 맞고 한 번 돌로 맞고 세 번 파선하고 일 주야를 깊은 바다에서 지냈으며 26 여러 번 여행하면서 강의 위험과 강도의 위험과 동족의 위험과 이방인의 위험과 시내의 위험과 광야의 위험과 바다의 위험과 거짓 형제 중의 위험을 당하고 27 또 수고하며 애쓰고 여러 번 자지 못하고 주리며 목마르고 여러 번 굶고 춥고 헐벗었노라"

에도 이르지도 못한다. 그러나 주께서 우리에게도 성령을 부어 주셔서 이 복음을 전하게 하셨다. 우리들도 진리를 위하여 분투하는 사람이 되어야겠다. 오늘 황막한 영계를 위하여 헌신할 자 누구이며 나누어 전할 자가 누구인가? 오늘의 교회에서 사업에 치우치며 또한 종교문헌 연구에 치우쳐가고 있다. 물론 사업도 문헌도 필요하다. 그러나 우리들은 이보다 직접 복음 전하는 일을 힘써야겠다. 복음은 사업의 원동력이며 신학의 원소이다. 회개를 전하며 성결을 전하며 부활을 전하여 재림과 심판을 힘써 전해야 한다.

영광의 최후

"나는 선한 싸움을 싸우고 나의 달려갈 길을 마치고 믿음을 지켰으니 이제 후로는 나를 위하여 의의 면류관이 예비되었으므로"(딤후4:7, 8절 상)한 것은 AD67년경에 그가 네로 황제의 핍박으로 로마의 단두대에 오르기 직전에 사랑하는 제자 디모데에게 보낸 글이다. 과연 그의 최후는 영광스러웠다. 다만 죽음의 저편에 빛나는 영광의 면류관을 바라보았다.

과연 신앙이란 우리 일생에서 큰 사업이다. 즉, 신앙 그것이 큰 사업이다. 많은 사람이 사업의 중도에서 실패한다. 그러나 우리들은 힘써 기도하며 깊이 묵상하며 힘써 전도하여 이와같은 영광의 최후를 꿈꾸며 나가야겠다. 애굽에서 나온 무리 중 오직 여호수아와 갈렙 두 사람만이 가나안 땅에 들어간 것을 귀감으로 삼아 경계하며 나아가자!

42.
진리의 투사 아볼로

"그가 일찍이 주의 도를 배워 열심히 예수에 관한 것을 자세히 말하며 가르치나 요한의 세례만 알 따름이라"(행18:25)

그의 학문과 능변은 그의 인격을 기초하고 있는 신앙으로부터 나온 것이었다. 사람이 예수 그리스도에게로 돌아온 후에야 진정한 자기를 발견하게 되는 것이다. 하나님은 우리를 지으셨으니 우리의 본질이 금인지 은인지 동인지 진흙인지를 아신다. 또 우리가 어떠한 그릇으로 되어 있는지도 잘 알고 계신다. 그러므로 나에게 있는 학술이나 도덕이나 능력이 진정한 내가 아니고 진정한 나는 오직 신앙에서만 발견되는 것이다. 베드로의 베드로됨도 바울의 바울됨도 진정한 신앙에서 발견되는 것이다. 그러므로 우리는 아볼로의 학문이나 웅변보다 그가 가진 신앙을 찬미할 것이다.

그의 신앙은 '열심'이었으니 우리가 요구하는 것은 이러한 열심있는 독실한 신앙이며, 중심으로의 신앙이다. "무릇 표면적 유대인이 유대인이 아니요 표면적 육신의 할례가 할례가 아니니라 오직 이면적 유대인이 유대인이며 할례는 마음에 할지니 영에 있고 율법 조문에 있지 아니한 것이라 그 칭찬이 사람에게서가 아니요 다만 하나님에게서니라"(롬 2:28-29)하신 말씀과 같이 신앙이 그 사람의 중심으로부터 된 것이 아니면 이는 거짓이다. 도금이 벗겨지는 날이 있음과 같이 외식하는 자들의 본색이 반드시 드러나는 날이 있을 것이다.

그의 독학(篤學—독실하게 학문을 함)

"이 사람은 학문이 많고 성경에 능한 자라"(행18:24) 아볼로의 학력(學力)을 증거하는 말이다. "지식은 곧 힘이다"라는 말과 같이 옛날부터 기독교 교역자 중에는 평소 많은 학문적 소양을 가진 자가 크게 성공하였다. 물론 복음을 증거하는데 유무식이 큰 관계가 없고 오직 성령의 충만함이 있어야 한다. 그러나 기독교의 신학을 조직하며 그 심오한 진리를 드러내며 또 변증하려면 그 사람의 실력을 기대하지 않을 수 없다. 특히 아볼로로 하여금 그 역사에 힘있게한 것은 그가 가지고 있는 성서 지식이다.

오늘 한국교회에는 이같은 성서의 실력자가 많이 일어나는 동시에 모든 사람이 성서를 읽을 때 다른 빛을 구하지 말고 첫째 그리스도와 구원에 대한 붉은 줄을 먼저 찾아 읽기를 바란다. 성서는 철학책도 아니요 역사책도 아니요 문학이나 사회사상에 관한 책도 아니다. 오직 그리스도의 구원에 관한 책이니 이에 착안하여 읽어야 한다.

그의 영적 경험

"요한의 세례만 알 따름이라"(행18:25하)

그는 에베소에서 힘써 전도하며 그리스도를 증거하였다. 그러나 그의 영적인 경험은 다만 세례 요한의 세례, 즉 회개에 대한 도리만 알고 성령의 세례에 대한 더 깊은 경험은 알지 못하였다(행19:1-6[342]). 교계의 어떤 전도자들은 회개이니 중생이니 성결이니 하는 영적 경험에 대해 무관심하기도 한다. 예컨대 니고데모와 같은 사람은 이스라엘의 선생이었지만 중생의 경험을 하지 못했다. 그러나 아볼로와 같이 중생의 경험을 말하지만 성령세례의 경험은 알지 못하는 사람은 더욱 많다.

요한의 세례는 회개하여 죄사함에 불과하지만 그리스도의 세례는 즉 성령세례이다. 요한의 세례는 행위의 변화요 그리스도의 세례는 성질상 변화를 주는 더 깊은 은혜이다. 이 은혜는 참으로 귀중한 은혜이다. 주님의 제자들은 오순절에 다 이 은혜를 받았다(행2:1-4[343]). 이는 신자 모두가 받아야 할 두 번째 은혜이다. 바울이 아볼로가 목회하는 에베소교회를 방문했을 때 이곳 신자들은 이 성령의 은혜에 관하여 알지 못했다(행19:1-6[344]). 그러나 바울이 기도함으로 모였던 사람들이 성령세례를 받게 되었다.

---

342 행19:1-6 "1 아볼로가 고린도에 있을 때에 바울이 윗지방으로 다녀 에베소에 와서 어떤 제자들을 만나 2 이르되 너희가 믿을 때에 성령을 받았느냐 이르되 아니라 우리는 성령이 계심도 듣지 못하였노라 3 바울이 이르되 그러면 너희가 무슨 세례를 받았느냐 대답하되 요한의 세례니라 4 바울이 이르되 요한이 회개의 세례를 베풀며 백성에게 말하되 내 뒤에 오시는 이를 믿으라 하였으니 이는 곧 예수라 하거늘 5 그들이 듣고 주 예수의 이름으로 세례를 받으니 6 바울이 그들에게 안수하매 성령이 그들에게 임하시므로 방언도 하고 예언도 하니"

343 행2:1-4 "1 오순절 날이 이미 이르매 그들이 다같이 한 곳에 모였더니 2 홀연히 하늘로부터 급하고 강한 바람 같은 소리가 있어 그들이 앉은 온 집에 가득하며 3 마치 불의 혀처럼 갈라지는 것들이 그들에게 보여 각 사람 위에 하나씩 임하여 있더니 4 그들이 다 성령의 충만함을 받고 성령이 말하게 하심을 따라 다른 언어들로 말하기를 시작하니라"

344 행19:1-6 "1 아볼로가 고린도에 있을 때에 바울이 윗지방으로 다녀 에베소에 와서 어떤 제자들을 만나 2 이르되 너희가 믿을 때에 성령을 받았느냐 이르되 아니라 우리는 성령이 계심도 듣지 못하였노라 3 바울이 이르되 그러면 너희가 무슨 세례를 받았느냐 대답하되 요한의 세례니라 4 바울이 이르되 요한이 회개의 세례를 베풀며 백성에게 말하되 내 뒤에 오시는 이를 믿으라 하였으니 이는 곧 예수라 하거늘 5 그들이 듣고 주 예수의 이름으로 세례를 받으니 6 바울이 그들에게 안수하매 성령이 그들에게 임하시므로 방언도 하고 예언도 하니"

오늘도 에베소교회 신자들과 같이 이 성령세례에 대하여 알지 못하는 교회, 알지 못하는 신자들이 많이 있다. 분명히 중생의 은혜와 성령세례는 다른 것이다. 우리는 모든 교회들이 성령세례받도록 인도해야 한다. 그리하려면 나부터 먼저 이 은혜를 경험해야할 것이다.

그의 겸손

"그가 회당에서 담대히 말하기 시작하거늘 브리스길라와 아굴라가 듣고 데려다가 하나님의 도를 더 자세히 풀어 이르더라"(행18:26)

아볼로의 설교는 지적이며 논리정연하여 힘이 있었으나 그 설교의 영적 수준은 낮았다. 아직 신앙의 초보를 벗어나지 못하였다. 성령세례, 육체의 부활, 예수의 재림 등에 대하여는 막연하였다. 아볼로의 설교를 들은 브리스길라와 아굴라 부부가 그를 청하여다가 하나님의 도를 더 자세히 풀어서 복음의 진리를 가르쳤다.

그는 해박한 성서지식과 열심있는 신앙이 있었지만 교만하지 아니하고 겸손히 그들의 가르침을 배웠다. 브리스길라는 여성이었는데 아볼로는 겸손하게 그에게서 진리를 더 자세히 배우기를 마다하지 아니하였으니 그는 진실로 그리스도에게 속한 사람이었음이 분명하다.

하나님은 겸손한 자에게 은혜를 주시고 교만한 자는 물리치신다. 우리가 만일 신령한 경험이 부족하거든 교역자라는 체면, 교회 직분자라는 체면, 여러해 믿었다는 그것을 다 버리고 겸손하게 주님 앞에 엎드려 기도할 것이다. 은혜를 받지 못하고 받은체 하는 사람같이 가련한 사람은 없다.

그는 선한 싸움

"그가 회당에서 담대히 … 이는 성경으로써 예수는 그리스도라고 증거하여 공중 앞에서 유력하게 유대인의 말을 이김일러라"(행18:26-28)

아볼로는 참으로 진리를 위하여 힘써 싸운 투사이다. 그는 구약성서에 예언된 그리스도가 곧 나사렛 예수인 것을 증거하여 역설하였다.

오늘 교계는 아볼로와 같은 진리의 투사를 요구한다. 그는 고린도에서 모든 영혼을 양육하는 영적 훈련에 힘을 썼다(고전3:6). 오늘은 악마의 세력이 날로 팽창하여 전세계의 일류 학자들을 제 손 안에 넣고 그들의 연구를 통해 성서의 진리를 대적하고 있다. 우리 기독신자들도 최선의 노력을 경주하여 성서를 연구하여 이 악마의 기세를 꺾기 위하여 힘써 대적해야할 것이다. 사랑하는 형제자매여 모두 일어나라!

43.
독실한 믿음의 군인 고넬료

하나님은 사람을 구원하시며 은혜를 베푸시는데 있어서 국가나 인종을 차별하지 않으신다. 이제 우리가 살펴보고자 하는 고넬료는 로마로부터 파견된 이탈리아 군대의 백부장이다. 그가 이방인 군인으로서 우주의 유일하신 여호와 하나님을 찾아 경배함은 참으로 경하할 일이다. 하나님은 고넬료를 구원하시는 일로 인해 베드로에게 있는 인종적 편견을 타파하셨다. 사도행전 10장을 잘 읽어보면 고넬료의 인격의 감화와 신앙 체험이 얼마나 놀라웠던 것을 알 수가 있다.

유대인들은 선민의 긍지와 자부심으로 이방인들을 멸시했을뿐더러(행10:28[345]) 이방인은 하나님이 아주 버리신 백성으로만 알았다. 그래서 이방인은 개처럼 천히 여기었다. 베드로도 이런 인종적 편견에서 떠나지 못했으나 하나님께서 고넬료를 구원하심을 보고 그의 신학사상은

---

[345] 행10:28 "이르되 유대인으로서 이방인과 교제하며 가까이 하는 것이 위법인 줄은 너희도 알거니와 하나님께서 내게 지시하사 아무도 속되다 하거나 깨끗하지 않다 하지 말라 하시기로"

한층 보편적이 되었다(행10:24–25[346]). 베드로가 고넬료의 가정을 전도함으로서 기독교는 유대인만의 종교가 아니라 세계적인 종교가 되었다. 과연 하나님의 은혜는 국가와 인종과 계급의 차별이 없이 전 인류에게 임하신 것 같이 오늘 기독교에서도 이 사람을 본받아야 한다.

일본의 유명한 전도자가 아프리카에 가서 어느 교회에 가보니 백인들만 들어오라고 안내문이 붙어 있어 그 전도자는 말하기를 그들은 지금 예수가 그 곳에 오셔도 영접하지 않을 것이라 하였다. 왜냐하면 예수님도 셈족의 후예로 나셨기 때문이다. 과연 오늘 기독교 국가에서도 인종차별이 심한 것은 참으로 예수의 정신에 위배되는 일이다. 무릇 사람의 가치가 인종에 있는 것이 아니고 오직 신앙에 있는 것이다. 고넬료는 이방인이었지만 그의 신앙생활을 보면 율법을 자랑하며 성결의 가면을 쓰고 다니는 바리새인들 보다 더 낫다.

의인 고넬료

성서의 기자는 그를 의인이라고 기록하였다(행20:22[347]). 이 '의인'이라는 귀한 칭호는 아무에게나 다 붙여준 것이 아니다. 이 영예로운 칭호는 성서 중에 많지 않다. 아벨(마23:35[348]), 노아(창7:1[349]), 롯(벧후2:8[350]), 욥

---

346 행10:24–25 "24 이튿날 가이사랴에 들어가니 고넬료가 그의 친척과 가까운 친구들을 모아 기다리더니 25 마침 베드로가 들어올 때에 고넬료가 맞아 발 앞에 엎드리어 절하니"
347 행10:22 "그들이 대답하되 백부장 고넬료는 의인이요 하나님을 경외하는 사람이라 유대 온 족속이 칭찬하더니 그가 거룩한 천사의 지시를 받아 당신을 그 집으로 청하여 말을 들으려 하느니라 한 대"
348 마23:35 "그러므로 의인 아벨의 피로부터 성전과 제단 사이에서 너희가 죽인 바라갸의 아들 사갸랴의 피까지 땅 위에서 흘린 의로운 피가 다 너희에게 돌아가리라"
349 창7:1 "여호와께서 노아에게 이르시되 너와 네 온 집은 방주로 들어가라 이 세대에서 네가 내 앞에 의로움을 내가 보았음이니라"
350 벧후2:8 "(이는 의인이 그들 중에 거하여 날마다 저 불법한 행실을 보고 들음으로 그 의로운 심령이 상함이라)"

(욥1:1[351]) 사가랴의 부부(눅1:6[352]), 요셉(마1:19[353]), 주님 예수(사53:11[354], 눅 23:47[355])에게 붙여진 것이다. 성령이 그에게 '의인'이라는 귀한 칭호를 붙여 주시게 하신 것이다.

세상에서 의인은 참으로 만나기 어렵다 아브라함이 소돔 고모라를 위하여 중보기도한 역사를 보면 그곳에 의인 열 사람이 없었다(창18:32[356]). 만일 의인 열 사람이 있었다면 소돔과 고모라는 망하지 않았을 것이다. 고넬료가 이처럼 귀한 의인의 칭호를 받은 것은 어찌 칭송할 일이 아니겠는가?

그의 종교생활

다시 그의 종교생활을 살펴보면, "그가 경건하여 온 집안과 더불어 하나님을 경외하며 백성을 많이 구제하고 하나님께 항상 기도하더니"(행10:2)하였다. 그가 이처럼 경건하여 온 집안이 하나님을 섬기고 구제하며 기도한 것을 보면 참으로 성도의 생애를 보낸 사람이다. 우리가 말로만 믿는다 하여도 실생활에 있어 이러한 종교성이 깊어져 있는가 반성해 보아야 하겠다.

기도는 신자생활의 불가결한 요소이다. 기도는 우리의 영혼을 깊은 곳으로 이끌어가며 기도는 우리 영혼을 만족케 하며 힘있게 하는 유일

---

351 욥1:1 "우스 땅에 욥이라 불리는 사람이 있었는데 그 사람은 온전하고 정직하여 하나님을 경외하며 악에서 떠난 자더라"
352 눅1:6 "이 두 사람이 하나님 앞에 의인이니 주의 모든 계명과 규례대로 흠이 없이 행하더라"
353 마1:19 "그의 남편 요셉은 의로운 사람이라 그를 드러내지 아니하고 가만히 끊고자 하여"
354 사53:11 "그가 자기 영혼의 수고한 것을 보고 만족하게 여길 것이라 나의 의로운 종이 자기 지식으로 많은 사람을 의롭게 하며 또 그들의 죄악을 친히 담당하리로다"
355 눅23:47 "백부장이 그 된 일을 보고 하나님께 영광을 돌려 이르되 이 사람은 정녕 의인이었도다 하고"
356 창18:32 "아브라함이 또 이르되 주는 노하지 마옵소서 내가 이번만 더 아뢰리이다 거기서 십 명을 찾으시면 어찌 하려 하시나이까 이르시되 내가 십 명으로 말미암아 멸하지 아니하리라"

한 요건이다. 그의 생애는 보통 경건하고 구제하고 기도하는 등 도덕적 방면 뿐아니고 그는 깊이 기도하던 중에 환상[357]을 보는 놀라운 영교의 체험을 가진 사람이다. 오늘 교계에서 기독교 사상을 말하는 사람은 많으나 충실하게 기도하는 사람은 적으며 교회사업을 열심히 하는 인물을 많으나 기도에 열중하는 사람이 적은 것은 교회가 시들어 말라가는 일대경향이며 원인이다. 우리들은 고넬료의 종교생활을 깊이 배워야 하겠다.

바울이 교회 직분자의 자격에 대하여 말하기를 "외인에게서도 선한 증거를 얻은 자라야 할지니"(딤전3:7)하였다. 신자로서 금전문제나 이성 문제 등으로 세상 사람들에게 조소를 받게 된다면 얼마나 부끄러운 일 인가? 주의 이름이 우리로 하여금 영광을 받으시기도 하시며 부끄러움을 당하기도 하시니 우리는 할 수 있는대로 모든 이웃을 사랑하며 범사에 빛된 생활을 힘써야 한다. 이것이 세상에서의 우리의 본분이다.

그의 구원

끝으로 그의 구원에 대하여 생각하고자 한다. 그가 베드로를 청하여 복음을 듣기 전 생애를 살펴보면 기도하기를 힘쓰며 구제하기를 좋아 했다. 그의 경건한 생애는 하나님이 기뻐받으시는 제물이었다. 그런데 어찌하여 또 베드로의 전도를 듣게할 필요는 무엇인가 하는 의문을 갖기 쉽다. 이에서 우리가 알아야할 것은 모든 사람의 구원은 오직 복음

---

357 행10:3-7 "3 하루는 제 구 시쯤 되어 환상 중에 밝히 보매 하나님의 사자가 들어와 이르되 고 넬료야 하니 4 고넬료가 주목하여 보고 두려워 이르되 네 기도와 구제가 하나님 앞에 상달되어 기억하신 바 되었으니 5 네가 지금 사람들을 욥바에 보내어 베드로라 하는 시몬을 청하라 6 그 는 무두장이 시몬의 집에 유숙하니 그 집은 해변에 있다 하더라 7 마침 말하던 천사가 떠나매 고넬료가 집안 하인 둘과 부하 가운데 경건한 사람 하나를 불러"

외에는 다른 길이 없다는 것이다. 아무리 기도를 항상 할지라도 구제를 많이 한다 할지라도 그 기도가 구원이 아니며 그 구제하는 선행이 구원이 아니다. 구원은 오직 예수의 십자가를 신앙하는 일외에는 다른 방도가 없는 것이다. 구원에 대하여 사람의 공적을 세우는 것은 잘못된 교리이며 또는 이교도의 망상일 뿐이다.

무릇 사람의 의란 하나님 앞에 떨어진 누추한 옷과 같은 것이다(사 64:6[358]). 누구든지 자기의 의로 하나님 앞에 설 자는 이 세상 어디에도 없다. 하나님께서 인간을 위하여 예비하신 의이신 예수 그리스도로 옷 입어야 능히 하나님 앞에 설 수 있는 것이다(사61:10[359], 갈3:27[360]). 우리는 예수 그리스도를 믿음으로 공로없이 의롭다 하시는 길을 아나니 이것이 곧 복음이다.

고넬료의 평소 생애는 참으로 영적이었다. 그러나 그것은 구원을 찾는 자의 상태일 뿐이고 아직 하나님 앞에 확실히 기독교적 신생의 경험은 얻지 못한 줄 안다. 그러므로 자비하신 하나님께서는 그의 순수한 영적 요구를 채워주시기 위하여 복음의 메신저인 베드로를 그의 집에 보내신 것이다.

오늘 교회에서 기도를 많이 하는 사람이면 덮어놓고 신령한 사람인 줄 알며 구제사업을 많이 하는 사람이면 덮어놓고 구원받은 사람인 줄 아는 사람이 많으나, 내가 알기로는 교회에서 기도 많이 하며 구제 많

---

358 사64:6 "무릇 우리는 다 부정한 자 같아서 우리의 의는 다 더러운 옷 같으며 우리는 다 잎사귀 같이 시들므로 우리의 죄악이 바람 같이 우리를 몰아가나이다"

359 사61:10 "내가 여호와로 말미암아 크게 기뻐하며 내 영혼이 나의 하나님으로 말미암아 즐거워하리니 이는 그가 구원의 옷을 내게 입히시며 공의의 겉옷을 내게 더하심이 신랑이 사모를 쓰며 신부가 자기 보석으로 단장함 같게 하셨음이라"

360 갈3:27 "누구든지 그리스도와 합하기 위하여 세례를 받은 자는 그리스도로 옷 입었느니라"

이 하는 사람이라도 아직 고넬료와 같이 복음의 진수에 들어가지 못한 사람이 많이 있다. 참으로 신생과 성결의 체험을 가지지 못한 사람이 많이 있다.

베드로가 그의 집에 가서 십자가의 복음을 증거할 때에 그 집에 모인 사람들 모두에게 성령이 강림하셨다(행10:36-44[361]). 이로써 그들은 비로소 정식 기독교인이 된 것이다. 그들은 확실히 하나님 나라의 기업에 참여할 사람들이 된 것이다(행10:47[362], 엡1:13[363]). 이때에 고넬료에게는 참 만족이 있었을 것이며 참 기쁨이 있었을 것이다. 그런즉 그의 생애에 가진 기도나 구제가 결코 그의 구원이 아니고 오직 십자가의 복음을 들은 것이 곧 그의 구원이 되었다. 자기의 신령한 행위를 의지하는 사람들은 이로써 거울을 삼을 것이다.

---

361 행10:36-44 "36 만유의 주 되신 예수 그리스도로 말미암아 화평의 복음을 전하사 이스라엘 자손들에게 보내신 말씀 37 곧 요한이 그 세례를 반포한 후에 갈릴리에서 시작하여 온 유대에 두루 전파된 그것을 너희도 알거니와 38 하나님이 나사렛 예수에게 성령과 능력을 기름 붓듯 하셨으매 그가 두루 다니시며 선한 일을 행하시고 마귀에 눌린 모든 사람을 고치셨으니 이는 하나님이 함께 하셨음이라 39 우리는 유대인의 땅과 예루살렘에서 그가 행하신 모든 일에 증인이라 그를 그들이 나무에 달아 죽였으나 40 하나님이 사흘 만에 다시 살리사 나타내시되 41 모든 백성에게 하신 것이 아니요 오직 미리 택하신 증인 곧 죽은 자 가운데서 부활하신 후 그를 모시고 음식을 먹은 우리에게 하신 것이라 42 우리에게 명하사 백성에게 전도하되 하나님이 살아 있는 자와 죽은 자의 재판장으로 정하신 자가 곧 이 사람인 것을 증언하게 하셨고 43 그에 대하여 모든 선지자도 증언하되 그를 믿는 사람들이 다 그의 이름을 힘입어 죄 사함을 받는다 하였느니라 44 베드로가 이 말을 할 때에 성령이 말씀 듣는 모든 사람에게 내려오시니"
362 행10:47 "이에 베드로가 이르되 이 사람들이 우리와 같이 성령을 받았으니 누가 능히 물로 세례 베풂을 금하리요 하고"
363 엡1:13 "그 안에서 너희도 진리의 말씀 곧 너희의 구원의 복음을 듣고 그 안에서 또한 믿어 약속의 성령으로 인치심을 받았으니"

44.
모범적 봉사자 마리아

"예수께서 이르시되 여우도 굴이 있고 공중의 새도 거처가 있으되 인자는 머리 둘 곳이 없다"(마8:20)하신 예수의 생애는 실로 적막하였다. 모든 사람의 마음은 교만으로 굳게 닫혔으며 세상 욕심으로 굳게 닫혔다. 주님은 과연 그 시대에 있어서 누구에게로 가셔서 좀 편히 쉬심을 얻을 것인가? 바리새인의 집도 아니요 사두개인의 집도 아니었다. 어떤 때는 수많은 사람들이 예수의 이적을 보고 그를 믿었다. 그러나 주님께서는 어떤 사람에게도 자기를 의탁치 아니하셨다. 그것은 사람의 중심을 아시기 때문이라 하셨다(요2:23-25[364]).

이렇게 자기를 신임하여 둘 곳이 없으신 주님께서는 그 공생애 중에 혹은 들에서 지내며 혹은 산에서 지내어 실로 바람과 이슬에 그 몸을 맡

---

364 요2:23-25 "23 유월절에 예수께서 예루살렘에 계시니 많은 사람이 그의 행하시는 표적을 보고 그의 이름을 믿었으나 24 예수는 그의 몸을 그들에게 의탁하지 아니하셨으니 이는 친히 모든 사람을 아심이요 25 또 사람에 대하여 누구의 증언도 받으실 필요가 없었으니 이는 그가 친히 사람의 속에 있는 것을 아셨음이니라"

기셨다. 그러면 주님께서 가시고자 하는 집은 어디며 자기를 의탁코자 하시는 사람은 어떤 사람인가? 베다니에 한 가정이 있었으니 곧 나사로와 마르다와 마리아라는 삼남매가 사는 가정이었다. 그래서 주님께서 가끔 그 가정을 심방하셨음은 그들이 주님에게는 가장 큰 위로이며 만족이었던 것이다. 실로 마리아에게서 배울 것이 많다.

주님의 발 아래 앉아

그녀는 무엇보다도 심령을 우선시하는 신앙인의 모범이다. 주님께서 한번은 그 가정에 방문하셨을 때이다. 마르다는 음식을 준비하는 일에 분주하였지만 마리아는 주님의 발 아래 앉아 그 교훈을 듣고 있었다. 이것은 주님께서 칭찬하시기를 '좋은 편'(눅10:38-42[365] 참조)을 택하였다고 하신 것을 보라. 우리도 이런 선택하기를 힘쓸 것이다. 이는 곧 영적교제의 깊은 생애를 나타나심이다.

요새 기독교계에서는 이런 사람을 보기가 매우 드물다. 기독교계에서 교육사업에 분주하며 구제사업에 분주하며 농촌운동을 거론하는 사람은 퍽 많다. 그러나 실로 유감스러운 것은 마리아와 같이 좋은 편을 선택하는 사람이 적으며 또 이런 선택을 귀하게 여기는 자도 적은 것이다. 예수 그리스도의 생명이 교육에 있지 않으며 구제사업에 있지 않으며 이른바 농촌문제에 있지 않은 것이다. 오직 심령적 교제의 깊은 체

---

[365] 눅10:38-42 "38 그들이 길 갈 때에 예수께서 한 마을에 들어가시매 마르다라 이름하는 한 여자가 자기 집으로 영접하더라 39 그에게 마리아라 하는 동생이 있어 주의 발치에 앉아 그의 말씀을 듣더니 40 마르다는 준비하는 일이 많아 마음이 분주한지라 예수께 나아가 이르되 주여 내 동생이 나 혼자 일하게 두는 것을 생각하지 아니하시나이까 그를 명하사 나를 도와주라 하소서 41 주께서 대답하여 이르시되 마르다야 마르다야 네가 많은 일로 염려하고 근심하나 42 몇 가지만 하든지 혹은 한 가지만이라도 족하니라 마리아는 이 좋은 편을 택하였으니 빼앗기지 아니하리라 하시니라"

험에 있는 것이다.

슬프다! 현대교계여! 현세운동에만 몰두한다. 이러한 기독교인들은 실로 그리스도의 영광을 보지 못한다. 저 시냇물 가에 그 잎사귀가 무성하여 보암직한 발달을 가진 수목들을 보아라. 그 잎사귀가 번성하는 원인이 어디에 있는가? 혹은 좋은 바람과 그 햇빛을 받음에 있다고 생각할는지 모르나 실상 그 원인은 먼저 외부에 있는 것이 아니라 먼저 뿌리에 있는 것이다. 그 뿌리가 깊이 또는 넓히 박혀서 땅속에 있는 여러 가지 영양분을 섭취함에 있는 것이다.

이와같이 교회의 발전 또는 기독신자의 번영스러운 생애는 외부에 문제에 있지 않고 오직 내적 생애 곧 깊은 기도와 묵상에 그 발전과 번영이 달린 것이다. 우리들은 저 마르다와 같이 외적인 것에만 치우치지 말 것이다. 교회에서는 사회사업에만 매달리지 말 것이다. 한 사람이라도 영적교제의 깊은 생애를 보내는 사람이 있다면 이것이 곧 참교회이다. 주님께서 만족스럽게 여기시는 일인 것이다. 특별히 교회 지도자들은 이 마리아의 '좋은 편'을 택하여야 되겠다. 신자를 양육할 때 그 영적인 질에 많이 주력할 것이고 공연히 쭉정이와 같은 무리를 천만명 모아 놓는다면 무슨 소용이 있으리오. 하루아침에 박해의 바람이 불어올 때에는 다 날아갈 것이다.

옥합을 주님 앞에

또 마리아가 최후로 주님께 모범적 봉사를 행한 것을 기억해야 하겠다. 그가 주님의 마지막 방문 때에 귀한 기름을 주님의 머리와 발에 부어 주님을 영접하였다. 그가 주님을 영접하기 위해 그동안 고이 간직해 왔던 보배로운 향유를 담은 옥합을 주님 앞에 깨뜨렸다. 그 깨뜨린 옥합으로 사람의 후각을 매료시키는 향기가 온 집에 충만하게 되었다(요 12:-8[366], 막14:3-9[367], 마26:6-13[368] 참조).

하나. 주님께서 십자가에 달려서 그 귀하신 몸을 깨뜨렸음으로 그 생명의 향기, 사랑의 향기는 갈보리로부터 온 우주에 충만하게 되었다. 이 향기는 레바논의 향기와 같아서 모든 탐험가의 위로가 되는 것이다. 기쁘다 향기여! 사랑스러운 이 향기여!

둘. 우리에게도 깨뜨릴 옥합이 많이 있는 것을 배울 것이다. 그리스도의 향기를 완전히 드러내려면 자기의 지식이라는 옥합도 깨뜨려야 될 것이며 지위라는 옥합도 깨뜨릴 것이며 금전이라는 옥합도 깨뜨려야 되겠다. 이 옥합이 깨여지기 전에는 결코 향기가 발하지 않는 것이다.

---

366 요12:1-8 "1 유월절 엿새 전에 예수께서 베다니에 이르시니 이 곳은 예수께서 죽은 자 가운데서 살리신 나사로가 있는 곳이라 2 거기서 예수를 위하여 잔치할새 마르다는 일을 하고 나사로는 예수와 함께 앉은 자 중에 있더라 3 마리아는 지극히 비싼 향유 곧 순전한 나드 한 근을 가져다가 예수의 발에 붓고 자기 머리털로 그의 발을 씻으니 향유 냄새가 집에 가득하더라 4 제자 중 하나로서 예수를 잡아 줄 가룟 유다가 말하되 5 이 향유를 어찌하여 삼백 데나리온에 팔아 가난한 자들에게 주지 아니하였느냐 하니 6 이렇게 말함은 가난한 자들을 생각함이 아니라 그는 도둑이라 돈 궤를 맡고 거기 넣는 것을 훔쳐감이러라 7 예수께서 이르시되 그를 가만 두어 나의 장례할 날을 위하여 그것을 간직하게 하라 8 가난한 자들은 항상 너희와 함께 있거니와 나는 항상 있지 아니하리라 하시니라"

367 막14:3-9 "3 예수께서 베다니 나병환자 시몬의 집에서 식사하실 때에 한 여자가 매우 값진 향유 곧 순전한 나드 한 옥합을 가지고 와서 그 옥합을 깨뜨려 예수의 머리에 부으니 4 어떤 사람들이 화를 내어 서로 말하되 어찌하여 이 향유를 허비하는가 5 이 향유를 삼백 데나리온 이상에 팔아 가난한 자들에게 줄 수 있었겠도다 하며 그 여자를 책망하는지라 6 예수께서 이르시되 가만 두라 너희가 어찌하여 그를 괴롭게 하느냐 그가 내게 좋은 일을 하였느니라 7 가난한 자들은 항상 너희와 함께 있으니 아무 때라도 원하는 대로 도울 수 있거니와 나는 너희와 항상 함께 있지 아니하리라 8 그는 힘을 다하여 내 몸에 향유를 부어 내 장례를 미리 준비하였느니라 9 내가 진실로 너희에게 이르노니 온 천하에 어디서든지 복음이 전파되는 곳에는 이 여자가 행한 일도 말하여 그를 기억하리라 하시니라"

368 마26:6-13 "6 예수께서 베다니 나병환자 시몬의 집에 계실 때에 7 한 여자가 매우 귀한 향유 한 옥합을 가지고 나아와서 식사하시는 예수의 머리에 부으니 8 제자들이 보고 분개하여 이르되 무슨 의도로 이것을 허비하느냐 9 이것을 비싼 값에 팔아 가난한 자들에게 줄 수 있었겠도다 하거늘 10 예수께서 아시고 그들에게 이르시되 너희가 어찌하여 이 여자를 괴롭게 하느냐 그가 내게 좋은 일을 하였느니라 11 가난한 자들은 항상 너희와 함께 있거니와 나는 항상 함께 있지 아니하리라 12 이 여자가 내 몸에 이 향유를 부은 것은 내 장례를 위하여 함이니라 13 내가 진실로 너희에게 이르노니 온 천하에 어디서든지 이 복음이 전파되는 곳에는 이 여자가 행한 일도 말하여 그를 기억하리라 하시니라"

어떤 사람들은 수년간 믿노라하며 교회에 출입하되 아직 그에게서 자기의 냄새, 사람의 냄새같은 냄새만 나고 예수의 향기로운 냄새는 맡아볼 수가 없는 사람이 많은 것이다. 이것은 무슨 까닭인가?

다름이아니라 그 사람은 아직 깨뜨려야할 옥합을 깨뜨리지 않은 까닭이다. 바울은 그리스도의 앞에 설 때에 자기의 가졌던 학식, 지위, 문벌, 자아 등 모든 옥합은 다 깨뜨려 버린 것이다(빌3:4-8[369]). 그런까닭에 그에게서는 그리스도를 아는 향기가 곳곳에 날린 것이다(고후2:14-16[370]). 다윗은 선지자 나단의 앞에서 자기의 지위라는 옥합을 깨뜨려 버렸다. 그래서 그는 음침한 죄악의 구렁에서 다시 빠져 나올 수 있었던 것이다. 우리들은 이 모든 사실에서 큰 교훈을 얻는다.

그의 큰 희생과 사랑

마리아가 주님의 머리와 발에 부은 기름은 삼백 데나리온이나 된다고 하였다(요12:5). 위선자 가룟 유다는 이것을 쳐다보다가 빈민이나 구제할 이 많은 돈을 공연히 소비한다고 비난하였다. 유다의 입은 이같은 좋은 말을 하되 그 속에는 도적의 마음이 들어 있었다. 이같은 위선자의 받을 화는 실로 큰 것이다.

---

369 빌3;4-8 "4 그러나 나도 육체를 신뢰할 만하며 만일 누구든지 다른 이가 육체를 신뢰할 것이 있는 줄로 생각하면 나는 더욱 그러하리니 5 내가 팔일 만에 할례를 받고 이스라엘 족속이요 베냐민 지파요 히브리인 중의 히브리인이요 율법으로는 바리새인이요 6 열심으로는 교회를 박해하고 율법의 의로는 흠이 없는 자라 7 그러나 무엇이든지 내게 유익하던 것을 내가 그리스도를 위하여 다 해로 여길뿐더러 8 또한 모든 것을 해로 여김은 내 주 그리스도 예수를 아는 지식이 가장 고상하기 때문이라 내가 그를 위하여 모든 것을 잃어버리고 배설물로 여김은 그리스도를 얻고"

370 고후2:14-16 "14 항상 우리를 그리스도 안에서 이기게 하시고 우리로 말미암아 각처에서 그리스도를 아는 냄새를 나타내시는 하나님께 감사하노라 15 우리는 구원 받는 자들에게나 망하는 자들에게나 하나님 앞에서 그리스도의 향기니 16 이 사람에게는 사망으로부터 사망에 이르는 냄새요 저 사람에게는 생명으로부터 생명에 이르는 냄새라 누가 이 일을 감당하리요"

우리가 주님을 봉사함에는 이같은 고귀한 희생이 필요하다. 사랑에는 반드시 희생이 있는 것이다. 말로만 주님을 사랑한다고 나의 가장 귀한 것을 바치지 않는다면 이 어찌 참사랑이 있는 자라 할 것인가? 바울은 주님을 위하여 모든 것을 다 분토와 같이 여겼을뿐더러 그 생명까지 아끼지 않았다(행20:24[371], 딤후4:6[372]).

타락한 이스라엘 백성들이 하나님께 제물을 바칠 때에 살찌고 고운 것은 다 그의 소유로 삼고 눈먼 것과 저는 것과 비루먹은 우양들을 성전에 바친 것이다(말1장 참조). 이것이 진실로 가증한 일이요 저주 받을 일이로다. 하나님께서 어찌 이러한 성의가 없는 제물을 받으실까 보냐!

우리들은 주님을 봉사함에 나에게 가장 귀한 것을 바쳐야 되겠다. 우리의 지식도 금전도 명예도 육신도 가족도 그 무엇이던지 귀히 여기는 것이어든 나의 것인줄 알지 말고 참으로 주님의 것인 줄 알아 주께 그 소유를 넘길 것이다. 이것이 과연 헌신의 참뜻을 이룬 사람이다. 또는 마리아가 자기의 머리털로 예수의 발을 씻긴 것을 보라. 머리는 사람의 몸에 높은 것이요 발은 가장 낮은 지체이다. 이렇게 자기의 높은 것으로 주님의 낮은 지체를 씻긴 것은 참사랑의 증거이며 겸손의 증거이다.

---

371 행20:24 "내가 달려갈 길과 주 예수께 받은 사명 곧 하나님의 은혜의 복음을 증언하는 일을 마치려 함에는 나의 생명조차 조금도 귀한 것으로 여기지 아니하노라"
372 딤후4:6 "전제와 같이 내가 벌써 부어지고 나의 떠날 시각이 가까웠도다"

45.
용감한 전사 스데반

구약시대의 최초 순교자는 아벨이며 신약시대의 최초 순교자는 스데반이다. 그의 이름은 헬라어로 '면류관'이라는 뜻이다. 그 이름과 같이 기독교 최초의 순교자로 주의 날에 의로우신 재판장 앞에 남보다 먼저 생명의 면류관을 받을 사람이다(딤후4:8[373], 계2:10[374]).

그는 원래 예루살렘 교회의 구제위원으로 선택을 받아 불쌍한 과부와 고아에게 구제하는 일을 맡게 되었다. 오순절 부흥이래 교회는 생각보다 매우 복잡하게 되었다. 그래서 구제하는 일이 어떤 과부에게는 미치지 못해 직접 전도에 열중하는 사도들은 이 사무를 위하여 교회 중에서 집사 일곱을 택했으니 스데반은 그 일곱 집사 중에서 한 사람이었다.

그는 이같이 꼼꼼한 사무가인 동시에 열렬한 전사이었다. 교회는 사

---

373 딤후4:8 "이제 후로는 나를 위하여 의의 면류관이 예비되었으므로 주 곧 의로우신 재판장이 그 날에 내게 주실 것이며 내게만 아니라 주의 나타나심을 사모하는 모든 자에게로니라"

374 계2:1 "너는 장차 받을 고난을 두려워하지 말라 볼지어다 마귀가 장차 너희 가운데에서 몇 사람을 옥에 던져 시험을 받게 하리니 너희가 십 일 동안 환난을 받으리라 네가 죽도록 충성하라 그리하면 내가 생명의 관을 네게 주리라"

무가로서 직접 전도에 또한 그같이 맹렬하였음은 실로 사람마다 능치 못할 일이다.

그가 많은 사람들에게 칭찬을 받게 된 그의 인격의 참 가치는 어디에 있는가? 그는 성실하고 정이 많은 신앙과 성령충만한 지혜와 권능을 가졌음에 있었다(행6:8[375], 10[376]). 오늘의 교회에도 직원을 선택함에 반드시 이런 기준이 있어야 되겠다. 교회의 일꾼되는 자격이 돈에 있음도 아니고 학식에 있음도 아니고 문벌에 있음도 아니라 먼저 신령한 자격에 있는 것이다.

곧 신앙과 성령에 충만한 자라야 집사가 되고 목사도 될 것이다. 오늘의 교회가 타락하는 가장 큰 증거는 신령한 자격이 없는 자를 교회의 중요한 직분으로 세우는 일이다. 교회가 과연 이런 일들을 회개치 않으면 마침내 주님께 버림을 받을 수 밖에 없다.

그에게는 성령이 현저히 함께 하셨다. 기사와 이적을 많이 드러내었다. 그러므로 이에 따라 일어난 것은 그에게 대한 박해였다. "무릇 그리스도 예수 안에서 경건하게 살고자 하는 자는 박해를 받으리라"(딤후 3:12)한 말씀과 같이 핍박은 충성된 신자와 사역자의 받을 상급인 것을 각오할지어다(눅6:22-23[377]).

모든 사람이 그에게 대한 거짓증거를 세워 공회 앞에 그를 끌고 가려고 온 것이다. 그러나 우리가 주의할 것은 핍박과 오해 중에 에워쌓인 그의 태연자약한 풍채이다.

---

375 행6:8 "스데반이 은혜와 권능이 충만하여 큰 기사와 표적을 민간에 행하니"
376 행6:10 "스데반이 지혜와 성령으로 말미암아 그들이 능히 당하지 못하여"
377 눅6:22-23 "22 인자로 말미암아 사람들이 너희를 미워하며 멀리하고 욕하고 너희 이름을 악하다 하여 버릴 때에는 너희에게 복이 있도다 23 그 날에 기뻐하고 뛰놀라 하늘에서 너희 상이 큼이라 그들의 조상들이 선지자들에게 이와 같이 하였느니라"

"공중 중에 앉은 사람들이 다 스데반을 주목하여 보니 그 얼굴이 천사의 얼굴과 같더라"(행6:15)한 말씀을 보라 그가 이같이 담대한 원인은 오직 그의 영혼에 있는 것이다. 그 영혼은 하나님의 은혜로 충만하였으니 세상에 무엇이 두려울 것이 있으랴!

"안색은 심정의 표현이라"한 말씀이 사실이다. "그 눈동자를 보면 사람이 어찌 속으리요 그 속에 있는 것이 밖에 나타나는 것"이니 옛날에 모세가 시내산에 사십일 동안 기도하고 내려올 때에 그 얼굴에 광채가 난 것이다(출34:29[378], 35[379])

우리들도 마음에 신령한 것으로 충만케하여 얼굴에 예수의 광채를 드러내어야 되겠다. 많은 교회들 중에서 보건대 모든 신자들이 근심에 쌓인 얼굴을 볼 수 있는 것이다. 우리는 이제 힘써 기도하여 그리스도의 영광으로 마음에 채움을 얻어 얼굴로도 전도하여야 될 것이다. "우리가 사방으로 우겨쌈을 당하여도 쌓이지 아니하며 답답한 일을 당하여도 낙심하지 아니하며"(고후4:8)라는 바울의 간증은 역시 스데반에게도 응하는 것이다.

사도행전 7장을 보면 그의 설교는 실로 간곡하고 열렬하였다. 이스라엘에 대한 하나님의 특별하신 섭리와 보호와 인도를 역사적 증거를 가지고 공회 앞에 도도한 열변을 토하였다. 그 말이 어떻게 권위가 있고 곧은 말이 되었는지를 보라(행7:5-54). 모든 사람의 마음을 찔러 쪼개었다.

---

378 출34:29 "모세가 그 증거의 두 판을 모세의 손에 들고 시내 산에서 내려오니 그 산에서 내려올 때에 모세는 자기가 여호와와 말하였음으로 말미암아 얼굴 피부에 광채가 나나 깨닫지 못하였더라"
379 출34:35 "이스라엘 자손이 모세의 얼굴의 광채를 보므로 모세가 여호와께 말하러 들어가기까지 다시 수건으로 자기 얼굴을 가렸더라"

현대교회가 요구하는 것은 과연 이렇게 엄하고 권위가 있는 설교자이다. 사람의 이성과 지성에 호소하며 감정을 흥분시키는 설교자는 있으나 사람의 양심을 찔러 그 영혼을 깨우는 설교자는 보기가 드물다. 도덕을 말하며 철학을 말하며 사업을 말하는 설교자는 있으나 회개를 전하며 성결을 말하며 부활을 말하며 재림을 말하는 설교자는 드물게 되었다.

어떤 사람들은 사상을 강연하며 시조를 논평하며 우스운 옛날 이야기나 말하여 이런 것으로 교회의 집회를 삼으니 어찌 현대교회가 가련치 아니하랴!

세례 요한의 "회개하라 천국이 가까이 왔다 독사의 자식들아"한 소리는 적막한 유대의 천지에 큰 파문을 일으켰다. 오늘 우리 교계는 이러한 준엄한 설교자를 기다리고 있는 것이다. 모든 전도자여 경성하여 지혜로운 말 고운 말 다 버리고 십자가의 복음을 그대로 전하라 여기에 권능이 있다!

스데반은 그같이 맹렬히 설교한 결과 마침내 돌무더기 속에 들어가게 되었다. 그는 그런 박해 중에서도 그 마음이 조금도 동요되지 않았다. 그 신앙의 눈은 오직 하나님의 보좌를 향하고 있었다(행7:55[380]).

그는 그 돌무더기 속에서 악당들을 위하여 기도하였다. "이 죄를 그 사람에게 돌리지 말라"(행7:60)고, 그 원수들을 위하여 기도하였으니 그의 완전한 생애가 여기에서 증명되었다. 그리스도의 정신 그대로 발휘되었다(눅23:34[381]). 주님의 산상수훈을 그대로 실현한 성자이다.

---

380 행7:55 "스데반이 성령 충만하여 하늘을 우러러 주목하여 하나님의 영광과 및 예수께서 하나님 우편에 서신 것을 보고"
381 눅23:34 "이에 예수께서 이르시되 아버지 저들을 사하여 주옵소서 자기들이 하는 것을 알지 못

우리가 이러한 사랑을 가지기 전에는 신자로 자처하지 말 것이다. 교회에서 서로 미워하며 당을 지으며 서로 송사하여 원수를 맺고 원한을 품는 사람들이 어찌 감히 주를 찬송할 것인가? 이것은 다 위선자들이다 "누구든지 하나님을 사랑하노라 하고 그 형제를 미워하면 이는 거짓 말하는 자니 보는 바 그 형제를 사랑하지 아니하는 자는 보지 못하는 바하나님을 사랑할 수 없느니라"(요일4:20)한 사도 요한의 교훈은 참으로 거룩한 말씀이다.

마지막으로 그의 임종에 대하여 생각하려 한다. "주 예수여 내 영혼을 받으시옵소서"(행7:59) 한 그의 기도를 깊이 맛볼지어다.

그의 가는 앞길은 막연치 아니하였다. 분명히 주 예수님이 계신 곳에 가는 줄 안 것이다. 이것이 과연 성도의 최후 승리이다. 주님께서는 돌아가실 때에도 그러하였으며(눅23:46[382]) 루터도 임종에 시편 105편을 외우고 숨을 거두었다.

그의 담대한 죽음은 또한 구경하는 사람들과 온 교회에 큰 영향을 주었다. 그가 죽은 후로 예루살렘 교회에는 2천에 달하는 성도가 순교하였다 하며 또한 전해져 오는 말에 그가 죽은 때에 그 곁에선 소년 사울에게 향하여 말하기를 "오늘은 네가 원수가 되었으나 나중에는 네가 나의 동지가 되리라 네가 고난을 받을 때에 나를 생각하리라"하였다 하나 바울이 그때에 무엇이라고 형언할 수 없는 짙은 인상을 받았다 한다. 바울이 회개하는데 큰 영향을 주었다는 말이다. 그런즉 한 사람의 순교자의 죽음은 실로 교회의 큰 거름이다. 반기독교운동의 괴수자로 하루

함이니이다 하시더라 그들이 그의 옷을 나눠 제비 뽑을새"
382 눅23:46 "예수께서 큰 소리로 불러 이르시되 아버지 내 영혼을 아버지 손에 부탁하나이다 하고 이 말씀을 하신 후 숨지시니라"

아침에 그리스도의 사도가 되게 하였으니 진실로!

여호와의 거룩한 자의 죽음은 그 눈 앞에 보배라 한(시116:15[383]) 말씀이 이러한 사실에 응하는 것이다. 이러므로 어거스틴은 말하기를 "스데반이 기도하지 않았더라면 바울이 설교할 수 없었겠다"고 하였다.

의인의 한 방울 붉은 피는 결코 헛된 곳으로 돌아가지 않는다. 의인의 흘린 피에는 실로 큰 움직임이 있다. 악인의 마음을 감화시킴도 의인의 피이며 하나님의 심판을 불러옴도 의인의 피의 운동이다. 찬송할 것은 순교자의 피로다! 모든 봉사 중 최대 최고의 봉사는 곧 성도가 순교하는 것이로다(요15:13[384]).

---

383 시116:15 "그의 경건한 자들의 죽음은 여호와께서 보시기에 귀중한 것이로다"
384 요15:13 "사람이 친구를 위하여 자기 목숨을 버리면 이보다 더 큰 사랑이 없나니"